2015년,
빛더미가
몰려온다

최악의 시나리오로 내달리는 한국경제,
어떻게 살아남을 것인가!

2015년, 빚더미가 몰려온다

박종훈 지음

21세기북스

지금 세계 경제는 언제 멜트다운이 일어날지 모르는 시계 제로의 극심한 불안에 직면해 있다. 이런 전반적 위기 상황에서 우리 경제 역시 험한 파도와 싸우는 일엽편주처럼 위태로운 상황에 처해 있다. 성장률을 7%대로 올려놓겠다는 호언장담에도 불구하고 고작 3%대의 성장률에서 허덕이고 있는 실정이다. 그뿐만 아니라 날로 심화되어가는 양극화 때문에 가난한 서민들의 삶은 날로 피폐해져 가고 있다.

세계 경제가 오늘의 난국을 맞게 된 근본원인은 부채에 의존한 자산버블에 있다는 것이 저자의 해석이다. 위기가 증폭되는 과정에서 수많은 경고신호가 울렸지만, 신자유주의 이념의 노예가 된 세계 지도자들은 이에 귀를 닫았다. 또한 규제의 고삐가 풀린 시장이 얼마나 위험한 결과를 초래하는지에 대해 철저한 무지 상태에 빠져 있었다. 저자는 주류 경제학의 도그마로는 이 위기의 원인을 제대로 분석할 수도 없고 따라서 적절한 해법도 찾을 수 없다고 단언한다.

이런 위기 상황에서 우리 정부가 취한 어리석은 태도에 대한 저자의 날카로운 비판은 통쾌한 느낌까지 준다. 부자들의 세금을 깎아주고, 재벌의 비위를 맞춰준다 해서 일자리가 줄줄이 만들어지지는 않는다. 진정으로 경제를 살리는 길은 중산층의 소비기반을 튼튼하게 해주는 것이지 부자들의 주머니를 더 채워주는 것이 아니다. 그러나 신자유주의의 신화를 맹신하는 우리 정부는 아직도 이 평범한 진실에 눈을 뜨지 못한다고 저자는 안타까워한다.

이 책을 읽으면서 계속 고개를 끄덕이고 있는 나를 발견했다. 근래에 이렇게 흥미롭고 이렇게 설득력 있는 경제학 관련 책을 읽어본 기억이 없다. 언론계에 오래 몸담아 온 덕분인지 간결하면서도 명쾌한, 그리고 세련된 필치가 돋보인다. 그렇다고 해서 저널리스틱한 가벼움이 느껴지는 책은 아니다. 오히려 이곳저곳에서 경제학자 뺨치는 날카로운 분석력과 해박한 지식이 돋보인다. 이처럼 훌륭한 책을 쓴 저자의 노고에 아낌없는 박수를 보낸다.

이준구(서울대학교 경제학부 교수)

이 책에서 저자는 마치 날개를 단 듯 시공을 종횡무진 누비며 통찰하고 있다. 전 세계로 번지고 있는 경제위기의 원인과 현상을 분석하고, 위기에 처한 한국 경제에 날개를 달아줄 해결책을 열정을 다해 모색한다. 풍성한 이론과 생생한 현장감을 느낄 수 있는 제안들이 가득하다. 활공하는 저자의 날개에 함께 올라타 이 시대의 위기를 통찰하고, 대붕괴가 아닌 대전환으로 만들 수 있는 지혜를 찾아야 할 것이다.

박원순(서울특별시장)

이 책은 복잡계적 시뮬레이션 분석을 전공한 경제학 박사이자 많은 현장 경험을 가진 총명한 경제부 기자인 저자가 복잡계 경제학적 시각에서 세계 경제와 한국 경제의 핵심을 정확히 집어내고 해결책을 모색한 보기 드문 수작이다.

이근(서울대학교 경제학부 교수)

도올 김용옥 선생이 대답했다. "개혁? 너(기자)와 나(교수)만 잘하면 돼." 대붕괴의 문턱에 서 있는 세계 경제, 한 치 앞도 내다볼 수 없는 상황이지만, 그럼에도 희망마저 포기할 수는 없다. 빛과 소금의 역할로 그 희망을 현실화하는 것이 기자와 교수다. 공부하는 기자 박종훈이 찾아낸 '도로시의 은구두'를 시민운동하는 교수 김상조가 추천한다.

김상조(한성대학교 무역학과 교수, 경제개혁연대 소장)

탄탄한 이론적 기초를 갖춘 경제학 박사이자 생생한 실물경제 경험을 지닌 경제부 기자인 저자는 신자유주의에 경도된 글로벌 자본주의가 왜, 어떻게 무너졌는지, 그로 인하여 한국 경제는 어떤 위기에 처해 있는지, 이 속에서 누가 이득을 챙겼고 누가 고통을 받았는지를 깊고 치밀하게 분석한다. 정글 자본주의의 종식과 경제민주화를 지향하는 사람들에게 일독을 권한다.

조국(서울대학교 법학전문대학원 교수)

세계 곳곳에서 빚이 범람하고 있다. 한국도 빚을 빚으로 돌려막는 시기를 지나 이제 폭발 직전 상태다. 그런데도 아직 '설마'하는 사람들이 많다. 그런 사람들에게 이 책을 적극 추천한다. 산더미처럼 쌓인 빚이 향후 세계 경제와 한국 경제를 어떻게 흔들어놓을지, 또 그런 시대에 어떻게 생존할 수 있을지 알려주기 때문이다.

선대인(선대인경제연구소 소장)

| 차례 |

I부   대붕괴의 태풍이 시작되다

II부   세계를 삼킨 슈퍼사이클

오즈의 마법사, 그리고 탐욕

동화『오즈의 마법사』는 내가 매우 좋아하는 책 중 하나이다. '마법은 바로 자기 자신에게 있다'는 그 주제의식 때문이기도 하지만, 무엇보다도 이 책이 경제부 기자였던 작가가 당시 위기에 처한 미국 경제를 통렬히 비판하며 그 변화를 모색하기 위해 쓴 동화라는 점에서 내게는 남다른 의미가 있다.

『오즈의 마법사』의 작가 L. 프랭크 바움Lyman Frank Baum은 한때 경제부 기자로 일하면서 소수 금융자본가들의 탐욕 때문에 미국 경제가 붕괴해 미국인들이 고통을 겪고 있다고 생각했다. 바움이 이 책을 썼던 1890년대 미국 경제는 극심한 불황에 빠져 있었다. 시장에 물건은 넘쳐났지만, 시중에 유통되는 돈은 턱없이 부족해 물건값은 끝없이 추락하고 돈의 가치는 오르는 디플레이션이 일어났다. 그러자 기업들은 살아남기 위해 근로자들을 대량 해고하기 시작했고, 실업자가 급격히 늘어나자 소비가 더욱 줄어들어 물가가 더 떨어지는 악순환이 계속됐다. 미국인들의 생활은 점점 더 피폐해졌지만 좀처럼 탈출구가 보이지 않는 상황이었다.

바움은 미국 경제의 실패 원인이 바로 '금 본위제'에 있다고 생각했다. 경제가 성장해 생산과 소비가 늘어나면 그에 맞춰 화폐 공급도 늘어나야 하는데, 금 본위제하에서는 금 보유량만큼만 화폐를 발행할수 있기 때문에 통화공급이 제한된다. 이처럼 금 본위제가 미국 경제에 심각한 불황을 불러왔음에도 당시 미국 대통령이었던 윌리엄 매킨리William McKinley, Jr는 금 본위제를 고집했다. 바움은 매킨리 대통령이 국민을 저버리고 금 본위제를 고집하는 이유가 바로 월스트리트, 즉 미국 동부 자본가들의 이익을 대변하고 있기 때문이라고 생각했다.

물가가 오르면 돈을 빌린 사람은 이득을 보고 돈을 빌려준 은행은 큰 손해를 보므로, 금융자본인 월스트리트가 가장 큰 피해를 본다. 반대로 물가가 떨어지고 돈의 가치가 오르는 디플레이션 상황은 금융자본가에게 큰 이득을 안겨준다. 그런데 물가 상승을 막는 가장 좋은 제도가 바로 금 본위제였기 때문에 월스트리트는 미국인들이 고통에 신음하건 말건 금 본위제를 계속 유지하도록 정치권에 큰 압력을 행사하고 있었던 것이다.

토네이도에 날려 낯선 오즈의 나라에 떨어진 도로시가 친구들과 함께 자신을 집으로 돌려보내 줄 '오즈의 마법사'를 찾아 나선다는 이 이야기는 이런 당시 미국의 경제상황을 빗대어서 그리고 있다. 주인공도로시는 바로 미국인을 상징하고, 그녀가 토네이도에 날려 낯선 땅에 떨어진 것은 미국인들이 경제위기에 처했음을 의미한다. 그런데 도로시는 오즈로 날아가자마자 사악한 동쪽 마녀를 쓰러뜨리고 은구두를 얻는다. 여기서 도로시가 물리친 사악한 동쪽 마녀는 금 본위제를 고수하던 미국 동부의 금융자본가, 즉 월스트리트였다. 도로시는 오즈의 마법사가 자신을 집으로 돌려보내 줄 수 있을 것이라는 북쪽 마녀의 말을 듣고 황금빛 길을 따라 여행을 떠난다. 여기서 도로시가 따라가는 황금빛 길이 바로 금 본위제를 뜻한다. 미국인들이 월스트리트의 탐욕으로 미국 경제가 위기에 처한 것을 깨닫기 시작했지만, 여전히 금 본위제가 미국 경제를 살리는 길이라고 믿는 현실을 풍자한 것이다. 도로시는 오즈의 마법사를 찾아가는 도중 뇌를 갖고 싶어하는 허수아비와 심장을 원하는 양철 나무꾼, 그리고 용기가 필요한 겁쟁이 사자를 만난다. 여기서 허수아비는 농민, 양철 나무꾼은 도시 근로자, 겁쟁이 사자는 당시 미국 민주당 대통령 후보였던 윌리엄 브라이언 William Jennings Bryan을 뜻한다. 도로시는 마침내 오즈의 마법사가 사는 화려한 에메랄드 궁전에 도착했지만, 오즈의 마법사는 도로시와 그 일행에게 소원을 이루고 싶다면 서쪽 마녀를 물리치고 돌아오라고 주문한다. 도로시와 그 일행은 서쪽 마녀에게 가는 동안 숱한 어려움을 겪지만, 결국 그들의 힘으로 서쪽 마녀를 물리친다. 경제적 어려움을 극복하는 힘을 미국인들 스스로 찾아낸 것이다. 도로시 일행은 다시 에메랄드 성에 돌아와 오즈의 마법사에게 집에 돌아가게 해달라고 부탁한다. 그러나 이때 오즈의 마법사는 진짜 마법사가 아니라 사기꾼에 불과했음이 드러난다. 이 사기꾼은 당시 미국의 대통령이었던 윌리엄 매킨리를 뜻한다. 바움은 거짓으로 미국인들에게 번영을 약속하고 경제를 위기로 몰고 간 매킨리를 사기꾼에 비유한 것이다. 도로시가 실망하고 있을 때, 북쪽 마녀가 나타나 도로시에게 집에 갈 방법은 바로 그녀가 신고 있는 은구두를 세 번 두드리는 것이라고 말해준다. 결국 도로시는 화려함으로 치장한 거짓 마법사가 아니라 자신이 신고 있던 은

구두의 힘으로 하늘을 날아 곧바로 집으로 돌아온다. 미국 경제를 살리는 힘은 사기꾼과 다름없는 대통령이 아니라, 바로 미국인들 자신에게 있다는 것을 강조한 것이다. 여기서 은구두를 굳이 세 번 두드리는 것은 미국 의회에서 법안을 통과시킬 때 의사봉을 세 번 두드리는 것을 빗댄 것이라고 한다.

이 책은 동화로는 큰 인기를 끌었지만 의도했던 미국 경제정책의 변화를 이끌어내지는 못했다. 1929년, 미국에 대공황이 닥쳤을 때도 미국 중앙은행인 미연방준비제도이사회Federal Reserve Board., FRB는 화폐 공급을 3분의 1 이상 줄이는 치명적인 정책 실패를 반복해 재앙을 키웠다. 오판의 결과는 비참했다. 미국의 명목 소득이 절반으로 줄었고, 미국인의 4분의 1은 실업자가 됐다. 경제침체의 늪에 빠지면서 FRB가 긴축정책까지 써가며 그토록 지키고자 했던 은행들까지 줄도산했다. 9,000개 이상의 은행이 문을 닫았고, 돈을 찾으려는 미국인들이 몰려들어 은행 시스템 전체가 마비되는 날이 이어졌다. 은행의 이윤을 지켜주려다 은행뿐만 아니라 전체 미국 경제 시스템까지 망가뜨려 대공황의 피해가 커진 것이다. 대공황 속에서 경기회복을 자신하던 FRB는 결국 '오즈의 마법사'와 같은 허상에 불과했던 것이다.

끝없는 호황을 누리게 해줄 수 있다며 국민을 현혹하는 '오즈의 마법사'는 오늘날에도 곳곳에서 활약하고 있다. 아일랜드 전 수상인 버티 어헌Bertie Ahern은 자신의 경제적 비전만 실현되면 아일랜드가 부유해질 것이라며 아일랜드 국민을 현혹했다. 더구나 아일랜드 국가부도사태가 나기 직전까지 전 세계를 누비며 아일랜드의 경제 성공을 영업했고 그 대가로 거액의 강연료를 챙겼다. 그러나 그의 자랑이 무색하게도 아일랜드 경제는 한순간에 붕괴했다. 글로벌 금융위기가 아일랜드를 휩쓸고 지나가자 아일랜드의 경제기적은 대규모 외자에 의지해 이루어 낸 눈속임에 불과했음이 드러났다. 버티 어헌이 내세웠던 경제 성공의 비결이 오히려 아일랜드 경제를 붕괴로 이끄는 길이 되고 말았다.

글로벌 금융위기가 몰아치기 직전, 미국의 FRB는 또다시 '오즈의 마법사'가 되기로 작정한 듯하다. 미국에서 한창 집값이 치솟아 오르고 있던 2003년 4월, 당시 FRB 의장이었던 앨런 그린스펀Alan Greenspan이 레이건 대통령 기념도서관에서 연설했다. 당시 미국에서는 집값 상승이 과도하다는 지적이 나오고 있어서 많은 언론은 그린스펀이 치솟는 부동산 가격에 일침을 가할 것으로 기대했다. 그러나 예상과는 달리, 그는 이 연설에서 미국 부동산 가격에는 거품이 전혀 없다며 부동산 가격 붕괴는 없을 것이라 호언장담했다. 금융계의 거장Maestro이라고 불리는 그린스펀의 화려한 후광이 그 주장에 힘을 실었다. 그러나 그 화려한 언변에 취해 흥청망청 호황을 즐기는 사이, 미국인들은 자산 가격 거품을 조기에 진정시킬 기회를 잃어버렸다. 게다가 그린스펀의 뒤를 이어 FRB 의장이 된 벤 버냉키Ben Bernanke는 집값 상승이 미국 경제의 건재함을 보여준다며 이를 자신들의 치적으로 자랑하기까지 했다. 그러나 이들의 호언장담은 글로벌 금융위기 앞에 여지없이 무너졌다. 그제야 미국인들은 오즈의 마법사의 정체가 사기꾼임을 깨닫기 시작했지만 이미 때는 늦었다. 미국 경제를 번영으로 이끌겠다고 그들이 제시한 길은 미국 경제를 끝없는 나락으로 추락시키는 길이었다.

지난 60여 년 동안 세계 경제를 호황으로 이끌었던 부채負債의 슈퍼사이클Supercycle이 이제 그 마지막인 '대붕괴의 단계'를 눈앞에 두고 있다. 그동안 크고 작은 위기가 올 때마다 더 큰 부채를 끌어들여 위기를 돌파해왔던 전략이 이제 더는 통하지 않게 되어, 전 세계가 2차 세계대전 이후 쌓아온 거대한 빚더미의 붕괴 과정을 겪게 된 것이다. 거짓 번영을 약속하는 '오즈의 마법사'들이 자신의 정체를 감추기 위해 계속해서 늘려온 천문학적인 부채는 세계 경제가 더욱 빠르게 성장하는 것 같은 착시현상을 만들어냈지만, 모든 것은 환상에 지나지 않았다. 그러나 과연 무엇이 환상이고 어떤 것이 진짜 마법사인지를 깨닫기란 쉽지 않다. 도로시의 강아지 토토가 오즈의 마법사가 숨어 있는 커튼을 벗길 때까지, 그는 얼마나 다양하고 현란한 모습으로 그의 강력한 힘을 보여주려 했던가. 이제 빚더미가 불어난 현실이 대붕괴의 꼭짓점에 다다를수록 그들은 더욱더 강력한 환영illusion으로 우리를 속이려 할 것이다. 여기저기서 불황 도래에 대한 우려가 고개를 들 때, 갑자기 치솟는 주가는 우리의 걱정을 불식시키며 이제 위기를 극복하고 경제가 다시 안정을 찾아가는 신호라 착각하게 할 수도 있다. 그러나 어둠이 짙을수록 빛은 더 밝고 눈부시게 빛나는 법이다. 오즈의 마법사가 자신의 보잘것없고 초라한 실체를 감추기 위해 더없이 거대하고 강력한 모습으로 나타나야 했던 것처럼 말이다.

필자는 이 책에서 미국발 글로벌 금융위기로 시작해 전 세계로 번지고 있는 경제위기의 원인과 현상을 통해 우리에게 곧 닥칠 경제위기의 모습을 예견해보고, 우리 한국을 이 대붕괴의 소용돌이로 밀어 넣은 정책 오류와 거짓말들을 고발하고자 한다. 그리고 눈앞의 위기를 감추기 위해 더욱 강력한 환영으로 우리를 현혹하는 갖가지 경제현상이나 그럴듯한 주장에 흔들리지 않고 대처할 수 있는 방향을 제시하고 싶다. 이제 우리는 지금까지 경제에 대해 알고 있고 믿었던 모든 것들에 도전을 받는 시대를 맞이하게 된다. 지난 세월 과도한 빚을 축적하며 누렸던 영화에 집착해 지금 직시해야 할 진실에 아직도 눈 감고 있다면, 머지않아 국가든 개인이든 걷잡을 수 없는 시련의 소용돌이 앞에 무너져버리고 말 것이다. 아직 기회가 남아 있을 때 오즈의 마법사 정체를 밝혀내고 우리만의 은구두를 스스로 찾아내야 한다.

뉴턴을 무너뜨린 인간의 광기

1680년, 영국 식민지인 미국에서 건너온 한 젊은 모험가가 런던 귀족들의 마음을 순식간에 사로잡았다. 서른 살이었던 윌리엄 핍스 William Phips는 당시 전설로 여기던 스페인의 침몰한 보물선 '콘셉시온 호'를 찾을 수 있다고 큰소리를 쳤다. 그는 정규 교육을 받지 못해 글조차 제대로 쓰지 못했지만, 보물을 향한 그의 강한 열정이 런던의 귀족들을 사로잡은 것이다. 영국의 국왕마저 핍스에게 넘어가 보물선 발굴을 위한 선박을 하사할 정도였다. 그러나 7년이 지나도록 그는 콘셉시온의 위치조차 찾지 못했다. 점점 초조해져 가던 핍스는 마침내 1687년, 바하마 제도에서 정말 기적처럼 침몰한 보물선을 찾아냈다. 장장 59일에 걸친 잠수수색 끝에 핍스는 은괴 32톤과 금괴 11킬로그램 등 막대한 보물을 건져냈고, 그해 6월 런던에 입항해 대대적인 환영과 함께 기사 작위를 받았다. 당시로는 천문학적인 수준인 30만 파운드어치의 보물은 왕과 핍스의 몫을 제외하고 모두 투자자들에게 배당금 형식으로 지급됐다. 그 결과 투자자들은 1만%라는 경이적인 투자 수익률을 올리게 됐다.

이 같은 핍스의 성공 신화는 마땅히 투자할 곳을 찾지 못하던 영국인들에게 투기 붐을 일으켰고 영국인들은 자신의 돈을 불려줄 투기 대상을 찾는 데 혈안이 됐다. 이런 와중에, 1711년 설립한 남해회사The South Sea Company는 미국과 태평양의 섬들을 상대로 노예 무역과 각종 식민지 무역의 독점권을 인정받았던 만큼 영국 투자자들의 큰 관심을 끌었다. 더구나 당시 영국 국왕이었던 제임스 1세가 남해회사의 초대회장으로 취임함으로써, '절대로 망하지 않는 회사'라는 생각을 영국인들에게 심어줬다.

1720년에 남해회사가 주식을 추가로 발행하자, 주식을 하나라도 더 사모으려던 런던 시민들이 마차를 타고 증권거래소 앞으로 몰려들어 한 달여 동안 일대 교통이 마비될 정도였다. 이런 인기에 편승해 남해회사 임원들은 각종 개발 계획을 따낸 것처럼 소문을 내 남해회사의 주가를 무려 열 배나 끌어올렸다. 그러나 주가를 부풀렸던 남해회사 임원들이 비밀리에 주식을 매각하기 시작했고, 이러한 소문이 바람처럼 퍼지면서 일반 투자자들까지 너도나도 주식을 내다 팔기 시작했다. 더구나 남해회사의 회계장부가 조작되었다는 소문까지 나면서 주가는 순식간에 10분의 1토막이 났다.

당시 조폐국장이었던 천재 물리학자 아이작 뉴턴Isaac Newton은 일찌감치 남해회사에 투자해 자기 투자금의 두 배를 벌어들였다. 하지만 자신이 주식을 판 뒤에도 주가가 계속 오르자, 조급해진 뉴턴은 주식을 판 돈보다 더 많은 돈을 들여 다시 남해회사 주식을 사들였다. 그러나 이번에는 남해회사 주식을 팔 기회조차 없이 주가가 폭락하기 시작했고, 그 결과 뉴턴은 지금으로 치면 20억 원이 넘는 거액을 한순간에 날리고 말았다. 이때 뉴턴은 유명한 명언을 남기는데, 바로 "천체의 움직임은 한 치의 오차 없이 정확히 계산할 수 있어도 사람들의 광기는 계산할 수 없다"는 말이었다. 당시 뉴턴은 자신이 계산할 수 없었던 인간의 광기에 큰 충격을 받았던 것 같다. 하지만 그가 그렇게 확신했던 '천체의 움직임은 정확히 계산할 수 있다'는 믿음조차 오늘날 무너지고 있다는 사실을 알게 된다면, 그는 얼마나 더 큰 충격을 받을까?

혼돈의 경제는 예측을 거부한다

17세기 서유럽의 과학 혁명기를 대표하는 뛰어난 물리학자 아이작 뉴턴은 물체에 작용하는 힘과 그 운동법칙을 밝혀냈다. 그 결과, 간단한 방정식만 적용하면 시계추의 움직임에서 지구와 달 사이의 운동까지 모두 정확히 예측할 수 있다고 생각했고, 우주의 모든 움직임을 정교한 수식으로 표현할 수 있다고 믿었다.

이 같은 뉴턴의 발견에 기초해 피에르 라플라스Pierre Laplace는 우주 모든 물체의 초기 조건을 정확히 알고 뉴턴의 운동 방정식을 동시에 풀 수 있다면, 세상에 일어날 모든 일을 예측할 수 있다는 '결정론적 세계관'을 완성했다. 결정론적 세계관하에서는 과학이 발전하면 내일 날씨뿐만 아니라 지진이 일어나는 시기와 강도 등을 모두 과학적인 계산으로 정확하게 예측할 수 있다고 믿었다.

하지만 1963년, 기상학자 에드워드 N. 로렌츠Edward N. Lorenz에 의해 이런 믿음은 완전히 무너져내렸다.[1] 로렌츠는 미래를 예측할 수 있다는 '결정론적 세계관'에 따라 기온과 기압, 풍속 등을 나타내는 방정식을 만들고 그 결과를 살펴보는 컴퓨터 시뮬레이션을 했다. 결정론적 세계관에 따르면 초깃값이 같을 때는 같은 기상현상이 나타나야 한다. 하지만 무시할 수 있을 만한 아주 작은 초깃값의 차이가 전혀 다른 결과를 가져온다는 놀라운 사실을 발견했다. 즉, 초깃값을 0.3301217이라는 숫자 대신 0.33으로 입력하면 전혀 다른 결과가 나오는 것이다.

로렌츠는 이 놀라운 발견을 처음에는 갈매기의 날갯짓이 태풍을 만들어낼 수도 있다는 비유로 설명하며 '갈매기효과'라고 불렀다. 그러던 어느 날, 로렌츠가 강연 도중 갈매기를 나비로 살짝 바꾸자 '나비효과 Butterfly Effect'라는 용어가 대중적으로 큰 인기를 얻었고, 이 시적이고 은유적인 표현이 '카오스Chaos 이론'을 대중화하는 데 결정적인 역할을 했다. 이제 '나비효과'라는 용어는 작은 초기 조건의 변화가 예측할 수 없는 엄청난 결과를 초래할 수 있다는 '카오스 이론'의 상징적인 의미로 자리 잡았다.

이러한 로렌츠의 발견으로 장기적인 기상예보는 틀릴 수밖에 없음이 증명됐다. 또한, 카오스 이론이 점점 다른 물리현상에도 적용되기 시작하면서 이제 많은 물리학자가 뉴턴의 운동 방정식이 적용되는 경우는 자연현상 중 극히 일부에 지나지 않는다고 생각한다.[2] 예를 들어, 풍선을 불고 입구를 막지 않은 채 그냥 놓으면 풍선이 어디로 어떻게 나갈지 미리 알 방법이 없는 것처럼, 자연에서 일어나고 있는 현상 대부분이 매우 복잡해 도저히 예측 불가능하다고 보는 것이다.

더구나 뉴턴이 완벽하게 예측 가능한 것으로 굳게 믿었던 천체의 움직임조차 사실은 카오스적으로 움직이고 있다는 것이 속속 증명되고 있다. 1992년 MIT 대학의 제럴드 서스먼Gerald Sussman과 잭 위즈덤Jack

Wisdom[3]은 태양계가 예측 불가능한 시스템이라는 연구 결과를 《사이언스Science》에 발표했다. 뉴턴의 운동 방정식에 따른 태양계의 움직임 예측이 400만 년 뒤에는 완전히 빗나간다는 것이다.

하지만 카오스 이론에 무조건 혼돈과 무질서만 있는 것은 아니다. 불규칙하고 무질서해 보이는 자연의 법칙에는 놀라울 정도의 규칙성과 질서가 숨어 있다. 이 때문에 카오스 과학은 복잡성 속에서 규칙을 찾아내 이를 제어하는 것을 목표로 한다. 물론 인간의 능력으로 카오스에서 규칙을 찾아낸다는 것이 쉬운 일이 아니다. 하지만 이제 컴퓨터 성능이 크게 발달하면서 자연과학과 공학에 걸쳐 무궁무진하게 응용되고 있다.

혼돈의 경제에 등불을 밝힐 새로운 경제학

이처럼 과학계는 카오스 이론의 등장 이후 기본적인 이론조차 송두리째 변하는 격변을 겪었지만, 아직도 경제학은 뉴턴 시대의 물리학에 뿌리를 두고 있다. 17세기 시작된 결정론적 세계관에 기초해 확립한 레온 왈라스Leon Walars의 가정과 모델이 여전히 주류 경제학의 근간이 되고 있는 것이다.

왈라스가 확립한 일반균형 이론은 숨 막힐 정도로 정교하고 아름답지만, 불행히도 현실 경제는 그렇게 완벽한 기계가 아니다. 현실 속의 소비자들은 합리적인 소비만 하지 않는다. 기업도 비용함수를 계산해 이윤을 최대화하지도 않고, 또한 할 수도 없다. 결정론적 세계관의 정교한 수식으로도 한 달 뒤의 날씨를 예측할 수 없는 것처럼, 뉴턴의 이론에 기반을 둔 기존의 경제학으로는 복잡한 경제현상을 예측하기는커녕 제대로 분석하기조차 쉽지 않다.

전 세계적인 주가 대폭락을 가져왔던 '블랙먼데이Black Monday 사태'가 그 대표적인 예다. 1987년 10월 17일 아침, 미국의 증권 브로커들은 여느 때와 같이 평온하게 하루를 시작했다. 하지만 주식시장이 개장한 뒤 증권 브로커들은 무언가 이상한 낌새를 느끼기 시작했다. 오전 9시 30분 개장 이후 30분 동안 마치 약속이나 한 듯이 주식을 사는 매수세가 아예 실종되어버리는 전례 없던 현상이 나타난 것이다. 그 결과 오전 10시까지 S&P 500종목 가운데 단지 25개 종목만 거래가 이루어졌다.

아무도 주식을 사겠다는 사람이 나타나지 않자 증권 브로커들과 일반 투자자들은 한순간에 공포에 질려 너도나도 주식을 팔겠다고 시장에 내놓기 시작했다. 왜 주식을 팔아야 하는지 아무도 이유를 몰랐지만, 남들이 모두 팔고 있다는 이유만으로도 투매에 나설 이유는 충분했다. 그 결과 다우존스 지수는 무려 22.6%나 떨어졌다. 그날의 공포는 전 세계로 전염되어 단 하루 동안 호주 증시는 41.8%, 홍콩은 45.8%, 영국은 26.4%가 떨어졌다.[4]

도대체 왜 그날 주가가 폭락한 것일까? 이틀 전 예상보다 큰 무역적자 통계가 발표되기는 했지만, 계속 무역적자가 늘어가던 미국에서 그것은 그리 특별한 뉴스가 아니었다. 증시가 과열되었다는 경고의 목소리와 함께 금리가 오를 수 있다는 우려는 있었지만, 그날 그렇게까지 주가가 폭락할 만한 이유는 어디에서도 찾아볼 수 없었다. 더구나 시장가격은 언제나 균형으로 수렴한다고 믿는 주류 경제학에서는 도저히 이해할 수 없는 현상이었다.

주류 경제학에서 이해할 수 없는 또 다른 사태가 바로 주택 거품으로 촉발된 '2008년 글로벌 금융위기'다. 언제나 합리적 투자자를 가정하는 현재의 주류 경제학에서는 2008년 금융위기를 도저히 설명할 수가 없다. 더욱이 언제나 시장은 완벽하다고 보고 있는 시장주의 이론에서는 앞으로의 금융위기 진행과정을 예측하거나 그 처방전을 내놓기도 불가능해졌다.

이처럼 복잡한 경제현상을 설명하기 위해서는 시장주의 이론의 비현실적인 가정 없이 경제현상을 있는 그대로 받아들이고 그 안에서 규칙을 찾아가는 '복잡계 경제학'이 중요한 역할을 할 수 있다. 복잡계 경제학은 카오스 이론에 영향을 받아 탄생한 경제학으로 경제를 '안정되고 평형 상태에 놓인 시스템'으로 보지 않고, 경제의 불안정성을 그대로 인정한다.

복잡계 경제학에서는 한번 일정 경로에 의존하기 시작하면 그 경로가 비효율적이든 아니든 쉽게 경로를 벗어나지 못하는 경향이 있다고 본다. 또한 이런 경로 의존성으로 초기의 작은 변화가 나중에 큰 결과를 초래할 수 있을 만큼 시장은 불안정하며, 시장에서 합리적이지 않은 선택이 이루어질 수 있다고 생각한다.

세계 경제, 대붕괴의 벼랑 끝에 서다

경제에 불안정성이 계속 누적되면 나중에 큰 변화를 초래할 수 있는 '임계臨界상태'[5]에 다다르기도 한다. 임계상태란, 어떤 현상의 성질에 변화가 생기는 경계가 되는 시점을 말한다. 예를 들어 축적된 경제 불안이 임계상태에 빠지면 아주 작은 변화에도 경제의 미래를 송두리째 바꾸는 큰 변화를 가져온다.

현재 세계 경제에서 임계상태에 놓여 있는 경제 변수는 바로 과도하게 쌓여 있는 '빚'이다. 지난 60여 년간 세계 경제는 빚을 계속 쌓아간 덕분에 빠른 성장을 누려왔다. 특히 경제위기가 올 때마다 세계 각국은 반복적으로 유동성 확대와 경기부양책을 써 왔다. 덕분에 경제위기는 넘겼지만, 대신 빚이 누적되는 속도는 더욱 가속화됐다.

이제 빚이 늘어나는 속도는 국내총생산GDP의 증가 속도를 훨씬 뛰어넘었다. 그러나 이런 불균형은 결코 오래갈 수 없고 어떤 형태로든 해소될 수밖에 없다. 빚이 붕괴하는 방식이나 과정은 세계 각국 정부의 대응 방식에 따라 크게 달라지겠지만, 만일 제대로 대처하지 못한다면 급속도로 빚더미가 무너지는 아주 위험한 상황에 놓일 수도 있다. 1929년 세계 대공황은 빚이 붕괴하는 과정을 겪으면서 미국뿐 아니라 전 세계가 극심한 고통을 겪은 그 대표적인 사례다.

빚의 붕괴 과정에 비교적 적절히 대응한다 해도, 빚의 붕괴가 계속 진행되는 시기에는 그동안 누렸던 빠른 경제성장이나 자산 가격 급등을 기대할 수 없다. 또한 빚이 급격히 붕괴하는 것을 막는 데 어느 정도 성공한다고 해도, 그 방향 자체를 바꾸기는 어렵다. 빚의 붕괴 과정이 길어지면 그 고통의 강도는 덜 수 있더라도 고통을 아예 받지 않을 수는 없다.

더욱 중요한 것은 빚이 붕괴하는 동안 국가 간 또는 기업 간 대역전 현상이 일어나기 쉽다는 점이다. 호황일 때보다 극심한 불황이나 패러다임의 변화가 올 때, 후발주자가 추격하기에는 더욱 유리하기 때문이다. 개인 또한 급격한 경제환경의 변화 속에서 포트폴리오와 투자전략을 어떻게 하느냐에 따라 매우 다른 결과를 맞게 될 것이다. 이제 빚을 급속도로 축적해가던 시대가 끝나가고 그 빚의 붕괴 시기가 도래한 만큼, 과거의 경험들만 믿고 똑같이 대응한다면 국가든 개인이든 새로운 환경에서 도태될 수밖에 없을 것이다.

이 책은 복잡계 경제학에 기초해 빚이 대붕괴하는 임계점臨界點에 서 있는 세계 경제의 현황을 분석하고, 왜 여기까지 오게 되었는지, 그리고 앞으로 어디로 갈 것인지를 조망해보고자 한다. 복잡한 경제현상은 주류 경제학의 시각과 달리, 균형으로 수렴하기보다 발산하는 탓에 그 미래를 예측하기란 쉽지 않다. 하지만 지금까지 주기적으로 반복되어 온 임계상태에서의 경제 대변동에 대한 패턴 분석을 통해 앞으로 다가올 미래의 경제 상황을 가늠해볼 수 있을 것이다. 또한 이를 토대로 대붕괴에 대비하는 경제정책을 제시하고 일반 가계가 대붕괴 시대에 더 나은 선택을 할 기회를 제공하고자 한다.

앞으로 I부에서는 대붕괴의 축소판이라고 할 수 있는 아일랜드의 경제 붕괴를 통해 대붕괴현상을 대략 짚어보고, 남유럽 위기가 앞으로 전 세계에 어떻게 파급될지 살펴보도록 하겠다. II부에서는 금융위기를 임계상태에까지 이르게 한 지난 60년 슈퍼사이클의 진행과정을 살펴보고, 위기 때마다 그에 대처해 온 기존 경제학의 문제점을 비판할 것이다. III부에서는 세계 경제가 대붕괴의 문턱에 있는 시기에 한국 경제를 대붕괴의 소용돌이로 밀어 넣은 위험한 경제정책들을 소개하면서, 지금 한국의 현주소를 보여주고자 한다. 그리고 마지막 IV부에서는 곧 도래할 대붕괴 시대에 우리의 대처방안을 모색해보고, 한국 경제가 대붕괴의 위기를 극복하고 오히려 이를 추격의 기회로 이용할 길을 찾아보고자 한다.

I부
대붕괴의 태풍이
시작되다

01

대붕괴의 축소판,
아일랜드가 남긴 교훈

중국 한漢나라의 문제文帝 때 '가의賈誼'라는 뛰어난 학자가 있었다. 당시 한나라는 제왕들의 반란과 흉노의 침입이 잦아 매우 혼란스러웠다. 이에 고민하던 문제가 가의를 불러 나라를 안정시킬 방법을 물었다. 가의는 진시황과 그의 아들 호해의 폭정을 예로 들면서 다음과 같이 답했다. "진시황에게 사람을 죽이고 고문하는 폭정만 배운 그의 아들 호해는 황제로 즉위하자마자 곧 많은 사람을 죽이기 시작했습니다. 이처럼 진시황의 잘못을 보고도 호해가 그대로 답습하는 바람에 그 강대했던 진나라가 일찍 멸망한 것입니다. 앞의 수레가 엎어진 것을 봤다면 마땅히 뒷수레가 경계로 삼아야 하는데, 그 바퀴 자국을 피하지 않고 그대로 따라간다면 뒷수레 또한 엎어지게 될 것입니다. 앞수레의 잘못을 잘 살피고 이를 피해야만 국가를 바르게 경영할 수 있을 것입니다." 이처럼 앞수레가 엎어진 것을 보고 뒷수레가 경계해 넘어지지 않도록 해야 한다는 뜻의 '전거가감前車可鑑'은 이후 다른 나라의 실수나 잘못을 답습하는 것을 경계하는 말이 됐다.

이제 세계는 60년 동안 이어졌던 슈퍼사이클이 붕괴하는 과정을 겪고 있다. 이 슈퍼사이클의 생성과 붕괴를 짧은 기간에 압축적으로 경험한 나라가 바로 아일랜드다. 아일랜드의 급속한 경제성장은 외국의 원조와 인구 구조의 변화, 그리고 대규모 투자에 의한 생산성 향상으로 시작됐다. 하지만 시간이 흐르면서 이에 따른 경제성장의 속도가 둔화하기 시작하자 고성장의 유혹에 빠진 아일랜드 정부는 대규모 신용팽창 정책을 쓰기 시작했다. 급속도로 불어난 빚은 잠깐이나마 아일랜드 경제를 끝없이 성장시키는 것처럼 보였다. 그러나 빚더미 위에서 위태롭게 유지되던 아일랜드 경제는 결국 글로벌 금융위기 앞에 처참하게 무너지고 말았다.

아일랜드 경제의 붕괴는 세계 경제에서 60년 동안 이어진 거짓 번영의 축소판에 불과하다. 이제 빚더미가 해소되기 시작하면 전 세계가 아일랜드와 같은 대붕괴의 과정을 겪을 수밖에 없다. 아일랜드 경제의 번영과 몰락의 과정은, 곧 본격화될 빚의 대붕괴 과정의 전조이자 세계 경제에서 앞수레가 엎어지는 모습을 보여주는 대표적인 사례가 될 것이다. 그 붕괴 과정을 보고도 그 바퀴 자국을 그대로 뒤따라가는 우愚를 범하지 않기 위해서는 아일랜드 경제에 관한 연구가 꼭 필요하다. 이는 국가 경제정책뿐만 아니라 개인들의 투자에도 전거가감이 될 중요한 사례다.

하룻밤에 몰락한 켈틱 타이거

금융위기의 공포가 세계를 뒤덮었던 2008년 10월 15일, 서울에서는 세계지식포럼이 열렸다. 금융위기의 시작점이라고 할 수 있는 리먼 브러더스Lehman Brothers Holdings Inc.가 파산 신청을 한 지 꼭 한 달만이었다. 첫 연설의 영광은 아일랜드의 경제기적을 이끌었다는 전 아일랜드 수상 버티 어헌에게 돌아갔다.

당시 전 세계가 금융위기의 공포에 떨고 있을 때였지만 자신감 넘치는 어헌의 연설에서는 그 위기감을 전혀 찾아볼 수 없었다. 그는 글로벌 금융위기 속에서도 규제철폐와 감세로 아일랜드가 여전히 번영을 누리고 있다며 켈틱 타이거Celtic Tiger(켈트족의 호랑이)로 불리는 아일랜드의 경제기적을 자랑스럽게 소개했다.

버티 어헌은 한국이 금융규제를 더 빠르게 철폐해나가야 한다고 권고했다. 또 한국이 아일랜드처럼 되고 싶다면 재벌에 대한 세금을 더욱 낮추라는 충고도 잊지 않았다. 버티 어헌은 이날 30분 남짓한 짧은 강연을 하고 한국 근로자 평균 연봉을 넘는 3만 유로, 우리 돈으로 4,500만 원을 받아갔다고 한다.[1]

재벌 감세와 금융규제 완화정책에 비판을 받고 있던 이명박 정부로서는 어헌의 연설이 가뭄의 단비처럼 느껴졌을 것이다. 이명박 대통령은 버티 어헌을 청와대까지 초청해 세계 많은 나라가 금융위기로 규제를 강화하고 있지만, 한국은 금융위기에 굴하지 않고 금융규제 철폐를 더욱 가속화하겠다며 화답했다. 당시에는 과도한 금융규제 철폐가 글로벌 금융위기를 불러왔다며 전 세계적으로 금융규제 철폐에 대한 자성의 목소리가 커지고 있었다. 그런데 유독 아일랜드와 한국만은 세계 경제의 조류를 거슬러 금융규제를 다시 완화해나가겠다고 다짐을 한 셈이다.

이 같은 한국 정치권의 성원 속에 톡톡히 재미를 본 어헌은 그 뒤 후진국들을 누비며 본격적인 아일랜드 영업에 들어갔다. 글로벌 금융위기의 여파가 전 세계를 휩쓸고 있을 때 어헌은 중남미와 아프리카를 돌면서 아일랜드 방식으로 경제구조를 바꾸라고 설파하기 시작했다. 이듬해 2월에는 중미 지역의 온두라스에서 보수파 정치인과 재계 인사들을 상대로 연설했다. 특급 호텔에 마련된 700석 규모의 연회장에는 그의 강연을 듣기 위해 110유로, 우리 돈으로 17만 원 정도를 내고 참석한 온두라스 정·재계 인사들로 가득 찼다. 110유로면 온두라스 근로자들의 한 달 수입에 맞먹는 돈이다.

어헌은 이렇게 비싼 돈을 내고 참석한 온두라스 정·재계 인사들에게 은행 민영화를 강조했다. 은행을 민영화하고 규제를 철폐했더니 금융 산업이 발전해 아일랜드가 지금처럼 잘살게 된 것이라고 외쳤다. 온두라스 유력 인사들은 열심히 메모해가며 그의 말을 경청했다.

하지만 다음 날 아침 온두라스의 재계 인사들은 비싼 돈을 내고 이 강연에 참석했던 것을 후회했을 것이다. 어헌이 온두라스에서 아일랜드의 경제기적을 자랑하던 바로 그 순간, 아일랜드 경제는 벼랑 끝으로 내몰리고 있었기 때문이다. 아일랜드 정부는 부도 위기의 은행을 구제하기 위해 3억 유로를 들여 은행을 사들였다. 은행 민영화와 규제 철폐가 아일랜드 호황의 원동력이라고 주장했던 어헌의 강연과는 반대로 아일랜드 정부가 은행들을 차례로 국유화하기 시작한 것이다.

하지만 이런 극단적인 조치로도 아일랜드 경제의 몰락을 막기에는 역부족이었다. 결국 아일랜드는 스스로 금융위기를 해결하지 못하고 2010년 국제통화기금IMF과 유럽연합EU에서 850억 유로라는 천문학적인 구제금융을 받았다. 1997년 외환위기 때 우리나라가 IMF에서 받은 구제금융 195억 달러의 다섯 배가 넘는 금액이었다. 아일랜드 인구가 고작 400만 명을 조금 넘는 정도인 만큼 1인당 구제금융 규모는 한국의 50배가 넘는 것이었다.

그 결과 아일랜드는 국민 한 사람당 54만 달러, 우리 돈으로 6억 원이 넘는 대외 부채를 지게 됐다.[2] 금융 산업과 함께 실물 경제도 무너져 내렸다. 아일랜드의 2009년 경제성장률은 −7.6%로 추락했다. 글로벌 금융위기 이후 유로존Eurozone[3] 국가 가운데 최악의 성적을 기록했다. 규제철폐와 민영화, 감세로 번영을 이뤄냈다는 아일랜드 경제는 왜 이렇게 한순간에 무너진 것일까? 아일랜드의 기적은 모두 허상이었을까?

국민의 혈세로 치른 초호화 신혼여행[4]

2004년 여름, 아일랜드의 부동산 개발업자인 션 듄Sean Dunne은 이탈리아에서 성대한 두 번째 결혼식을 치렀다. 이 결혼식에는 아일랜드 수상인 버티 어헌을 비롯해 아일랜드의 모든 정·재계 인사들이 대거 초대됐다. 전몰장병 기념일 연설까지 빼먹고 이탈리아로 가려던 버티 어헌은 그만 언론에 이 사실이 알려져 결국 결혼식에는 참석하지 못했다. 하지만 전몰장병 기념식 도중 결혼식장으로 전화해 참가하지 못한 아쉬움을 전했다. 이 초호화 결혼식에 들어간 돈은 우리 돈으로 200억 원이 넘었다.

신혼여행은 더욱 화려했다. 션 듄 부부는 재클린 케네디Jacqueline Kennedy와 아리스토틀 오나시스Aristotle Onassis가 탔던 요트를 더욱 호화롭게 개조한 '크리스티나 오Christina O 호'를 타고 2주간 항해를 했다. 청동으로 장식한 호화 수영장과 진짜 골동품으로 장식된 댄스 파티장이 설치된 이 요트는 개조하는 데에만 6,500만 유로, 우리 돈으로 900억 원이 넘게 들었다. 하지만 실제로 이 호화 요트 개조비용의 대부분을 부담한 것은 아일랜드의 국민이었다. 요트 개조 비용을 투자비로 처리해준 아일랜드 세무당국 덕분에 전체 개조 비용의 60%인 4,000만 유로를 다시 현금으로 되돌려 받은 것이다. 이처럼 막대한 세제혜택과 정부지원을 등에 업은 아일랜드 부호들은 흥청망청 돈을 써대며 아일랜드의 경제를 점차 붕괴의 길로 내몰았다.

잿더미에서 일어난 아일랜드의 경제기적

아일랜드의 기적은 1987년에 시작됐다. 아일랜드의 경제기적이 시작되기 직전인 1986년까지 아일랜드는 1인당 GDP가 EU 평균의 3분의 2에 불과한 가난한 나라였다. 일자리를 찾을 수 없는 젊은이들이 기회만 있으면 고국을 떠나는 바람에 아일랜드는 버려진 땅이나 마찬가지였다.

이 낙후된 아일랜드에 처음으로 희망의 손길이 찾아왔다. 유럽 투자기금이 1987년부터 1998년까지 86억 파운드, 우리 돈으로 10조 원 정도를 제공하기로 한 것이다. 경제개발을 하려고 해도 종잣돈이 없어 고전하던 아일랜드에 이 같은 막대한 원조는 도약할 수 있는 중요한 발판이 됐다. 아일랜드는 이 자금으로 경제개발을 위해 가장 먼저 사회간접자본에 투자하기 시작했다.

때마침 세계적인 호황에 힘입어 막대한 이윤으로 돈이 넘쳐나던 글로벌 기업들은 투자할 곳을 찾아다니기 시작했다. 경제성장을 꿈꾸던 아일랜드는 글로벌 기업들이 보기에 아주 매력적인 투자처였다. 다른 나라에 비해 땅값과 임금이 상대적으로 싼 데다 원조기금으로 사회간접자본에 대한 투자가 본격적으로 시작됐기 때문이었다. 게다가 잘사는 유럽 국가들 바로 옆에 있었기 때문에 지정학적으로도 아일랜드는 글로벌 기업들에 큰 인기를 끌었다. 유럽에 진출하기 원하지만 비싼 물가 때문에 고민하던 글로벌 기업들은 앞다투어 아일랜드로 본사와 지역 본부를 옮겼다.

그 결과 아일랜드는 2000년에 1인당 국외 투자 유치금액이 3만 8,000달러를 넘어설 정도로 큰 성공을 거뒀다. 당시 아일랜드 일자리의 절반이 국외에 본사를 둔 기업에 의해 만들어졌다. 다른 유럽 국가에서 국외 기업의 일자리 창출이 평균 20%였던 것과 비교하면 아일랜드 일자리의 대외 의존도는 그 두 배가 넘는 수치였다.

아일랜드 경제성장에 무엇보다 큰 역할을 한 것은 아일랜드 인구구조의 변화였다. 아일랜드는 1980년대 이전 경제 침체기에 중장년층이 대거 이민을 떠났기 때문에 다른 유럽 국가와 달리 인구 고령화가 시작되지 않았다. 더구나 다른 유럽 국가들보다 훨씬 뒤늦은 시기인 1990년대에 들어서야 여성들이 일하기 시작하면서 노동력 공급도 크게 늘었다. 여기에 출산율까지 급격하게 떨어지기 시작하자 부양가족 숫자가 급격하게 줄어드는 효과가 나타났다.

이 같은 인구 변화는 아일랜드 경제에 큰 활력을 불어넣었다. 아일랜드에서 경제기적이 일어나기 전인 1986년에는 10명의 근로자가 22명을 먹여 살리는 구조였다. 그러나 99년에는 10명의 근로자가 단지 14명만 먹여 살리는 구조로 변했다. 이 같은 현상이 가속화되면서 2005년에는 급기야 10명의 근로자가 고작 5명을 먹여 살리는 구조가 됐다. 부양할 인구가 줄어들자 아일랜드 국민은 더욱 부유해졌다.

게다가 아일랜드로 들어오는 이민까지 늘어났다. 1987년 이후 경제가 좋아지자 고국을 등지고 떠났던 아일랜드 이민자들이 이번에는 거꾸로 아일랜드로 들어오는 역이민이 시작된 것이다. 이들 역이민자 대부분이 한창 일할 나이인 3, 40대였기 때문에, 이들은 아일랜드 경제를 더욱 빠르게 성장시키는 데 중요한 역할을 했다.

여기에 정부 주도의 경제성장 정책이 빛을 발하기 시작했다. 어헌은 정부 개입의 최소화가 아일랜드 경제를 더 빠르게 성장시켰다고 주장하고 다녔지만, 실제로는 정부 개입이 아일랜드 경제성장의 핵심적인 역할을 한 것이다. 아일랜드의 저명한 칼럼니스트이자 역사학자인 핀탄 오툴Fintan O'tool[5]도 정부의 적절한 시장 개입이 아일랜드 경제기적에 결정적인 역할을 했다고 증언하고 있다.

경제발전 초기 아일랜드 정부는 재원이 턱없이 부족했음에도 불구하고 공교육에 대해서만은 투자를 아끼지 않았다. 특히 아일랜드 정부가 3단계 교육Third-level education이라고 부르는 대학 교육에 대한 지원을 대폭 확대해나갔다. 이 같은 획기적인 지원으로 1995년 아일랜드 학생들은 한 해 240달러만 내면 대학 교육을 받을 수 있었다.

정권이 바뀌어도 한결같이 추진하던 사회협약도 아일랜드 기적의 또 다른 축이었다. 사회협약은 경영자 단체와 노동조합, 농민 단체가 모두 참여한 거국적인 협약이다. 이 협약은 1987년부터 시작돼 아일랜드 경제 안정과 발전에 기여했다. 아일랜드에서는 진보와 보수가 번갈아 집권했지만 이 사회협약의 결과는 어떤 정권하에서도 존중됐다.

아일랜드에 국외 투자가 물밀 듯이 들어온 것은 경제발전의 원인이라기보다 결과에 가까웠다. 당시 아일랜드에는 뛰어난 공교육 시스템 덕분에 양질의 대학 교육을 받은 인재가 넘쳐났고, 사회협약으로 합리적인 노사관계가 구축됐다. 그 결과 외자와 글로벌 기업이 아일랜드로 대거 몰려든 것이다.

이처럼 선순환이 시작된 아일랜드는 노동 생산성도 크게 뛰어오르고 수출도 비약적으로 늘어나, 세계에서 유례가 드문 고성장을 기록했다. 급기야 1996년에는 1인당 국민소득이 영국을 추월해 세계를 놀라게 했고, 2000년에는 EU 평균 1인당 국민소득의 115%를 기록했다.

거품 경제라는 마약에 취한 아일랜드

2002년을 고비로 아일랜드 경제성장이 서서히 둔화하기 시작했다. 세계 시장에서 아일랜드 제품이 차지하는 비중은 1990년대 들어 꾸준히 늘어났지만 2002년부터는 제자리걸음이었다. 생산성 향상도 2000년

근대 유럽 최악의 참사, 아일랜드 대기근

19세기, 대부분의 가난한 아일랜드인들은 삼시 세끼 감자만 먹고 살았다. 다른 먹을 것이 없었던 아일랜드인들은 감자 무더기 사이에 소금에 절인 돼지고기 한 점을 두고 포크로 감자를 찍은 뒤 돼지고기를 바라보며 먹었다는 얘기가 전해올 정도다. 굴비를 천장에 매달아 놓고 밥 한 숟가락 먹고 굴비를 쳐다보았다는 자린고비가 생각나는 대목이다.

당시 식민통치했던 영국의 대지주들은 아일랜드에서 밀과 옥수수 등 온갖 다양한 작물을 재배했지만, 모두 팔기 위해 본국으로 가져가 버렸다. 결국 아일랜드인들은 영국 대주주에게 재배한 작물을 모두 바치고, 정작 자신들은 텃밭에서 키운 감자에 의지해 간신히 연명할 수밖에 없었다.

그런데 1845년 그 감자마저 모두 사라지는 대기근이 일어났다. '감자 마름병'이라는 병이 퍼져, 아일랜드 감자 수확량의 90%가 썩어버렸기 때문이었다. 하지만 영국인 대지주들은 눈앞에서 굶어 죽어가는 아일랜드인들의 참혹한 사정에도 아랑곳하지 않고 자국으로 곡물을 계속 공출했다. 이것이 바로 인류 역사상 최대 참사로 꼽히는 '아일랜드 대기근'이다.

당시 아일랜드 인구는 800만 정도였는데, 이 중 적어도 100만 명이 굶주림으로 죽고 200만 명이 아일랜드를 떠났다. 그러나 아일랜드를 떠난 이들도 그들의 가혹한 운명을 피하지는 못했다. 식량도 없이 무작정 신대륙으로 가는 배를 탄 아일랜드 사람들 대부분은 대서양에서 생을 마감했다.

대기근은 아일랜드 경제에 치명타를 안겼다. 굶어 죽은 사람과 이민으로 나라를 떠난 사람이 전체 인구의 3분의 1에 이를 정도였다. 그 뒤 아일랜드는 유럽에서 가난의 상징이 됐다. 이때 아일랜드 기근을 무시하고 식량을 반출했던 영국인들에 대한 아일랜드의 분노는 지금까지도 계속되고 있다.

부터 정체되어 2008년에는 경제협력개발기구OECD 평균에도 미치지 못했다. 꾸준히 늘어나던 제조업 일자리도 2000년부터 2006년까지 6년 사이에 20만 개가 줄었다.

경제성장이 갈수록 둔화하자 아일랜드 정치인들은 초조해지기 시작했다. 그들은 주류 경제학자들의 주장대로 시장을 더 활짝 열고 규제를 더 많이 철폐하기만 하면 정체하고 있는 아일랜드 경제를 회복시킬 수 있다고 믿었다. 그러나 아무리 규제를 철폐하고 대외개방을 가속화해도 과거의 고성장 시대로 돌아갈 수 없었다. 아일랜드 기적을 이끌어왔던 모든 원동력이 한계에 부딪히기 시작했기 때문이었다. 아일랜드가 유럽에서 가장 낙후된 지역이었기 때문에 가능했던 확산효과Spill over는 더는 일어나지 않았다. 아일랜드의 부동산 가격과 임금은 이미 유럽 최고 수준으로 치솟아 있었다. 글로벌 기업은 이제 아일랜드 투자에 매력을 느끼지 못했다.

2002년 번영의 엔진이 서서히 꺼져가던 아일랜드는 중요한 선택의 순간에 있었다. 아일랜드 경제를 한 차원 끌어올릴 새로운 도전이 필요한 순간이었다. 이때, 아일랜드 정치권은 거품을 키워 곧 닥쳐올 불황의 시기를 늦추는 최악의 선택을 했다. 느리지만 착실하게 걸어가야 할 번영의 길을 버리고, 켈틱 타이거라는 화려한 찬사에 취해 눈에 드러나는 화려함의 유혹에 빠져 붕괴의 길을 선택한 것이다. 그 순간 아일랜드 경제 관료들은 허황된 경제목표로 국민을 속이는 사기꾼으로 전락해버렸다.

아일랜드는 경기 둔화 속도를 늦추기 위해 무리하게 낮은 이자율을 유지했다. 이렇게 낮아진 금리 덕분에 아일랜드 국민은 너도나도 손쉽게 돈을 빌릴 수 있었다. 여기에 금융규제까지 대폭 완화되면서 은행들은 아무런 제약 없이 개인과 기업에 천문학적인 자금을 빌려주기 시작했다. 당시 아일랜드에서 은행 돈은 거의 눈먼 돈처럼 여겨졌다.

사람들은 은행에서 빌린 돈으로 땅과 집을 닥치는 대로 사들였다.

실물경제의 성장이 크게 둔화하면서 이미 건전한 투자처가 사라진 아일랜드에서 큰돈을 벌 만한 곳은 부동산밖에 없었다. 은행들은 부동산 광풍에 자금을 대주고 모자란 돈은 국외에서 빌려 충당했다. 이 같은 부동산 투기 광풍으로 아일랜드 집값은 2000년부터 2008년까지 두 배로 치솟았다.

부동산 가격이 치솟아 오르자 아일랜드 곳곳에서 대규모 건설 공사가 벌어졌다. 쇠퇴하던 아일랜드 제조업을 대신해 건설업이 그 빈자리를 메웠다. 2003년부터 2005년까지 아일랜드 경제성장의 30%가 건설 경기에 의존하는 기형적인 구조가 됐다. 당시 아일랜드 인구의 7분의 1은 건설 분야에 종사했다. 건설 경기 덕분에 아일랜드는 잠깐이나마 높은 경제성장률을 계속 유지하는 것처럼 보였다. 그러나 그 실체는 정부의 무리한 저금리정책과 은행의 방만한 위험 관리가 빚어낸 위태로운 도박에 지나지 않았다.

결국 곳곳에서 부작용이 나타나기 시작했다. 우선 과도한 저금리정책으로 물가가 오르기 시작했다. 아일랜드 물가 상승률은 2001년 4.9%, 2002년에는 4.6%를 기록했다. 이 같은 물가 상승률은 유럽 평균의 두 배가 넘는 수준이었다.[6]

이처럼 경제에 이상 신호가 나타나기 시작했는데도 아일랜드 정치인들은 계속해서 경기부양책을 쏟아냈다. 당시 아일랜드 재무부 장관인 찰리 매크리비Charlie McCreevy는 대규모 감세를 통해 모든 국민의 세금을 깎아주겠다고 발표했다. 그러나 정부의 발표와는 달리 실제 감세 혜택은 부유층에게 집중되어, 소득 상위 30%의 실질 소득이 4%나 늘어났다. 이에 비해 하위 20% 저소득층의 세후 실질 소득은 1% 늘어나는 데 그쳤다.

이처럼 부유층의 세금을 대폭 깎았지만 당장 아일랜드의 재정적자 폭이 늘어나지는 않았다. 정부의 인위적인 부양책으로 발생한 거품 경제 탓이었다. 그런데도 이를 놓고 어헌은 '감세의 기적'이라며 세계 곳곳을 돌면서 자랑을 하고 다녔다. 그러나 세금을 깎을수록 세수가 늘어나는 '감세의 기적'은 그리 오래가지 않았다.

정계와 재계의 탐욕으로 간신히 거품을 유지하던 아일랜드 경제는 2005년을 정점으로 꺾이기 시작했다. 아일랜드 인구 중 노동이 가능한 생산가능인구(경제활동을 할 수 있는 15세에서 64세 사이의 인구)의 비중이 계속 늘어나다가, 2005년 68.4%로 정점을 찍은 후 줄어들기 시작했다. 생산가능인구의 비중이 줄어들자 주택에 대한 실수요가 줄어들면서 주택 가격이 2006년부터 내림세로 돌아섰다.

여기에 글로벌 금융위기로 신용경색까지 일어나자 외국에서 빌린 돈으로 간신히 지탱하고 있던 아일랜드 경제는 한순간에 무너져내렸다. 그리고 그 피해는 고스란히 아일랜드 국민에게 돌아갔다. 아일랜드 국민은 끝없는 고성장을 약속하는 아일랜드 정치인들의 허황된 약속에 속아 한순간에 모든 것을 잃고 말았다.

아일랜드 사례는 앞으로 II부에서 자세히 서술할 60년 세계 경제 슈퍼사이클의 축소판이나 다름없다. 아일랜드가 급속도로 경제성장을 할 수 있었던 이유는, 초기의 자본 유입과 생산가능인구인 젊은 층의 증가가 주된 원동력이 되었기 때문이다. 이는 2차 세계대전 이후 전 세계가 경험한 경제성장과 유사하다.

그러나 인구증가에 따른 성장에 한계가 오고 자본의 추가 투입에 따른 한계효율이 떨어지면서 아일랜드 경제는 조정을 겪게 됐다. 그러자 정부의 무리한 경기부양책과 금융규제 완화로 빚더미가 급속히 늘어나는 대규모 신용폭증 현상이 빚어졌다. 이 같은 빚의 누적으로 과거의 경제성장이 계속되는 듯 보였지만, 이런 불균형은 영원할 수 없었다. 결국 외부 충격에 약해진 아일랜드 경제는 글로벌 금융위기 앞에서 과도한 빚을 견디지 못하고 무너지고 말았다.

세계 경제의 60년 슈퍼사이클의 끝도 아일랜드와 크게 다르지 않다. 이제 대붕괴의 단계로 접어들면 그동안 축적된 빚이 해소되면서 잦은 경제위기와 자산 가격 하락이 나타날 것이다. 세계 경제에서 빚의 대붕괴가 아일랜드 위기와 다른 점이 있다면, 세계 경제가 신용폭증의 기간과 누적 정도가 더 강하기 때문에 그만큼 붕괴의 강도가 더 크고 조정을 겪는 기간도 길어질 것이라는 점이다.

그런데 이처럼 세계에서 유례없는 극심한 위기를 겪은 아일랜드는 아직도 자신들을 붕괴의 길로 몰아넣은 경제정책을 고집하고 있다. 그들은 여전히 저금리 기조와 외자도입 확대를 통한 거품 경제에 의존해 경제 회복을 꾀하고 있다. 특히 글로벌 금융회사들의 위험한 투기상품인 헤지펀드를 대거 유치해 새로운 성장동력으로 삼겠다는 전략을 고수하고 있다. 아일랜드는 이를 위해 펀드에 대한 각종 세금을 없애고 펀드 투자자에 대한 부유세도 철폐했다.

또한, 아일랜드는 재정적자 문제가 심각한데도 여전히 세계에서 가장 낮은 수준의 법인세율을 고집하고 있다. 아일랜드에 대규모 구제금융을 해준 EU가 재정적자 문제를 해결하기 위해서는 먼저 법인세부터 높여야 한다고 거듭 권고했지만, 아일랜드는 이 같은 충고에 전혀 아랑

곳하지 않고 몇몇 조세피난처를 제외하고도 세계에서 가장 낮은 수준의 법인세율을 유지하고 있다.

더구나 부유층의 세금은 한 푼도 올리지 않는 대신 각종 공공 서비스를 대폭 축소하고 있다. 1990년대 아일랜드의 고속성장을 이끌었던 대학 교육에 대한 지원도 대폭 줄였다. 그 결과 250달러도 안 됐던 아일랜드 대학 등록금이 2010년에는 1,500달러로 올랐다. 또 이듬해인 2011년에는 재정적자를 해결하겠다며 아일랜드 정부가 대학 등록금을 3,000달러로 인상했다. 정부와 재계의 탐욕으로 경제위기가 닥치자, 아직 사회생활도 시작하지 않은 대학생에게 그 책임을 고스란히 떠넘긴 셈이다. 결국 거품 경제라는 마약에 취한 아일랜드가 교육과 같은 건실하고 장기적인 성장동력을 버리고 또다시 거품 경제를 일으켜 일시적인 경기회복을 노리고 있는 것이다.

이 같은 경기회복 전략은 과거 세계적인 슈퍼사이클이 신용폭증 단계에 있었을 때에는 효과적인 정책이었을 수도 있다. 그러나 전 세계적으로 빚의 누적 수준이 대공황 직전 수준을 훨씬 웃돌아 빚의 대붕괴를 눈앞에 둔 지금 시점에서, 거품 경제로 위기를 넘기려는 전략은 국가 경제 전체를 매우 위태롭게 할 수 있는 시대착오적인 전략이다. 빚더미가 해소되기 시작하는 대붕괴의 시대에는 감당할 수 없을 정도로 많은 빚을 짊어진 국가부터 경제가 무너져내릴 위험이 크기 때문이다.

그런데 지금 한국은 아일랜드의 성공과 실패를 목도하고도 이를 그대로 답습하고 있다. 한국 정부는 과도한 금융규제 철폐로 전 세계가 위기에 처했을 때조차 아일랜드를 본받아 금융규제를 철폐해나가겠다고 강조했다. 전 세계가 대붕괴의 위기를 인식하고 금융규제를 강화하고 있을 때조차 이를 정면으로 거스르려 한 셈이다.

아일랜드 경제를 진정한 번영으로 이끌었던 원인과 거품 경제를 불러온 요인은 전혀 다르다. 그런데 한국은 왜 아일랜드의 성공이 아닌 실패의 그림자를 쫓는 것일까? 아일랜드라는 앞수레가 뒤집힌 것을 무시하고 그 바퀴 자국을 그대로 따라간다면, 곧 다가올 대붕괴의 소용돌이 속에서 한국은 역사의 뒤안길로 사라지게 될지도 모른다.

02

왜 대붕괴는
남유럽부터 무너뜨렸나?

수영과 일광욕을 유달리 좋아하는 그리스인에게 집 앞마당에 있는 수영장은 동경의 대상이다. 그리스인이 돈을 모으면 가장 먼저 만들고 싶어하는 것이 바로 수영장이다. 그런데 그리스에서 자신의 집에 개인 수영장을 갖고 있으면 한 해 500유로, 우리 돈으로 70만 원이 넘는 세금을 내야 한다. 2008년 그리스의 수도 아테네Athens 북쪽의 부유한 지역인 에칼리Ekali 교외에서 자신의 집에 수영장이 있다고 신고한 사람은 모두 324명에 불과했다.

그런데 글로벌 금융위기 이후 그리스가 재정적자에 시달리기 시작하자, 한 공무원이 세수 확충을 위해 번뜩이는 아이디어를 내놓았다. 바로 구글 어스Google Earth의 위성사진을 이용해 수영장으로 보이는 파란색 사각형을 세어보기로 한 것이다. 그 결과 놀랍게도 그리스 세무당국은 모두 1만 6,974개의 수영장을 찾을 수 있었다.[1] 그동안 에칼리 인근에 집을 가지고 있는 그리스 부유층의 98%가 탈세를 해왔던 것이다.

그리스 세무당국이 구글 어스로 수영장을 찾아내 세금을 물리기 시작하자, 이번에는 그리스 부자들이 자신들의 수영장을 꼭꼭 숨기기 시작했다. 잔디 색깔이나 콘크리트 색깔의 방수막으로 수영장을 가려 위성 사진으로 수영장을 찾아내지 못하도록 안간힘을 썼다. 국가가 부도위기에 처했는데도 그리스 부자들은 여전히 탈세에만 열을 올렸다.

그리스에서는 세금을 제대로 내면 바보로 여길 만큼 탈세가 만연해 있다. 아테네 인근에 있는 콜로나키Kolonaki 시에서는 환자들에게 영수증을 떼주는 의사가 단한 명도 없다고 한다. 심지어 그들 중 일부는 한 해 소득이 3,000유로로, 우리 돈으로 440만 원에 불과하다고 신고했다. 이에 거센 비난 여론이 쏟아지자, 그리스 정부는 조세포탈을 해온 68명의 의사를 고발했다. 그러자 그리스 언론들은 이 같은 조치가 성난 국민을 달래려는 정치적 쇼에 불과하다고 비난하며, 진정으로 탈세를 막으려 한다면 진정한 조세 행정 개혁에 나서야 한다고 주장했다.

국제투명성기구Transparency International는 그리스에서 세금 징수가 안 되는 지하경제가 그리스 GDP의 40%를 차지해 2009년 한 해 동안 조세포탈로 새나간 돈이 300억 유로, 우리 돈으로 44조 원이 넘는다고 발표했다.[2] 더구나 뇌물이 일상화된 그리스에서는 2009년 한 해 동안 9억 유로가 뇌물로 쓰였다고 한다. 그리스 사람 한 명이 한 해 평균 1,500유로, 우리 돈으로 220만 원을 뇌물로 쓴 셈이다. 국제투명성기구는 그리스 부유층의 탈세와 부정부패가 그리스를 위기로 몰아넣은 주요 원인 중 하나라고 지적했다.

전 세계적으로 빚의 축적이 진행되었던 지난 60여 년은 그리스의 탈세가 한국과 무관했다. 하지만 빚더미의 누적에 따른 불균형이 임계상태에 다다른 지금은 상황이 다르다. 대붕괴의 시대가 본격화되면 그리스 부유층 사이에 만연한 탈세가 그리스의 재정을 악화시켜 유럽 경제는 물론 한국에까지 큰 영향을 미칠 수 있다. 마치 브라질 나비의 날갯짓 한 번에 태풍이 일어날 수 있는 '나비효과'처럼, 이제 그리스의 탈세는 국가 간의 장벽을 넘어 마치 전염병처럼 전 세계로 확산되어 빚의 대붕괴를 촉진하는 원인이 될 수 있다.

유로화의 저주, 그리스를 강타하다

세계 경제를 위협하고 있는 그리스 경제위기의 원인을 찾으려면, 2차 세계대전 당시 자신의 조국 그리스를 배신하고 나치Nazi 당원으로 활약했던 게오르기오스 파파도풀로스Georgios Papadopoulos에서 시작해야 한다.

그리스 장교였던 파파도풀로스는 독일이 그리스를 침략하자 바로 나치에 충성을 맹세하고 나치 보안군 대위로 변신했다. 그리고 그는 독일에 대항하는 그리스 저항군을 끝까지 추적해 나치에 팔아넘겼다.

독일이 패망하자 파파도풀로스는 민족의 반역자로 처벌을 받는 대신 미국으로 넘어가 미국 중앙정보국CIA에서 간첩훈련을 받았다. 그 뒤, 그는 다시 그리스 장교로 복귀해서 미국 CIA에 국가 정보를 파는 간첩 역할을 하며 그리스군에서 대령까지 승진해 입지를 넓혔다. 1960년 중반 그리스 정국이 좌파와 우파의 대립으로 극심한 혼란을 겪자, 이를 기회로 그는 미국 CIA 출신의 다른 그리스 장교들과 공모해 1967년 쿠데타를 일으켰다. 이렇게 정권을 장악한 파파도풀로스는 공산주의자를 색출한다는 명목으로 모든 정당을 해산하고 주요 정치인 대부분을 체포하거나 국외로 추방했다. 그리고 그해 12월, 그리스 국왕을 축출하고 스스로 대통령의 자리에 올랐다.

파파도풀로스는 남성의 장발을 금지하고 팝송 대신 군가만 허용하는 등 국민의 자유를 억압했다. 철저한 언론 검열을 통해 정권에 유리한 기사와 방송만을 내보내며, 정권에 반대하는 시민을 체포하고 악명 높은 고문으로 탄압했다. 또한 역사를 날조해 자신과 같은 나치 보안군 출신의 그리스 장교들을 반역자에서 구국의 영웅으로 탈바꿈시켰다. 그는 결국 1973년 자신의 심복이자 비밀경찰의 수장이었던 디미트리오스 이오안니디스Dimitrios Ioannidis의 배신으로 권좌에서 쫓겨났지만, 그의 유산은 그 뒤 그리스 경제에 큰 암운暗雲을 드리웠다. 국민의 자유를 억압했던 그리스 군사정권은 자유로운 경제활동도 억눌렀다. 그 결과, 관광업을 제외한 산업 대부분이 무너졌다. 물가 상승률은 연

25%를 넘었고, 그리스 통화인 드라크마Drachma화의 가치는 15%나 절하됐다. 당시 무너진 제조업의 기반은 지금까지도 그리스 경제를 위협하는 가장 치명적인 요소가 되고 있다.

1981년, 선거로 수상이 된 안드레아스 파판드레우Andreas Papandreou에게 많은 그리스인이 희망을 걸었다. 그들은 미국 하버드 대학교Harvard University를 졸업해 버클리 대학교University of California, Berkeley에서 경제학과 학장까지 지낸 진보적인 경제학자인 파판드레우가 그리스 경제를 되살릴 수 있다고 믿었다. 하지만 국민의 기대와는 달리, 파판드레우는 근로자들의 임금과 물가를 국가가 직접 통제하려 했고, 그 결과 그리스 경제 상황은 더욱 악화됐다.

그리스 경제에 가장 큰 결정타를 안긴 것은 바로 우파의 정치 아이콘이었던 콘스탄티노스 카라만리스Konstantinos Karamanlis였다. 카라만리스는 2009년 총선 직전, 무려 1만 개가 넘는 공직을 만들어 친척과 측근들에게 분배하는 사상 최악의 부정부패를 저질렀다. 또한 곳곳에 토목사업을 벌여, 그가 집권하는 동안에만 그리스 국가 채무는 두 배로 늘었다.

하지만 카라만리스 정권의 부패보다도 그리스 경제를 더 위험에 빠뜨린 것은 바로 그리스가 유로화 통합에 참여한 일이었다. 1998년 그리스의 경제는 유로화 통합에 참여할 수준이 전혀 아니었다. 한해 재정적자가 GDP의 16%에 이르렀고, 그동안 쌓인 나랏빚이 GDP의 100%를 넘어섰기 때문에 유로화 통합의 기본 조건조차 맞추지 못하고 있었다.

그런데도 그리스 정부는 1년 안에 유로화 통합조건을 맞추어 유로화 출범에 참여하겠다고 고집을 피웠다. 그리고 유로화 출범 직전, 그리스 경제에 거짓말 같은 기적이 일어났다. GDP의 16%였던 재정적자가 1%로 줄고, 물가 상승률도 5%로 안정됐다. 이 결과를 바탕으로 그리스는 2000년 3월 유로화 통합에 참여하게 됐다. 그러나 훗날 그리스의 당시 경제기적은 유로화에 참여하기 위한 회계 조작에 불과한 것으로 드러났다.

그리스가 유로화를 채택하자, 그리스 금융시장에는 큰 변화가 일어났다. 세계적으로 돈이 넘쳐나던 2000년대 초반, 투자할 곳을 찾아 헤매던 글로벌 투자자들이 보기에 그리스는 신천지나 다름이 없었다. 그리스 고유의 통화인 드라크마화를 버리고 유로화를 채택한 이후 그리스의 환율 리스크는 사라졌고, 독일 등 EU 국가들의 든든한 후원을 받게 된 만큼 국가부도의 위험도 낮아진 것처럼 보였다. 글로벌 투자자들은 유럽 국가 중 금리가 가장 높은 편이었던 그리스에 대대적인 투자를 시작했다. 이에 따라 그리스에 국외자본이 밀려들어 오면서, 독일의 두 배 수준이었던 그리스 채권 금리가 독일에 근접할 정도로 낮아졌다. 갑자기 한순간에 돈값이 싸지자 그리스인들은 너도나도 더 많은 빚을 지기 시작했다. 2000년부터 2007년까지 단 7년 만에 그리스의 가계 소득 대비 부채비율은 46%나 늘어났다.

비록 대규모 빚을 기반으로 한 것이었지만, 그리스 경제는 겉으로 보기에 놀라운 성장세를 보였다. 유로화를 채택한 이듬해인 2001년 이후의 경제성장률은 연 4.2%로 높아졌다. 이는 아일랜드에 이어 유럽에서 두 번째로 높은 성장률이었다. 이처럼 예상을 뛰어넘는 성과에 스스로 놀란 그리스의 정치가들은 이제 곧 유럽의 부자클럽에 들어갈 수 있다고 장담하기 시작했다.[3]

물밀듯 들어온 국외자본, 위기의 주범이 되다

유로화 채택 이후 실제 그리스 경제는 화려한 겉모습과는 달리 안에서부터 무너져가고 있었다. 유로화를 채택할 때 그리스의 생산성은 독일보다 30%나 낮았다.[4] 즉, 그리스에서 100유로를 들여야 만들 수 있는 물건을 독일에서는 단 70유로면 만들 수 있었다. 이처럼 큰 생산성 격차 때문에, 유로로 통합된 이후 그리스는 독일에 210억 달러를 수출하고 640억 달러어치를 수입할 정도로 엄청난 무역적자에 시달렸다. 하지만 국외에서 쏟아져 들어오는 막대한 외화자금 덕분에 이러한 불균형이 한동안 겉으로 드러나지 않고 유지될 수 있었다.

1967년 군부독재 이후 그리스에서는 제조업 기반이 붕괴하고 있었기 때문에, 국외에서 아무리 많은 자금이 들어와도 생산성 향상에는 아무런 도움이 되지 않았다. 결국 대규모로 유입된 국외자본은 대부분 식당이나 카페 같은 서비스업으로 몰렸다. 또한 부동산 같은 자산시장으로 대규모 자금이 유입되면서 자산 가격도 폭등하기 시작했다.

이처럼 빚더미 위에서 위태로운 잔치를 벌인 것도 모자라, 그리스 정부는 대대적인 경기부양책까지 동원했다. 덕분에 그리스의 재정적자는 GDP의 6%까지 치솟았는데, 이는 EU와 약속한 3%보다 두 배나 큰 적자 규모였다. 재정적자가 쌓이면서 나랏빚도 급증했다. 그 결과 누적된 나랏빚의 이자만 갚는 데 한 해 예산의 10% 정도를 써야 했다.

당시 그리스의 정치가들은 이 같은 문제를 무시한 채 겉으로 드러난 그리스의 높은 경제성장률과 자산 가격 급등을 놓고 그리스의 경제기적이라고 떠벌렸지만, 실제로는 금융위기 전에 나타나는 전형적인 거품 경제에 불과했다. 케네스 로고프Kenneth S. Rogoff와 카르멘 라인하트Carmen M. Reinhart는 그들의 뛰어난 통찰력이 담긴 저서 『이번엔 다르다 This time is different』[5]를 통해 세계 각국의 금융위기 원인과 진행과정을 파헤쳤다.

로고프와 라인하트가 나폴레옹 전쟁 당시의 덴마크 금융공황부터 2008년 글로벌 금융위기까지 66개 나라의 위기 사례를 연구한 결과, 자본의 국제 이동이 자유로웠던 시대에 반복적으로 금융위기가 발생했다는 사실을 밝혀냈다. 또한, 금융위기와 금융자유화의 연관성을 연구한 결과, 총 24건의 금융위기 중 18건이 바로 자금의 자유로운 이동을 허용하는 금융자유화 조치 직후에 나타났다는 사실을 보였다. 이에 앞서 세계은행의 데미르국-쿤트Asli Demirguc-Kunt와 IMF의 데트라지아체Enrica Detragiache[6]도 1980년부터 1995년까지 53개 국가의 데이터를 이용해 은행부문을 불안정하게 만드는 주요 원인은 바로 금융자유화였다는 사실을 확인한 바 있다. 이 같은 여러 연구를 종합해 라인하트는 역사적으로 자금의 대량유입이 금융위기의 주요 원인이 되었다는 결론을 내렸다.

결국 그리스 경제가 붕괴 위기를 맞게 된 것은 유로화 채택이 결정적이었다고 할 수 있다. 유로화 채택 이후 국외 자금이 대규모 유입되면서 거품 경제를 조성했지만, 그에 걸맞은 생산성 향상이 뒤따르지 않았다. 그 상황에서 글로벌 금융위기로 국외자본의 조달 통로가 막히자, 그리스 경제에 빨간 불이 켜진 것이다. 위기가 오기 전에는 그렇게 잘 팔리던 그리스 채권의 인기가 뚝 떨어지면서, 정부가 보증한 채권조차 팔리지 않았다.

마음이 급해진 그리스는 결국 긴급 구제금융을 신청해 2012년까지 2,400억 유로, 우리 돈으로 340조 원을 수혈받았다. 여기에 민간 채권단이 탕감해주기로 한 빚까지 더하면 그리스가 받은 구제금융 혜택은 3,500억 유로가 넘는다. 이런 천문학적인 지원으로도 부족해서, 조만간 3차 구제금융 신청을 할 것이라는 전망이 나오고 있다.

구제금융을 받은 대신 그리스는 강력한 긴축정책을 약속했다. 그 결과는 참담했다. 경기침체가 가속화되면서 아테네에서만도 노숙자 수가 2만 명을 넘어섰고, 자살률은 40%가 넘었다. 아직도 아테네 시내에서는 종종 과격 시위가 벌어지는 등 그리스 사회는 여전히 혼란의 소용돌이에서 벗어나지 못하고 있다.

왜 작은 그리스가 그렇게 중요한가?

EU 국가들 가운데 그리스가 경제면에서 차지하는 비중은 고작 2%에 불과하다. 그런데도 그리스가 EU에서 탈퇴할 것인지에 세계의 이목이 쏠려 있다. 왜 이렇게 작은 그리스가 세계 경제에서 그토록 중요한 것일까?

그리스는 EU와 IMF 등 국제기구로부터 구제금융을 받는 대신, 한 국가로서는 매우 굴욕적일 수밖에 없는 조건에 동의했다. 그리스는 국가 재정 지출을 최소화했고, 공무원 연금을 삭감하고 공무원을 대량 해고했으며, 주요 공기업을 외국자본에 내다 파는 등 강력한 긴축재정을 약속했다.

하지만 그들의 요구조건을 모두 수용했음에도 불구하고 그리스 경제는 계속 악화됐다. 경제 불황이 계속되면서 GDP도 계속 줄어들었고, 이 때문에 빚을 갚을 능력도 약화된 그리스는 외채를 갚기 위해 다시 외채를 빌리는 악순환에 빠져 국가 부채를 다시 증가시키고 있다.

문제는 그리스가 유로화를 쓰는 한, 경제위기에서 벗어날 방법이 없다는 점이다. 한 국가가 경제위기에 직면했을 때, 그 위기에서 벗어나기 위한 가장 쉬운 방법은 자국의 통화 가치가 떨어지도록 놓아두는 것이다. 통화가치가 추락하면 단기적으로는 수입 물가가 오르고 외채 부담이 더 커지는 문제가 있지만, 시간이 흐를수록 수입이 줄어들고 수출 기업들의 경쟁력이 회복된다. 하지만 EU의 전체 경제 규모에서 고작 2%를 차지하는 그리스가 경제위기를 맞았다고 해서, 유럽연합 국가 전체가 쓰고 있는 유로화 가치가 폭락할 가능성은 없다. 따라서 그리스 경제가 회복될 수 있을 정도로 유로화 가치가 떨어지는 것을 기대하기는 쉽지 않다.

설사 앞으로 EU 전체의 경제가 악화되어 유로화 가치가 폭락한다 해도, 그리스가 그 혜택을 보기는 어렵다. 그리스는 제조업 기반이 워낙 취약하므로 EU 밖으로 제조업 제품을 수출하는 경우가 많지 않은 데다, 그리스 대외 무역적자의 대부분이 주로 독일이나 프랑스처럼 유로화를 쓰는 국가와의 교역에서 일어나고 있기 때문에, 유로화 평가가 절하된다고 해도 수입이 줄어드는 효과를 기대할 수는 없다. 결국 유럽지역의 위기로 유로화 가치가 폭락하면 독일처럼 제조업이 발달한 국가의 수출은 크게 늘겠지만, 그리스처럼 제조업이 무너진 국가가 경제위기를 극복하는 데는 별 도움이 되지 않는다. 오히려 유로화 가치가 크게 떨어지면 유럽에 제조업 제품을 수출하는 중국도 큰 타격을 받게 되므로, 유럽의 위기가 아시아까지 빠른 속도로 퍼질 것이다.

그리스가 유로화를 쓰는 한, 유로화 가치가 어떻게 되든 상관없이 그리스의 경제위기 극복은 매우 더디게 진행될 것이다. 이 때문에 아무리 구제금융을 퍼붓는다고 해도 그리스의 위기상황은 더 심각해질 수밖에 없다. 그러다 결국 그리스가 위기 극복에 실패한다면 국외에서 빌린 돈을 갚지 못하는 국가부도사태가 일어나고, 그리스에 돈을 빌려준 글로벌 금융회사로 위기가 확산할 것이다.

그렇다고 그리스가 유로화에서 탈퇴한다 해서 당장 상황이 나아지는 것도 아니다. 그리스는 통화 가치 하락을 통한 경기회복을 노리기 위해 유로화를 포기하고 드라크마화를 부활시킬 수도 있다. 이 경우 이론상으로는 수출이 늘고 수입이 줄어 그리스 경제가 서서히 회복될 수도 있지만, 이는 그리스가 단기적으로 유로화 포기에 따른 엄청난 경제적 충격을 견뎠을 때의 이야기다. 그리스의 유로화 탈퇴는 그 즉시 그리스 경제를 괴멸상태로 끌고 갈 가능성이 높기 때문이다.

만약 그리스가 유로화를 포기하고 드라크마를 부활시킨다면, 드라크마화는 부활과 동시에 통화가치가 대폭락할 것이다. 그러면 공산품 대부분을 수입에 의존하는 그리스에 당장 수입이 중단될 것이고, 일반 국민은 극심한 고통을 겪게 될 수밖에 없다. 또한 드라크마화의 가치 하락만큼 외채 부담은 더 늘어나므로, 결국 그리스가 외채 갚기를 포기하고 채무불이행 선언을 하게 될 우려가 더욱 커질 것이다.

더구나 그리스가 유로화에서 이탈할 경우, 이미 국가 채무가 심각한 위험수위에 처한 다른 남유럽이나 동유럽 국가에서도 국외자본이 일시에 빠져나갈 가능성이 커진다. 결국 그리스가 유로존에 남을지와 관계없이, 그리스 경제위기가 가속화되면서 유럽과 세계 경제에 큰 파장을 미칠 수밖에 없다.

대붕괴, 계층 간 대립과 사회 불안을 잉태하다

대붕괴의 시대에 적응하지 못한 국가가 무너지면 어떻게 되는지를 여실히 보여주는 나라가 바로 그리스다. 국가 재정위기 이후 나라의 운명이 바람 앞의 등불처럼 위태로워졌는데도, 국민이 함께 지혜를 모아 위기를 극복하려 하기는커녕, 계층 간의 갈등만 증폭되어 국가 경제를 더욱 파국으로 몰아넣고 있다.

가장 큰 문제는 국가 재정이 위기 상황임에도 부유층에 만연한 탈세가 여전히 해소되지 않고 있다는 점이다. 그리스 의사 중 약 3분의 2가 1년 소득을 1,700만 원 미만으로 신고하고 있다. 그리스에서는 소득이 1,700만 원이 안 되면 비과세대상이기 때문에, 결국 의사의 3분의 2가 세금을 한 푼도 내지 않고 있는 셈이다.

게다가 힘 있는 사람들이 집단으로 정부에 압력을 행사해 자신들에게 유리한 정책을 이끌어내고 있는 것도 문제다. 그리스의 왜곡된 복지정책이 가장 대표적인 예라고 할 수 있다. 그리스의 GDP 대비 복지지출 비중은 21%로, 프랑스의 28%나 스웨덴의 27%, 덴마크의 26%에 비해 훨씬 낮은 편이다. 그런데 그나마 있는 복지정책의 혜택 대부분은 정치권에 압력을 행사할 수 있는 소수 이익집단에 편중되어 있다. 가장 강력한 압력단체는 바로 그리스 공무원이다. 그들은 자신들의 복지와 표를 맞바꾸는 방식으로 세계에서 유례없는 황당한 연금혜택을 받고 있다. 그리스에서는 35년 근무한 공무원이 58세에 퇴직할 경우, 생애 월급의 96%를 매달 연금으로 받는다. 그리스에서 이런 수준의 연금을 받을 수 있는 사람들은 행정직 공무원과 법조인, 교직원 등 정권과의 '표 거래'가 가능한 힘 있는 집단뿐이다.

이처럼 복지혜택이 특정 계층에 집중되어 있기 때문에, 그리스에서는 젊은 층이나 실업자에 대한 복지혜택이 매우 취약하다. 2008년 그리스 노동연구소INE-GSEE는 그리스 노동자 중 22%가 기초적인 생활 수준을 유지할 수 없을 정도로 낮은 임금을 받고 있다고 발표했다. 이렇게 복지정책에서 소외된 그리스의 젊은이들을 '700유로 세대'라고 부른다. 한국의 '88만 원 세대'처럼 한 달에 700유로를 받는 저임금·비정규직에 종사하는 젊은이들을 가리키는 말이다. 정부가 젊은 세대를 위한 복지와 일자리 창출정책에 실패하면서, 그리스 젊은이들은 미래를 향한 꿈도 희망도 잃어버렸다. 그 결과, 그리스의 출산율은 OECD 평균에 크게 못 미치는 1.53명으로 떨어졌고, 젊은 층이 줄어들면서 그들이 부양해야 하는 노년층 비율이 많이 늘어났다. 이는 내수시장을 침체시키고 경제 활력을 떨어뜨리는 악순환을 일으켜 그리스 경제를 크게 후퇴시켰다.

이러한 상황으로 그리스의 일반 국민은 부유층이 온갖 불법적인 수단을 동원해 마땅히 내야 할 세금은 내지 않으면서 복지혜택은 독식하고 있다며 분노하고 있다. 이 같은 계층 간의 반목과 갈등은 격렬한 시위로 이어지고 사회 불안은 커지고 있다. 더구나 나만 손해를 보고 있다는 피해 의식이 커지면서, 어떤 계층도 자국의 위기를 해결하기 위해 손해를 감수하려고 하지 않는다.

얼굴까지 바꾼 1조 4,000억 원대 탈세범[7]

2012년 1월, 재정파탄 상태에 이른 그리스 정부는 뒤늦게 악질적인 탈세자 4,000명의 명단을 공개하고 세무당국에 추징을 지시했다. 하지만 이미 탈세자 대부분이 재산을 모두 빼돌리고 난 뒤여서 실제로 추징이 가능한 돈은 거의 없었다. 부유층의 거액 탈세가 속속 드러나자 이에 성난 시민을 달래기 위한 가시적인 조치에 불과했던 것이다.

이 탈세자 명단에서 당당히 1위를 차지한 니코스 카시마티스Nikos Kassimatis는 무려 9억 5,000만 유로, 우리 돈으로 1조 4,000억 원의 세금을 포탈해 그리스 전체를 경악케 했다. 그는 1993년부터 허위 영수증을 이용해 부가가치세를 환급받는 수법으로 천문학적인 규모의 탈세를 해오다 2004년에 그 사실이 발각됐다. 하지만 경찰이 체포하러 오는 것을 미리 알아채고 용케 달아나버렸고, 이에 경찰이 곧바로 얼굴을 알리고 공개수배에 나섰지만 그의 얼굴을 보았다는 사람은 아무도 없었다.

2009년, 카시마티스를 붙잡고 나서야 그 이유가 드러났다. 그는 경찰의 수배망을 벗어나기 위해 성형수술로 얼굴을 바꿔버린 것이었다. 그 덕에 친척과 지인들조차 그의 얼굴을 구별할 수 없었다고 한다.

이렇게 얼굴까지 바꾸고 숨어다니던 카시마티스는 2009년 우연히 불심검문에 걸려 도피 생활을 마감했다. 결국 법의 심판을 받아 무려 504년형이라는 중형을 선고받았다. 하지만 이런 강력한 처벌에도 이미 탈세가 생활화되어 있는 그리스는 여전히 탈세 천국이라는 오명에서 벗어나지 못하고 있다.

더구나 2008년 미국의 주택 거품 붕괴로 시작된 글로벌 금융위기 이후 그리스인들은 자신들이 피해자라고 생각하는 강박관념을 가지게 됐다. 유로화 출범 이후 독일 등 유럽에서 제조업 경쟁력이 강한 나라들만 이득을 챙겼을 뿐, 그리스는 결국 그들의 이익을 위해 이용당했다는 것이다. 이 같은 생각 때문에 그리스는 독일 등에 빚진 돈을 갚기보다 차라리 채무불이행을 선언해야 한다는 주장에 점점 더 힘이 실리고 있다.

이 같은 세대 간, 국가 간 반목과 대결 양상이 경제의 파이Pie가 계속해서 줄어드는 대붕괴의 시대에 나타나는 대표적인 현상이다. 빚이 계속 늘어만 가던 시대에는 경제가 계속 성장했기 때문에 빈부 격차가 커져도 계층 간의 갈등이 표면적으로 드러나지 않았다. 하지만 대붕괴의 시대에는 파이가 늘어나는 속도가 현저히 더디거나 오히려 줄어들기 때문에, 계층 간의 갈등이 극대화될 것이다. 그리고 이는 한 국가 안에서의 사회 불안뿐만 아니라 국가 간의 대립 양상까지 격화시킬 가능성이 크다. 더구나 대붕괴현상이 세계 전역으로 확산되면 국가 간의 이기주의도 확산되고 대붕괴를 막기 위한 국제적 공조의 여건도 지금보다 훨씬 악화될 수밖에 없다.

03

유럽발 위기는
어떻게 세계로 전염되는가?

해수면 온도가 27℃ 이상 올라가면 차가운 상층 공기와 온도 차이가 벌어진다. 그러면 에너지 불균형이 심화되고 공기의 흐름도 불안정해지는데, 이런 불안정한 에너지가 계속 쌓이다 보면, 지극히 사소하고 우연한 원인에 의해서도 큰 변화를 가져올 수 있는 이른바 '임계상태'가 된다.

이런 임계상태에서는 아주 작은 소용돌이 하나만 생겨도 대규모 태풍으로 발전할 수 있다. 사실 대기 중에는 언제나 작은 소용돌이가 발생했다가 사라지곤 하지만, 보통 때는 이런 작은 소용돌이가 대기에 아무런 영향을 미치지 못한다. 하지만 혼돈의 에너지가 가득한 임계상태에서는 작고 평범한 소용돌이가 거대한 변화를 일으킨다. 소용돌이가 뜨거워진 해수면 위를 쓸고 가면서 수증기를 공기 중으로 빨아올리면, 중심부 온도가 빠르게 올라가서 공기의 흐름이 더욱 빨라진다. 이처럼 소용돌이가 자기 스스로 강화하며 영향을 주고받는 과정이 걷잡을 수 없게 되면 순식간에 태풍이 된다.

경제도 마찬가지다. 경제 시스템이 극도로 불안정해진 경우에는 아주 사소한 충격만으로도 심각한 위기가 촉발될 수 있다. 그리고 그 위기는 다른 나라로 전파되어 국경을 넘나드는 동안 점점 더 증폭된다. 지금 위기를 겪고 있는 남유럽 국가 중 하나만 무너져도, 그 나라에 돈을 빌려준 유럽 은행들로 위기가 전염될 것이다. 그러면 위기가 본격적으로 시작되지 않은 나머지 남유럽이나 동유럽 국가들에 신규대출 또한 중단되어, 경제위기는 더욱 가속화될 것이다. 현재 세계 경제는 인류 역사상 가장 높은 부채비율로 간신히 지탱하고 있다. 다시 말하면 작은 소용돌이 하나로 태풍을 만들 수 있을 만큼 혼돈의 에너지가 공기 중에 가득 찬 상태다.

남유럽에서 시작된 붕괴의 도미노

지금 세계 경제를 위협하고 있는 그리스의 경제 규모는 유로 전체의 단 2%밖에 되지 않는다. 이에 비해 스페인의 경제 규모는 유로 지역의 12%에 이르는 만큼, 스페인이 위기에 빠진다면 유럽을 넘어 세계 경제 전체에 큰 타격을 줄 수밖에 없다. 스페인 경제위기의 가장 큰 원인은 부동산 거품이었다.

스페인 정부는 내 집 마련을 장려한다며 각종 세제혜택을 제공해 왔다. 특히 장기 주택담보대출을 받아 이자를 내면 그만큼 소득에서 세금을 공제해주었기 때문에, 빚을 내서 집을 사면 세금을 크게 줄일 수 있었다. 스페인 정부가 집을 산 사람들에게 보조금을 지급한 셈이어서, 이 같은 정책이 주택에 대한 초과수요를 일으켰다.

여기에 1999년 유로화의 탄생은 스페인 집값을 더욱 극적으로 끌어올렸다. 스페인이 자국 통화인 페세타Peseta화를 사용할 때는, 국외 자본이 스페인에 투자할 때의 환율 변동을 고려해야만 했다. 페세타 화로 투자해 5%의 수익을 냈다고 해도 만일 페세타의 가치가 10% 떨어진다면 그만큼 손해를 보기 때문이었다. 비록 스페인의 경제 규모가 큰 편이라고 해도 그동안 잦은 경기 변동을 겪어왔던 만큼 스페인에 투자하는 것은 환율 변동에서 자유롭지 못했다.

하지만 유로화를 채택한 이후에는 환율 변동에 대한 위험이 많이 줄어들었다. 그 덕분에 스페인에는 엄청난 규모의 국외자금이 유입되었고, 투자가 늘어나 스페인의 경제성장률이 독일을 넘어서기 시작하자, 글로벌 투자자들은 더욱 스페인 투자에 몰두했다.

이처럼 국외자본이 쏟아져 들어오자 스페인의 은행 금리가 연 14%에서 4% 수준까지 극적으로 낮아졌고, 돈값이 싸지자 너도나도 돈을 빌려 집을 사들이면서 집값이 급등하기 시작했다. 유로화가 채택되기 전인 1998년, 1제곱미터에 1,000유로였던 스페인의 평균 집값이 금융위기가 오기 직전인 2007년에는 3,000유로 수준으로 급등했다. 평균 주택 가격이 9년 만에 세 배나 오르는, 세계적으로 가장 급격한 집값 상승이었다.

이렇게 집값이 오르자 너도나도 집을 짓기 시작하면서 해마다 50만 채가 넘는 주택이 지어졌다. 부동산 투자로 돈을 벌었다는 소문이 국경을 넘어 퍼지면서, 영국과 독일 투자자들도 스페인 주택 시장에 뛰어들었다. 이 같은 주택건설 광풍으로 1,600여만 가구에 불과했던 스페인에 2008년에는 2,200만 채가 넘는 주택이 들어섰다. 스페인의 주택 가운데 30%인 600여만 채는 유로화가 채택된 2000년 이후에 지어진 것이었다. 이처럼 건설경기가 호황을 보이면서 2007년 스페인의 GDP에서 건설부문이 차지하는 비중이 16%를 넘어섰고, 스페인 근로자 10명 가운데 1명은 건설부문에서 일할 정도로 건설부문에 대한 의존도가 커졌다.

2008년까지만 해도 주택 건설 붐은 스페인 사람들을 모두 부자로 만들어줄 것처럼 보였다. 자산이 크게 늘자 스페인 사람들이 소비 지출을 늘리면서 내수시장이 큰 활황을 보였고, 그 결과 2000년부터 2006년까지 유럽 선진국으로서는 상당히 높은 편인 3%대의 성장률을 유지했다.

그러나 끝없이 계속될 것처럼 보였던 스페인의 부동산 축제는 글로벌 금융위기가 시작된 순간 바로 끝나버렸다. 2008년 12월을 기준으로 스페인의 미분양 주택이 61만 채를 넘었다. 도중에 짓다가 만 주택도 62만 채가 넘어 모두 120만 채가 넘는 주택이 주인을 찾지 못했는데, 이는 경제 규모와 인구가 스페인의 여섯 배가 넘는 미국 전체의 미분양 주택보다 더 많은 것이었다. 미분양 주택 중에는 스페인의 아름다운 해안선에 자리한 고급 주택들이 많았다. 대부분 영국과 독일의 부유한 투자자들에게 별장으로 팔리던 집이었다. 하지만 경기가 얼어붙고 집값이 내려가기 시작하면서 국외 투자자들이 모두 떠나버리자, 해안선에 자리한 호화 주택들은 그저 도심에서 멀리 떨어진 불편한 집으로 전락하고 말았다. 미분양 주택이 많이 늘어나자, 건설회사들이 차례로 무너졌다. 그 결과 글로벌 금융위기 이후 스페인에는 실업자가 200만 명 이상 늘어나, 2010년 실업률이 20%를 넘어섰다.

스페인의 위기는 금융부문까지 옮겨갔다. 스페인 사람들은 30년이 넘는 장기 대출을 통해 내 집 마련을 해왔다. 그런데 주택 가격이 추락하고 실업률이 높아지면서 돈을 못 갚는 사람들이 늘어나자, 지방 저축은행의 부실 상황이 심각해졌다. 이에 대규모 공적자금이 투입되었지만 금융위기 확산을 차단하는 데는 실패했다.

스페인의 경제위기가 이제 대붕괴의 시작을 알리는 최후의 게임 Endgame[1] 단계를 앞두고 공공부채도 급증하고 있다. 스페인은 공공부채가 심각한 국가가 아니었다. 위기 직전인 2007년에 스페인의 공공부채는 GDP의 36%에 불과해, 65%인 독일의 절반 수준에 불과했다. 하지만 부실해진 금융기관에 공적자금 투입이 급증하고, 극심한 불황으로 세수마저 줄어들면서 2010년 공공부채가 63%로 급증했다.

결국 2000년대 스페인 경제에 호황을 가져왔던 유로화가 글로벌 금융위기 이후에는 스페인 경제를 나락으로 떨어뜨린 셈이다. 이제 스페인의 위기가 유럽 전체로 전염되는 단계를 눈앞에 두고 있다. 장기적으로 유로화를 쓰고 있는 한 스페인 위기를 근본적으로 해결할 해법이 없는 만큼, 스페인 경제위기는 유로화 평가절하나 유로화 탈퇴 등의 형태로 글로벌 금융시장에 큰 혼란을 가져올 가능성이 크다.

더구나 남유럽 국가 중 하나만 채무불이행 상태가 되어도 글로벌 금융시장에서의 불신이 커지면서 누구도 돈을 빌려주려 하지 않는 신용경색현상이 나타날 수밖에 없다. 이미 2008년 글로벌 금융위기 때 세계 각국이 통화 증발과 재정확대 정책 등 가능한 모든 조처를 했던 만큼, 이제 더 쓸 수 있는 정책수단이 얼마 남지 않은 상황에서 신용경색이 또다시 나타난다면 세계 경제는 고통에서 빠져나오기 어려울 것이다.

붕괴의 도화선이 될 숨은 위협, 동유럽

이번 금융위기에서 가장 취약한 나라로 꼽히는 곳은 유로화를 쓰는 나라 가운데 경쟁력이 떨어지는 남유럽이다. 이에 비해 유로화를 쓰지 않는 동유럽 국가들은 글로벌 금융위기 직후 통화 가치가 떨어진 덕에 수입이 줄고 수출 경쟁력이 높아져, 표면상으로는 경제위기가 남유럽보다 덜 심각한 것처럼 보인다. 하지만 부채에 의한 거품 경제로 간신히 유지되었던 것은 동유럽 경제도 마찬가지인 만큼, 글로벌 경제위기가 동유럽까지 번지는 것은 이제 시간문제다.

동유럽의 부동산 거품은 남유럽과 크게 다르지 않다. 예를 들어 헝가리의 경우, 경기가 한창 좋았던 2000년대에 집값이 오르기 시작하자 헝가리인들은 빚을 내서 집을 사기 시작했다. 그런데 헝가리 국내 이자율은 장기 대출을 받기에는 상당히 높았기 때문에, 상대적으로 이자가 훨씬 싼 스위스 프랑이나 유로화로 돈을 빌렸다. 외국 은행들이 헝가리 포린트Forint화로 돈을 빌려주려면 우선 자국 통화를 포린트화로 바꾸어야 하는데, 이때 포린트화 가치가 떨어지면 이자를 받아도 오히려 손해를 볼 수가 있다. 이 같은 환율변동 위험 때문에 외국 은행들이 포린트화로 대출해 줄 때는 더 높은 금리를 받으려 했고, 그래도 헝가리인들은 더 싼 이자만 좇아 전체 대출의 3분의 2를 외국 통화로 빌렸다. 그런데 2008년 금융위기가 오자 하루아침에 포린트화 가치가 반 토막 났다. 결국 포린트화를 외화로 환전해 갚아야 하는 헝가리인들에게는 자신들의 전체 빚과 이자 부담이 한순간에 두 배로 늘어난 것이다. 결국 많은 사람이 이자를 감당하지 못하고 하나둘 파산하면서, 헝가리 내수시장이 무너지고 GDP가 급격하게 감소하고 있다. 이처럼 불경기가 심화되자 세수가 매우 줄어들어 국가 부채도 급격히 증가하고 있다.

이렇게 헝가리의 경제가 흔들리는 상황에서, 2010년 국가주의를 내세운 빅토르 오르반Viktor Orban이 이끄는 우파 정권이 들어섰다. 오르반 총리는 집권하자마자 국민의 기본권을 축소하고 중앙은행 총재 임명권을 자신이 독점하는 등 독재체제를 강화했다. 게다가 헝가리 사회는 경제 악화에 대한 분풀이로 집시와 외국인들을 폭행하는 사건이 잦아지면서 사회불안도 점차 심해지고 있었다. 이에 국제신용평가회사인 피치Fitch Ratings는 2012년 헝가리 정부의 경제정책이 투자자들의 신뢰를 떨어뜨리고 국제기구와의 대립도 심화시키고 있다며, 헝가리의 국가 신용등급을 '정크Junk(쓰레기)' 등급인 BB+로 강등시켰다. 결국 경제위기에 따른 소득 감소가 사회 갈등을 불러와 국가 신용등급을 떨어뜨리고, 이것이 다시 경제위기를 가속화하는 악순환이 시작된 것이다.

이렇게 헝가리가 돈을 갚지 못하면 가장 큰 충격을 받는 곳은 바로 오스트리아다. 2000년대 호황 당시 투자할 곳을 찾지 못하던 오스트리아는 GDP의 140%에 이르는 엄청난 자금을 동유럽에 대출해줬다. 이 때문에 동유럽이 무너지면 오스트리아도 함께 무너질 수밖에 없고, 그러면 오스트리아와 밀접한 경제 관계를 맺고 있는 독일도 영향을 받을 수밖에 없다.

이미 IMF 등 국제기구의 구제금융을 받은 루마니아도 국가 신용 위험도가 계속 악화하고 있는 데다가, 2007년 뒤늦게 유로화를 도입한 슬로베니아도 2012년 재정적자가 GDP의 6.4%에 이를 정도로 위험수위에 도달해 있다. 만일 동유럽 위기가 가속화되면, 유럽 은행들은 더욱 신규대출을 줄이고 자금회수에 나설 것이다. 1997년 한국의 외환위기도 일본의 무차별적인 자금회수가 가장 직접적인 원인이 되었다는 점을 고려하면, 공포에 빠진 글로벌 은행들의 자금회수는 유럽의 위기를 전 세계로 확산시키는 촉매제가 될 것이 불 보듯 뻔하다.

치명적인 시한폭탄, 일본의 국가 채무

대붕괴의 시작은 그리스나 스페인, 이탈리아 등의 남유럽이든 헝가리 같은 동유럽이든 어디서나 일어날 수 있지만, 국가마다 혼돈이 극대화되는 임계점은 다르므로 단순히 국가 부채가 어디가 더 많다거나 국가 신용 위험도가 얼마만큼 높다는 것만으로는 추정할 수 없다. 따라서 이들 국가 중 그 어디라도 앞으로 다가올 대붕괴 시대의 시작점이 될 수 있다. 그러나 언제 어디에서 위기가 시작되건 세계로 전파되는 경로는 비슷할 것이다.

유럽의 경제위기가 본격적으로 시작되면, 아시아는 신용경색뿐만 아니라 다른 여러 경로로 위기의 파고를 맞을 것이다. 수출 주도형 성장을 추진해 온 아시아 국가에 가장 위협적인 요소는 바로 수출시장이 위축되는 것이다. 한국을 포함한 아시아 국가들의 수출품은 대부분 전자제품과 같은 제조업 제품이다. 그런데 유럽의 경제위기가 확산되어 전 세계적으로 가계 소득이 줄어들면, 이들 제조업 제품들의 소비부터 줄어들 것이다. 휴대전화나 컴퓨터 같은 전자제품은 식량 같은 생활필수품보다 훨씬 더 소득 탄력성이 높으므로 소득 감소에 민감하기 때문이다.

더구나 유럽의 위기가 유로화의 평가절하로 나타나면 문제는 더욱 커진다. 이 경우 유럽의 대표적인 공업국인 독일 등은 가격 경쟁력이 높아져 다른 나라보다 더 빠르게 경기회복을 노릴 수 있겠지만, 이들과 경쟁해야 하는 아시아의 국가들은 고전을 면치 못할 것이다. 특히 첨단 부품·소재 산업에서 독일과 경쟁하고 있는 일본이 수출까지 줄어들면, 1989년 이후 23년째 자산 거품의 붕괴 과정을 겪고 있는 일본 경제는 벼랑 끝으로 몰릴 가능성이 크다. 현재 일본 경제는 자국민들의 열렬한 국채 구입으로 간신히 국가부도사태를 면하고 있지만, 국가 부채 급증에 따른 불균형이 점점 더 커지면서 위험한 줄타기를 하는 중이다.

일본 경제의 비극은 1985년 플라자 합의Plaza Accord에서 시작됐다. 당시 미국은 로널드 레이건Ronald Wilson Reagan 행정부가 들어선 이후, 대규모 감세정책으로 무역적자가 급증하는 심각한 부작용에 시달리고 있었다. 특히 429억 달러에 이르는 막대한 대일對日 무역적자가 가장 큰 고민거리였다. 이에 레이건 행정부는 1985년 9월 22일 미국 뉴욕의 플라자 호텔에서 독일, 일본, 영국, 프랑스 등과 함께 재무장관 회의를 열고, 미국의 달러화 가치를 하락시키기 위한 국제공조를 이끌어냈다. 그 뒤 2년 동안 달러화 가치는 30%나 떨어져 미국 기업들이 경쟁력을 회복하는 데 큰 도움이 됐다.

하지만 일본은 순식간에 엔화가 급등하자 극심한 불황에 시달렸다. 가격 경쟁력에서 밀리기 시작한 일본 수출기업들이 점점 시장을 잃어가자, 일본 정부는 뒤늦게 금리를 낮추어 엔고현상을 막아보려 했다. 금리가 낮아지면 국내 자금이 높은 이자를 좇아 국외로 빠져나가면서 엔화 가치가 낮아질 것이라는 판단에서였다. 그러나 일본 정부의 기대는 빗나가고 말았다. 플라자 합의 도출 당시 1달러에 240엔이었던 환율은 5년 뒤에는 140엔으로, 또 10년 뒤에는 83엔이 될 정도로 엔화 가치가 급격하게 오른 것이다.

이렇게 엔고현상이 계속된 데는 일본인들의 소비행태가 큰 영향을 미쳤다. 보통 자국 통화 가치가 오르면 수입품의 가격이 낮아져, 일반적으로는 국내 제품보다 수입품의 수요가 늘어나므로 통화 가치가 낮아진다. 그러나 일본은 폐쇄적인 시장의 특성과 자국산 물건을 선호하는 일본인의 습성 때문에, 엔화 가치가 아무리 높아져도 좀처럼 수입이 늘지 않아 엔고현상이 계속됐다. 결국 일본의 정책금리 인하는 엔고현상 해소에 도움이 되기는커녕 엉뚱한 효과만 가져왔다. 저금리로 갈 곳을 잃은 막대한 자금이 주식과 부동산으로 몰려들면서 자산 가격이 치솟은 것이다. 일본 닛케이Nikkei 지수는 1만 2,000대에서 단 5년 만에 4만까지 뛰어올랐고, 일본 6대 도시 땅값은 1985년 이후 세 배 이상 급등했다.

뒤늦게 정책실패를 깨달은 일본 정부는 1989년 5월, 갑자기 급격한 금리 인상을 단행해 1989년 5월 2.5%였던 정책금리를 이듬해 8월까지 6%로 끌어올렸다. 그 결과 주가와 부동산 가격이 대폭락하기 시작했다. 당황한 일본 정부는 다시 부양책으로 돌아서 자산 가격 지키기에 나섰지만, 일단 폭락하기 시작한 자산 가격은 어떤 정책으로도 되돌아오지 않았다.

이처럼 엔고현상이 계속된 데다 자산 가격 하락까지 겹치면서 일본은 극심한 불경기를 겪게 되었고, 이는 세수 감소를 가져와 일본의 국가 재정을 크게 악화시켰다. 일본 정부는 대규모 감세정책과 적극적인 재정정책으로 경기부양에 계속 애를 썼지만, 빚까지 내어 시도한 대규모 경기부양책까지 실패로 끝나면서 일본의 국가 부채는 기하급수적으로 늘어나기 시작했다.

여기에 일본 재정을 더욱 악화시킨 것은 바로 인구 구조의 변화였다. 일본은 노후 연금을 설계하면서 급속한 인구감소와 고령화를 미처 계산에 넣지 못했다. 이 때문에 개인이 납부한 연금보험료만으로 감당이 되지 않자, 국가 재정으로 이를 충당하기 시작했다. 게다가 노령화로 의료보험 적자가 커지자, 이마저도 국고로 보조하기 시작했다. 그 결과, 연금과 의료보험 등 사회보장제를 유지하기 위해 들어가는 국고보조가 전체 예산의 3분의 1을 차지할 정도로 커졌다.

재정지출이 과도하게 늘어나면 지출을 줄이든지 아니면 세수를 늘려야 하지만, 일본 정부는 채권을 발행해 빚으로 충당하는 편한 길을 택했다. 그 결과, 2011년 국가 총예산 92조 엔 가운데 세수로 충당한 금액은 41조 엔(우리 돈으로 590조 원)에 불과한 반면, 국채를 팔아서 빚으로 조달한 금액은 44조 엔(우리 돈으로 634조 원)으로 세수보다 빚으로 조달한 금액이 더 컸다. 이에 따라 2011년 말 기준으로 일본의 국가 부채는 960조 엔, 우리 돈으로 1경 3,800조 원에 이르렀다. 일본인 한 사람이 752만 엔, 우리 돈으로 1억 700만 원에 이르는 돈을 국가 부채로 짊어지고 있는 셈이다. 더구나 이미 GDP의 200%를 넘어선 일본의 국가 부채는 2020년에는 300%가 넘는 인류 역사상 유례가 없던 규모로 커질 것이다.

일본의 재정적자가 이렇게 오랫동안 계속되는 가장 큰 이유는 안전을 최우선시하는 일본인들의 투자성향 때문이다. 1989년 이후 자산 가격 붕괴로 많은 재산을 잃고 큰 고통을 받았던 일본인들은 위험한 투자를 꺼리는 성향이 더 강해졌다. 그래서 일본 국채의 이자율이 연 1%밖에 안 되는데도, 일본인들은 안전하다고 생각하는 국채 투자에만 열을 올리고 있는 것이다. 그러나 이런 불균형이 계속되기에는 일본인들의 저축률이 매우 떨어진 상태다. 일본 전체의 저축률은 3%대에 불과한데, 그 세대별 저축률을 살펴보면 매우 기형적인 형태를 보이고 있다. 일본에서 경제활동을 하는 가구의 저축률은 2009년 기준 23%로, 1978년 이후 최고치를 기록할 정도로 여전히 높다. 20여 년 동안 장기 불황을 겪어온 터라 일할 수 있는 세대는 최대한 저축하고 있기 때문이다. 하지만 은퇴한 노령층이 저축했던 돈을 꺼내 쓰면서 실소득의 1.5배를 지출하고 있기 때문에, 전체 저축률을 크게 낮추고 있다. 제아무리 국채 투자에만 매달리는 일본인이라도 이렇게 저축률이 낮은 상황에서 해마다 쏟아져 나오는 40조 엔대의 천문학적인 국채를 계속 사는 것은 불가능한 일이다. 이 같은 불균형이 계속되면, 앞으로 일본 정부가 발행하는 국채를 자국민이 다 소화하지 못하는 날이 올 수밖에 없다.

만일 국채금리가 단 1%p만 올라도, 높아진 이자 부담 때문에 일본 정부가 국채를 새로 발행하는 데 큰 어려움을 겪을 것이다. 일단 정부가 더 이상 빚을 내지 못하는 상황이 되면, 결국 일본이 선택할 길은 채무 재조정이나 불이행을 선언하든지 아니면 인플레이션을 일으키는 일밖에 없다. 그리고 일본이 어느 쪽을 선택하든, 이 상황은 일본뿐만 아니라 전 세계 경제에 큰 충격을 줄 것이다.

일본의 국채 위기가 시작되면 우선 엔화 가치는 큰 폭으로 떨어질 것이다. 그렇게 되면 가장 큰 타격을 받는 것은 수출시장에서 일본과 경쟁해야 하는 한국이다. 만일 도요타Toyota 자동차 가격이 지금의 절반으로 떨어진다면, 과연 현대차가 도요타와 경쟁할 수 있을까? 소니Sony나 파나소닉Panasonic TV 가격이 30%만 떨어진다 해도, 삼성이나 LG전

노래하는 부동산 황제의 몰락, 센 마사오의 교훈[2]

일본의 대표적인 엔카 가수 센 마사오千昌夫는 1965년 무작정 도쿄로 올라와 유명한 작곡가의 문하생이 됐다. 그는 힘든 무명시절을 보냈지만, 노래 하나가 성공하면서 인생의 반전이 시작됐다. 그리고 그 뒤 1986년까지 일본의 대표적인 쇼 프로그램인 NHK 홍백가합전에 열네 번이나 출연할 만큼 큰 인기를 끌었다.

센 마사오의 운명을 바꾼 것은 우연히 사들였던 센다이仙台 시의 부동산이었다. 철도가 들어서면서 그가 산 땅이 순식간에 몇 배로 뛰어올랐고, 그 뒤 부동산 투자에 눈을 뜨기 시작했다. 그는 노래로 번 돈으로 지방 도시 임야를 사들이고, 그 임야를 담보로 다시 대출을 받아 건물을 사는 식으로 부동산을 계속 불려 나갔다.

그 결과 1980년대 후반에는 부동산 자산이 3,000억 엔, 우리 돈으로 4조 3,000억 원으로 불어나면서 '노래하는 부동산 황제'로 불리기 시작했다. 당시 일본의 많은 프로그램이 그의 부동산 투자 성공을 부러워하는 내용을 다루었다. 한 공중파 개그 프로그램에서는 그가 전 세계의 부동산을 사들이는 것을 풍자한 뒤, 센 마사오가 직접 출연해 시청자에게 부동산 투자에 관한 훈수를 두기도 했다.

하지만 그의 성공은 1991년 갑자기 부동산 가격이 폭락하면서 한순간에 무너져내렸다. 4조 원대의 자산 가운데 80%가 은행 빚이었던 센 마사오는 부동산 가격 폭락으로 1,030억 엔, 우리 돈으로 1조 5,000억 원에 이르는 천문학적인 빚을 지게 됐다. 결국 그는 밴드를 고용할 돈조차 없어서 혼자 노래를 부르고 직접 자신의 음반을 팔아야 하는 초라한 신세로 전락했다. 그리고 당시 그의 몰락은 일본에서 부동산 거품 붕괴의 공포를 상징하는 대표적인 사례로 꼽히게 됐다.

자가 일본 업체보다 더 많은 TV를 팔 수 있을까? 일본처럼 강력한 제조업체와 신뢰도 높은 브랜드를 그대로 유지한 국가가 경제위기로 통화가치가 폭락하면, 그 충격은 한국과 같은 주변 국가로 고스란히 전

이될 수밖에 없다.

물론 한국 정부도 가만히 있지 않고 원화 가치를 떨어뜨리려고 노력하겠지만, 어떤 인위적인 환율 조정도 국가부도사태가 난 국가를 따라잡기에는 역부족일 것이다. 빚더미가 해소되기 시작하는 대붕괴의 시대가 본격화되면, 그 어떤 나라도 그 붕괴의 물결에서 자유로울 수 없다.

II부
세계를 삼킨
슈퍼사이클

01

버블,
그 위험한 유혹에 빠진 미국

21세의 나이에 부모가 물려준 막대한 재산을 모두 탕진하고, 다니던 로마 대학교University of Rome도 퇴학당한 찰스 폰지Charles Ponzi는 1903년, 고국인 이탈리아를 떠나 미국으로 건너갔다. 미국으로 출발할 때 그의 주머니에는 200달러가 있었지만, 그나마 모두 선상 도박으로 탕진하고 미국에 도착했을 때는 고작 2달러 50센트만 남아 있었다.

미국에 도착한 폰지는 이후 16년 동안 벌이는 사업마다 실패를 거듭하면서 힘겨운 삶을 살았다. 그러다 1919년 스페인의 한 회사가 보낸 편지에 들어 있던 '국제우편 답신 쿠폰International Reply Coupon' 한 장에 새로운 사업 아이디어가 떠올랐다. 국제우편 답신 쿠폰은 세계우편연합UPU 가입국이면 어디서나 우표로 교환해 국제우편을 보낼 수 있는 쿠폰이었는데, 이것을 어느 나라에서 사느냐에 따라 가격은 세 배 넘게 차이가 났다. 미국에서는 답신 쿠폰 한 장에 3달러가 넘었던 반면, 이탈리아에서는 1달러에 불과했다. 폰지는 이탈리아에서 1달러에 답신 쿠폰을 사들여 미국에서 3달러 30센트짜리 우표로 교환하는 방식으로 큰돈을 벌었다. 계속 이런 장사만 했다면 폰지는 합법적으로 돈을 벌 수 있었을 것이다.

하지만 폰지의 욕심은 여기서 멈추지 않았다. 더 큰돈을 벌기 위해 투자할 사람들을 끌어모으기 시작했다. 폰지는 투자한 지 90일 뒤에는 투자 원금의 50%를 수익금으로 되돌려 주겠다며 투자자들을 유혹했다. 처음에는 반신반의하던 사람들도 실제로 수익금을 받아 챙기자, 폰지에게 열광하기 시작했다. 그 결과 폰지는 6개월 만에 800만 달러, 현재 가치로 1,000억 원이 넘는 투자금을 끌어모았다. 하지만 이렇게 많은 물량의 답신 쿠폰을 확보할 수 없었던 폰지는 새로운 투자자의 돈을 모아 기존 투자자에게 주는 방식으로 50%의 수익률을 유지했다. 그러나 이 방식은 새로운 투자자가 계속해서 나타나지 않는다면 끝날 수밖에 없었다. 결국 사업을 시작한 이듬해, 폰지가 사실은 사기를 치고 있다는 소문이 퍼지면서 새로운 투자자가 나타나지 않자 폰지의 사기극은 한순간에 막을 내렸다. 그 결과 1920년 8월에 파산 신청을 한 폰지는 사기 혐의로 구속되었지만, 그 여파로 4만 명이 넘는 사람들이 피해를 보고 은행 다섯 곳이 문을 닫았다. 그 뒤 '폰지 게임Ponzi Game'은 거품 투자를 의미하는 용어로 자리를 잡았다.

1980년대 이후 30년 동안 빚이 급증하면서 발생한 오랜 자산 가격 급등현상도 마찬가지다. 새로운 사람이 빚을 지고 이미 값이 오른 자산을 더 비싼 가격을 치르고 사주었기 때문에 자산 가격 급등이 계속 유지될 수 있었다. 세계 각국의 자산시장에서 폰지 게임이 유지되던 때까지는, 자산 가격 상승이 담보 여력을 높이고 이를 통해 더 많은 돈을 빌려 다시 자산시장에 투자함으로써 자산 가격이 더 뛰어오르는 빚의 소용돌이가 계속됐다. 하지만 빚을 지고 자산에 투자하는 사람이 더 나타나지 않는다면, 자산 가격의 버블도 1920년의 폰지 게임과 같은 최후를 맞게 될 것이다.

대공황, 그 후폭풍은 빚의 대붕괴였다

2008년 글로벌 금융위기로 전 세계 주가가 대폭락을 거듭하자, 모든 경제 전문가가 입을 모아 비관론을 쏟아내기 시작했다. 전문가의 대부분은 주가가 다시 경제위기 이전으로 회복하는 데는 매우 오랜 시간이 걸릴 것으로 내다봤다. 하지만 이러한 전문가들의 비관적인 전망을 비웃기라도 하듯, 글로벌 증시는 놀라운 회복력을 보였다.

주가가 회복되자 2008년 주가 폭락 당시 겪었던 투자자들의 공포는 상당 부분 사라졌다. 또 전 세계 주요 국가들이 부동산 시장을 떠받치기 위한 각종 부양책을 내놓으면서, 집값 하락의 도미노현상도 잠시 멈춘 것처럼 보였다. 이렇게 위기가 잠잠해진 것처럼 보이자, 많은 전문가가 약속이나 한 듯 "이번엔 다르다This Time is different"고 외쳤다. 지금까지는 금융위기가 발생하면 속절없이 당했지만, 이번에는 금융위기에 대한 국제 공조와 발 빠른 선제 대응으로 대공황 이후 최악의 금융위기를 무사히 넘겼다는 것이다. 하지만 눈앞의 반짝 주가 회복에 속아, 이번 위기의 근본적인 원인인 '빚의 슈퍼사이클Supercycle of Debt'이 전혀 해소된 것이 아니라는 점은 간과하고 있다.

글로벌 금융위기 이전까지 전 세계적으로 빚이 축적된 규모는 인류 역사상 보기 드물 정도다. 미국과 프랑스, 이탈리아, 한국 등 세계 주요 국가에서 가계와 기업, 정부의 빚을 모두 합친 총부채는 GDP의 세 배가 넘은 지 이미 오래다. 특히 영국과 일본의 총부채는 GDP의 다섯 배를 훌쩍 넘어섰다. 그런데도 2008년 글로벌 금융위기 이후 빚이 해소되기는커녕 오히려 많은 나라에서 빚이 더욱 늘어났다. 심지어 일부 국가에서는 민간부문의 빚을 정부가 떠안으면서 민간부채가 공공부채로 이전되는 현상도 나타났다. 결국 대규모 경기부양책은 글로벌 금융위기를 해결한 것이 아니라, 빚을 더 쌓는 방법으로 위기가 닥쳐올 시기를 단지 조금 늦추었을 뿐이다. 빚을 더 쌓아가는 동안에는 시중에 돈이 넘쳐나고 주가도 뛰어오르겠지만, 이는 부채라는 현대 금융의 연금술이 만들어낸 환영에 불과하다. 이제 곧 정책수단이 얼마 남지 않은 최후의 게임이 시작되면, 대규모 빚더미가 무너져내리는 대붕괴 과정이 시작될 수밖에 없다.

흔히들 이번 금융위기는 선진국이나 후진국을 가리지 않고 무차별적으로 무너뜨렸다는 점에서 여타의 금융위기와는 다르다고 생각한다. 하지만 선진국은 국가부도를 잘 겪지 않을 것이라는 통념과는 달리, 역사적으로 선진국도 후진국만큼 잦은 국가부도사태를 겪어왔다. 1800년 이후 오스트리아는 일곱 차례 국가부도사태를 겪었고, 이 가운데 1938년과 1940년에 연쇄부도사태는 오스트리아 경제를 괴멸 직전까지 몰고 갔다. 독일도 여덟 차례에 걸쳐 국가부도사태를 겪었고, 프랑스는 여덟 차례, 스페인은 열 세 차례나 국가부도사태를 맞았다.

금융위기는 더욱 빈번하게 일어났다. 케네스 로고프와 카르멘 라인하트는 자신들의 저서인 『이번엔 다르다』에서 나폴레옹 전쟁 당시의 덴마크 금융공황부터 2008년 글로벌 금융위기까지 모두 66개 나라의 금융위기 사례를 조사한 결과 금융위기의 발생 빈도는 선진국, 중진국, 후진국에서 유사하게 일어났다는 연구결과를 내놓았다. 특히 금융 강국으로 불리는 프랑스와 영국, 미국에서 금융위기가 가장 빈번하게 발생했다. 일단 금융위기가 터지면 주가는 3년 반 동안 56% 하락해 반 토막이 났다. 실질 주택 가격은 6년 이상 침체기를 거치면서 평균 35.5% 추락했다. 실업률은 평균 7%p 올랐고, GDP는 평균 9.3% 급락한 것으로 나타났다.

1929년 대공황은 역대 경제위기의 평균보다 훨씬 더 심각했다. 주가는 3년에 걸쳐 89% 하락했고, 이를 회복하는 데 25년이 걸렸다. 대공황 이전의 1인당 국민총생산GNP으로 복귀하는 데만 10년이라는 오랜 세월이 걸렸다. 이렇게 대공황으로 경기침체가 가장 심각했던 이유

그림 1 | 미국의 GDP 대비 총부채비율[1]

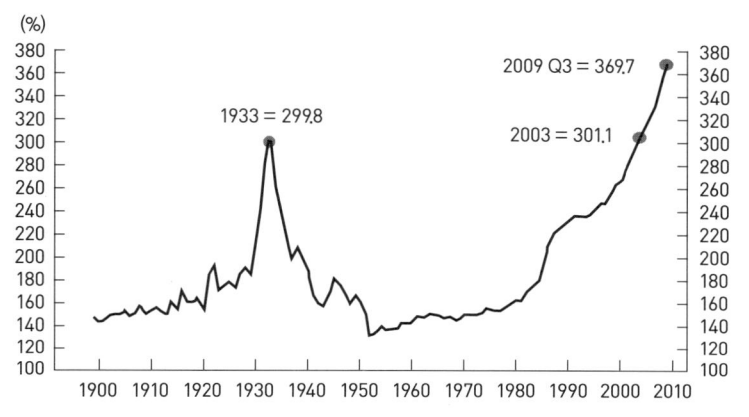

자료: 미 경제분석국, 연방준비은행, 미 인구통계국

는 여타의 다른 위기와 달리, 대공황 이전까지 눈덩이처럼 불어났던 빚더미가 해소되는 '대붕괴 과정'이 일어났기 때문이다.

〈그림 1〉은 이 책에서 가장 중요한 그림으로, 우리에게 시사하는 바가 크다. 〈그림 1〉에서 1929년부터 1940년까지 GDP 대비 미국의 총부채비율(가계, 기업, 정부부문 부채의 총합)의 극적인 변화를 확인할 수 있다. 대공황 당시 미국의 총부채는 GDP의 299.8%였다. 그 뒤 부채비율이 급격히 줄어드는 빚의 대붕괴현상이 일어나면서 GDP 대비 총부채비율이 대공황 이전보다 낮아진다.

이런 부채비율의 극적인 변화는 미국의 금융정책에서 기인한다. 1928년까지 양적 완화와 저금리정책으로 신용팽창이 일어난 덕분에 미국 경제는 초유의 호황을 누렸지만, 인플레이션을 우려한 월스트리트가 긴축정책을 쓰도록 금융당국에 압력을 넣기 시작했다. 인플레이션이 일어나 돈의 가치가 떨어지면, 돈을 빌려주는 금융회사들이 손해를 보기 때문이었다.

갑자기 긴축정책으로 전환하자, 빚으로 지탱하고 있던 미국의 호황은 한순간에 무너지고 말았다. 돈을 빌려서 주식에 투자한 사람들은 돈줄이 마르자 너도나도 주식을 팔아 치웠다. 주가가 폭락하면서 많은 투자자가 전 재산을 잃고 거리로 내몰렸고, 빚을 못 갚는 사람들이 급증하자 은행들이 돈을 빌려주지 않는 신용경색이 나타났다.

그 결과 300%에 육박하던 총부채비율이 130%까지 떨어지는 대붕괴현상이 일어났다. 빚이 점점 늘어남에 따라 경제가 호황을 누렸던 것과 반대로, 빚이 급속히 꺼지자 미국 역사상 최악의 불황이 경제를 덮쳤다. 한번 무너진 경제는 좀처럼 회복되지 않아, 대공황이 발생한 지 4년 뒤인 1933년에도 미국의 실업률은 25%가 넘었다.

1934년, 대공황의 한가운데서 FRB 의장으로 선임된 매리너 에클스 Marriner Eccles는 빚의 대붕괴 사태와 맞서 싸워야 했다. 은행가인 에클스는 경제학을 공부한 적은 없었지만, 자신의 경험을 통해 알게 된 실무적인 감각이 있었다. 에클스는 이를 바탕으로 케인스 John Maynard Keynes보다도 먼저 적극적인 재정정책의 중요성을 파악하고 직접 경제정책에 적용했다.

에클스의 경제정책이 효과가 있었는지, 미국 경제는 아주 조금씩 나아지는 것처럼 보였다. 그러자 에클스는 경기가 과열될 것을 우려해 1937년 선제로 긴축정책을 사용하는 출구전략을 썼다. 그러자 이듬해인 1938년에는 미국 경제가 다시 추락하는 더블 딥 Double Dip현상이 일어나 경제성장률이 마이너스로 떨어졌고, 15%까지 낮아졌던 실업률은

투기의 대중화가 낳은 대공황

미국인들은 건국 초기부터 땅 투기에 열을 올렸다. 조지 워싱턴은 미시시피 부동산 회사Mississippi Land Company를 설립해 서부지역의 땅을 사들였고, 벤저민 프랭클린은 일리노이Illinois 주에 서울 종로구 면적보다도 넓은 6,300만 에이커의 땅을 투기 목적으로 사들였다. 미국 건국 이후에도 이 같은 땅 투기 열풍은 거의 100년 동안 계속됐다. 특히 미국 서부까지 철도가 개통되자 기찻길을 따라 땅 투기 열풍이 불었다. 미 서부지역에 대한 땅 투기는 일종의 국민 스포츠나 마찬가지였다. 18세기 영국의 여행가 윌리엄 프리스트 William Priest가 "미국이라는 나라의 특징을 소개한다면 '땅 투기'라고 할 수 있다"고 말할 정도였다.[2]

1790년대 미국에 처음으로 증권거래소가 설립된 이후부터는 그 투기 대상이 서서히 증권으로 바뀌기 시작했다. 미국은 영국보다 주식시장 규모가 매우 작았지만 이만큼 작전세력이 기승을 부린 나라는 없었다. 덕분에 특정 매집세력에 의해 주가가 한없이 부풀려지다가 곤두박질치는 일이 끝없이 반복됐다.

미국의 전문 투기꾼들은 1861년 남북전쟁조차 투기 대상으로 삼았다. 미국 정부가 전쟁자금을 조달하기 위해 돈을 무한정 찍어내기 시작하자 주가가 요동치기 시작했다. 특히 금값은 전황에 따라 시시각각으로 변했다. 남부군이 승리하면 돈의 공급이 줄어들 것이라는 우려가 커져 금값이 폭락했고, 북부군이 승리하면 금값이 치솟았다.

19세기 미국의 주식시장은 작전세력의 시세 조작과 사기가 반복되는 매우 난잡한 시장이었지만, 당시만 해도 일반 대중은 주식시장에 참여하지 않았다. 이 때문에 작전세력의 주된 피해자들은 대부분 돈이 많은 상류층이었다. 하지만 1920년대 자동차 혁명으로 신경제가 왔다고 믿었던 일반 대중들까지 너도나도 주식 투자에 뛰어들게 되자, 1929년 대공황 때는 그 피해가 일반 대중에게까지 미쳤다.

미국은 대공황으로 큰 피해를 보고 나서야 주식시장과 금융시장의 건전성을 유지하기 위한 규제를 만들기 시작했다. 그러나 이 규제들 또한 로널드 레이건 대통령 재임 시절부터 서서히 무너지기 시작해 2008년 미국의 금융위기 전에 대부분 철폐됐다.

다시 18%로 치솟았다. 결국 미국 경제는 그 뒤로도 지속적인 빚의 붕괴과정을 겪으면서, 1940년까지 10년이 넘도록 대공황의 그늘에서 완전히 벗어날 수 없었다.

대공황에서 찾은 번영의 열쇠

자동차의 대중화를 이끈 헨리 포드Henry Ford는 지금도 가장 유능한 경영자 중 한 사람으로 인정받고 있다. 1913년, 헨리 포드는 당시 인기 차종이었던 '모델 T'의 조립공정을 컨베이어 벨트로 전환하는 데 성공했고, 이렇게 구축된 소품종 대량생산체제는 초기 자본주의 발전에도 핵심적인 역할을 했다.

또한 헨리 포드는 자본주의 경제에서 수요의 중요성을 가장 먼저 간파한 경영자 중 하나였다. 컨베이어 벨트를 도입한 다음 해인 1914년, 그는 포드 근로자들의 임금을 하루아침에 2달러대에서 5달러로 올렸다. 이는 기존 임금의 두 배가 넘는 파격적인 수준이었다. 이처럼 임금을 올리면서도 근로 시간은 하루 9시간에서 8시간으로 거꾸로 한 시간 줄였다.[3] 다른 기업들은 한 푼이라도 임금을 줄이려 할 때 포드는 왜 이런 선택을 한 것일까? 헨리 포드는 근로자가 바로 소비의 주체라는 것을 잘 알고 있었기 때문이다. 근로자들이 자신이 만든 물건조차 살 수 없을 정도로 소득이 낮다면, '대량생산 대량소비' 시대를 여는 것은 불가능하다고 본 것이다. 그렇다고 헨리 포드가 근로자들의 복지에 관심이 있었던 것은 결코 아니었다. 포드는 노동운동을 적극 반대하고 노조를 탄압한 보수적인 경영자로 유명하다. 그는 근로자들의 복지 향상을 위해서가 아니라 자본가인 자신의 이익을 위해 근로자들의 임금을 파격적으로 인상한 것이다.

개별 기업 입장에서는 높은 임금이 당장 손해일 수 있다. 하지만 기업들이 임금을 줄이면 아무리 물건을 잘 만들어도 그것을 사줄 사람이 없다. 물건이 안 팔리면 기업들은 연쇄적으로 임금을 더 낮추게 되고, 근로자들의 임금이 더욱 낮아지면 물건을 살 수 있는 사람도 더욱 줄어들므로 불황의 골은 깊어진다.

실제로 이런 악순환이 불러온 경제위기가 바로 1929년 대공황이다. 당시 기업들은 물건이 팔리지 않자, 근로자를 대량 해고하고 임금을 큰 폭으로 낮췄다. 그 결과 기업의 판매 실적은 악화되고 투자는 실종됐다. 이처럼 임금 하락과 수요 감소의 악순환이 계속되자, 당시 미국 대통령이었던 허버트 후버Herbert Clark Hoover는 헨리 포드식 처방을 내놓았다. 후버는 1929년 11월 21일 기업가들을 불러놓고 임금 삭감을 중단하라고 강압적으로 요구했다. 이 같은 후버 대통령의 요구에 가장 적극 대응한 것은 헨리 포드였다. 포드는 경제공황이라는 어려운 환경에서 거꾸로 임금을 올렸다.[4] 자본주의를 지탱하는 핵심이 충분한 수요라는 사실을 누구보다도 잘 알고 있었기 때문이다.

하지만 후버 대통령의 엄포에도, 대부분의 미국 기업은 제 살길 찾기에만 급급했다. 그들의 대량 해고와 임금 삭감으로 대공황에 빠진 미국 경제는 그 늪에서 좀처럼 빠져나오지 못했다.

이렇게 어려운 경제 상황 속에서 대통령에 당선된 루스벨트는 극적인 반전을 꾀한다. 루스벨트는 최저임금을 큰 폭으로 올리고 노년층에 대한 정부의 연금 지원을 강화했다. 또한 소득세와 상속세를 큰 폭으로 올려 부의 집중을 막고 중산층을 강화했다. 루스벨트의 이 같은 노력은 모두 미국의 소비기반을 확충하기 위한 것이었다.

여기에 2차 세계대전이 발발하면서 미국 경제는 새로운 기회를 맞이한다. 많은 남성이 유럽과 태평양 전선에 나가 싸우는 동안, 군수 산업이 발달하면서 새로운 일자리가 창출됐다. 전쟁으로 일할 수 있는 사람은 줄고 일자리는 늘어나면서 임금이 오르기 시작했다. 덕분에 미국에서는 대공황 이후 가장 든든한 수요 기반이 조성됐다. 게다가 전쟁이 끝난 뒤 월급을 모아 고향으로 돌아온 군인들은 새로운 소비 주체로 떠올랐다.

이 같은 수요 기반 덕분에 2차 세계대전 이후 미국 경제는 사상 초유의 호황을 누렸다. 중산층의 소비는 늘어났고 이는 더 많은 투자를 불러왔다. 그리고 기업의 투자가 늘어나면서 일자리가 계속 만들어졌다. 임금이 오르자 저임금 노동력을 이용하는 산업은 줄어들고 미국 경제구조는 기술집약적 산업 위주로 빠르게 재편됐다. 기술집약적 산업은 생산성 향상 속도가 훨씬 빨랐기 때문에 미국의 경제성장 속도를 가속화시켰다.[5] 당시 미국에서는 소수의 부자뿐만 아니라 모든 미국인이 함께 번영을 누렸다. 미국 가계의 실질 소득이 해마다 평균 2.8%나 늘었다.[6] 특히 소득 순위가 하위 50%인 미국인들은 이 기간에 소득이 두 배 가까이나 빠르게 늘어났다. 2007년 가치로 환산했을 때 1947년부터 1975년까지 미국의 가계 수입은 평균 2만 5,000달러에서 5만 5,000달러로 늘어났다.[7]

번영의 시대에 미국은 지금과 달리 강력한 사회안전망을 가지고 있었다. 실업에 대한 재교육과 재취업제도는 당시 사회주의를 추구하던

헨리 포드의 10센트

헨리 포드는 근로자의 파격적인 임금 인상을 단행했지만, 그렇다고 그가 자선가나 너그러운 사업가였다고 할 수는 없었다. 헨리 포드에게서 막대한 기부금을 받아낸 한 시골학교 교사 마사 베리Martha Berry와의 일화는 그의 성향을 단적으로 보여준다.

미 조지아Georgia 주에서 주말학교를 운영하던 시골학교 교사 마사 베리가 가난한 학생들을 위한 기부금을 부탁하기 위해 당대 최고의 부자였던 헨리 포드를 찾아갔다. 한참 동안의 간곡한 설득에 못 이긴 듯, 포드가 주머니를 뒤적이더니 10센트짜리 동전 하나를 그녀 앞에 꺼내놓았다. 사실상 노골적으로 거절 의사를 표시한 셈이었다. 하지만 마사 베리는 이에 실망하지 않고, 그 돈으로 땅콩 씨앗을 사서 주말학교 텃밭에 심었다. 몇 년 동안 씨앗을 사고 다시 이를 뿌리기를 반복해 모은 돈으로 드디어 주말학교에 피아노를 들여놓은 날, 그녀는 포드에게 편지를 보냈다.

"직접 와서 당신의 10센트가 이룬 것을 보세요."

편지를 받고 다시 마사 베리를 만난 헨리 포드는 그녀야말로 자신의 기부금을 받을 만한 가치가 있는 사람이라며, 수백만 달러를 기부했다. 덕분에 마사 베리는 베리 대학Berry College을 설립하고, 그 중심에 포드센터Ford Complex를 완성할 수 있었다. 현재 미국 베리 대학 내에서 가장 넓은 부지를 가진 포드센터는 그 고풍스러운 건물이 캠퍼스의 상징이 되었다.

이 일화는 한 세기에 가까운 세월을 지나는 동안 조금 덧붙여졌을 수도 있지만, 적어도 포드가 자선사업에 어떤 태도를 보였던 사업가였는지는 알 수 있다. 이처럼 자선사업에 인색했던 헨리 포드가 어려운 시절에 노동자들의 하루 일당을 5달러로 올린 것은 결코 그들의 복지를 위해서가 아니었다. 임금을 올리면 그만큼 더 열심히 일해서 회사에 더 큰 이득을 안겨줄 뿐만 아니라, 포드 차를 사는 새로운 수요기반이 될 것이라는 실리적 계산에 바탕을 둔 확신이 있었던 것이다.

유럽보다도 앞서 있었다. 1950년대 중반에는 전체 근로자의 3분의 1이 노동조합에 가입해, 미국 역사상 가장 활발한 활동을 했다. 그러나 노조에 대한 시장경제학자들의 우려와는 달리, 미국의 시간당 생산성은 1947년부터 1975년까지 두 배로 늘었고 미국 경제 역사상 최대의 호황이 계속됐다.

당시에는 미국 정부가 수도나 전기요금에 보조금을 지급해 누구나 값싼 공공요금의 혜택을 받았다. 또 교육에 대한 투자를 아끼지 않고 공립대학을 대대적으로 확대해 1970년에는 전체 4년제 대학생의 70%가 공립대학 학생이었다. 당시 공립대 학비는 평균 가계 소득의 4%로, 가계 소득의 20%를 차지하는 사립대학 학비의 5분의 1에 불과했다.

이처럼 복지정책으로 정부의 씀씀이가 큰 편이었는데도 미국의 재정적자는 오히려 크게 줄었다. 당시 미국 정부가 고소득층에 높은 소득세율을 부과해 충분한 세수를 확보했기 때문이었다. 미국은 1951년부터 1963년까지 40만 달러가 넘는 소득에 대한 최고 소득세율을 90%대로 유지했고, 덕분에 2차 세계대전 당시 전비戰費 마련을 위해 발행했던 국채도 계속해서 갚아나갔다. 그 결과 1970년까지 미국의 총부채는 GDP의 150% 선에서 안정된 모습을 보였다.

미국의 대번영! 그러나 거기서 멈추었어야 했다

세계적으로 유례를 찾아보기 어려운 20년간의 미국 대번영은 1973년 시작된 1차 석유파동으로 서서히 막을 내리기 시작했다. 제4차 중동전쟁에서 서방세계가 이스라엘을 지원하자 이에 격분한 중동 산유국들은 직접 실력행사에 나서 원유 생산량을 일제히 줄였다. 그 결과 두바이유 가격은 1배럴에 2달러대에서 석 달 만에 11달러대로 급등하면서 1차 석유파동이 일어났다.

1978년에는 혁명에 성공한 이란이 석유 수출을 중단하자, 1979년에 2차 석유파동이 일어났다. 그 결과 1배럴에 13달러였던 유가는 이란·이라크 전쟁을 거치면서 39달러로 치솟았다. 전 세계가 높은 인플레이션과 실업률을 겪었고 경제 불황이 전 세계를 강타했다. 그 결과 1950년에 시작해 1970년 초반까지 계속되었던 호황기의 슈퍼사이클 1단계[8]가 막을 내렸다.

당시 미국 경제는 선택의 갈림길에 있었다. 미국은 헨리 포드의 지혜를 되살려 일시적으로 성장이 더디더라도 중산층을 지켜 든든한 소비기반을 확충하고, 실물 경제를 되살려 미국 경제를 재건하는 방법을 택할 수 있었다. 하지만 당시 미국의 자본가들은 경제 전체를 되살리기보다 자신들의 이윤을 챙기는 데 급급했다. 유가 급등으로 이윤이 줄어들자, 미국의 기업들은 대량 해고와 임금 삭감을 통해 늘어난 비용을 근로자에게 전가하기 시작하면서 빈부 격차가 확대되는 슈퍼사이클 2단계로 진입했다.

특히 1980년 미국 대통령에 레이건이 취임하면서 이런 현상은 더욱 두드러졌다. 레이건 대통령은 기업과 노조의 부당 노동행위를 감시하는 노동관계위원회National Labor Relations Board, NLRB의 위원들을 모두 경영자에게 우호적인 인사들로 교체했다. 또 근로자들의 최저임금 인상을 제한해, 1981년부터 1989년까지 레이건 대통령의 임기 동안 미국 근로자들의 실질 최저임금은 26%나 줄었다.

게다가 유가 상승으로 1970년대 후반 미국의 물가 상승률은 13%까지 치솟았다. 인플레이션이 심각해지자 당시 FRB 의장이었던 폴 볼커

Paul Volker는 금리를 20%까지 높이는 극단적인 방법으로 물가 상승률을 4%로 떨어뜨리는 데 성공했다. 하지만 이 정책은 그동안 미국 경제에 번영을 가져왔던 근본 구조를 크게 왜곡시켰다. 금리는 높아지고 물가는 급격히 떨어지면서 월스트리트는 큰 이득을 챙겼다. 자본을 가지고 돈을 빌려줬던 사람들은 더욱 부유해지고 돈을 빌렸던 사람들은 가난해지면서 번영의 시대에 줄어들었던 빈부 격차가 크게 확대되기 시작했다.

게다가 고금리를 찾아 미국으로 돈이 몰려들면서 달러화 가치가 크게 높아졌다. 이는 자동차와 철강 등 미국 주요 산업의 경쟁력을 약화시키고 경기침체를 가속화시켰다. 수출길이 막힌 미국 기업들은 멕시코와의 자유무역협정FTA이 체결되자마자 멕시코로 공장을 대거 옮겼다. 그 결과 많은 미국 근로자들이 해고됐고 실질임금도 크게 떨어졌다.

1972년 미국인들의 시간당 임금은 8달러 99센트였다. 그런데 33년이 지난 2005년에는 시간당 임금이 오히려 8달러 17센트로 떨어졌다. 미국의 근로자들은 33년 동안 더 가난해진 것이다. 이처럼 임금이 낮아지면서 미국의 상위 1%를 제외한 나머지 99%의 1인당 평균 소득은 1973년 3만 8,206달러에서 2004년에는 3만 7,295달러로 떨어졌다. 1인당 평균 소득이 30여 년 전 수준에도 못 미치는 것이다.[9]

특히 하위계층의 타격은 더욱 컸다. 당시 미국에서 소득 순위 하위 30%의 임금은 2.7%가 줄었고 하위 10%의 임금은 7.5%나 감소했다. 반면 미국 상위 0.1% 부자들의 몫은 1970년 1.94%에서 2005년에는 6.95%로 세 배가 넘게 늘었다. 부자의 범위를 좁히면 그 증가 폭은 더 커진다. 미국 상위 0.01% 부자들의 소득이 미국 전체 소득에서 차지하는 비중은 1970년 0.53%에서 2005년 2.87%로 다섯 배가 넘게 늘었다.

이처럼 부가 상위계층에만 집중되면서 미국의 중산층은 급속도로 붕괴했다. 가난해진 중산층은 근로시간을 늘려서 이에 대응했다. 1979년 미국의 근로자들은 한 해 평균 1,700시간을 일하면서 삶의 여유를 즐길 수 있었다. 그러나 2007년 미국의 근로자들은 한 해 평균 500시간이나 더 늘어난 2,200시간을 일했다.[10] 그러나 빈부 격차가 점점 더 커지면서 미국의 중산층은 아무리 더 많이 일을 해도 자신이 번 돈만으로는 소비 생활을 유지하기가 어려웠다.

1980년대 이후, 미국 기업은 근로자들의 몫까지 앗아간 덕에 이윤은 많이 늘어났지만 투자는 오히려 줄어들었다. 소비기반이 약화되면서 투자할 곳을 찾기가 어려워졌기 때문이다. 실제로 1985년에 GDP의 5%대에 불과했던 미국 기업의 이윤이 2005년에는 8%대까지 올랐지만, 같은 기간 설비 투자는 4% 선에서 2% 수준으로 반 토막이 났다.[11] 그 결과 대량소비가 새로운 투자로 이어지고, 이것이 생산성 증대를 이끌어 더 많은 소비가 일어나는 1960년대 미국 경제 호황의 선순환 고리가 깨지고 말았다.

1980년대 이후, 미국은 중산층의 소득이 줄어들어 소비기반이 약화하면서 설비 투자가 줄어드는 악순환에 시달렸다. 그런데도 이러한 악순환의 고리를 끊기는커녕, 반대로 부유층의 세금을 대폭 감면해 근로소득세에 대한 최고 소득세율을 70%대에서 30%대로 대폭 낮추고, 자본이득세(주식 투자나 배당소득에 대한 세금) 세율을 15%로 끌어내렸다. 1980년대 중반을 넘어서면서 중산층이 붕괴한 미국은 재정적자와 무역적자에 시달리고 있었다. 특히 달러화 가치 상승으로 수출 산업은 큰 위기에 봉착했다. 결국 경기 하락에 대한 우려가 커지면서 1987년 10월 19일 월요일, 뉴욕 다우지수가 23% 가까이 폭락하는 블랙먼데이 사태가 일어났다.

이렇게 주가가 폭락하자, 그해 6월 FRB 의장이 된 앨런 그린스펀은 선택의 기로에 놓였다. 그린스펀은 자신이 그토록 신봉해온 '시장은 언제나 옳고, 절대 실패하지 않는다'는 시장주의 원칙에 따라 블랙먼데이 사태를 좌시할 것인지, 아니면 자신의 신념을 버리고 시장에 직접 개입할지를 결정해야 했다. 결국 그린스펀은 대대적인 양적 완화를 통해 시장의 불안을 해소하고 주가를 떠받치는 후자를 선택했다.

그 뒤 그린스펀은 위기가 올 때마다 선제 대응을 하기 시작했다. 아시아 외환위기, 러시아 채무불이행 사태, 헤지펀드인 롱텀캐피털 매니지먼트Long-Term Capital Management, LTCM의 파산 등 위기가 올 때마다 먼저 공격적으로 금리를 낮췄다. 그린스펀의 적극적인 시장 개입에 투자자들은 환호했다. 투자에 실패해도 금융당국이 항상 구원투수로 나서주어 손실을 최소화할 수 있었기 때문이다.

금융의 마에스트로라고 불리기 시작한 그린스펀은 스스로 '오즈의 마법사'가 되는 길을 선택한다. 그는 2000년 정보기술 버블이 무너지자 정책금리를 2년 만에 연 6.5%에서 연 1.25%까지 끌어내렸다. 덕분에 미국뿐만 아니라 전 세계가 호황을 누렸지만, 동시에 빚이 많이 늘어나면서 자산 가격도 급등하기 시작했다. 결국 빚으로 만든 버블에 의지해 경제성장을 견인하는 '슈퍼사이클 3단계'가 본격적으로 시작된 것이다.

이로 인해 미국인들의 가계대출이 크게 늘어나, 2000년에는 자신의 한 해 소득과 맞먹는 빚을 졌고, 2007년에는 한 해 소득의 1.4배에 이르는 빚을 졌다. 이렇게 빚이 늘어나자 미국인들은 2005년 실소득 가운데 평균 13.5%를 빚 갚는 데 썼는데, 특히 중산층 가계는 실소득 의 5분의 1을 빚 갚는 데 써야 했다.[12]

2003년이 되면서 경기회복 조짐이 보이기 시작하자, 많은 경제학자 와 FRB의 연구원들은 곧 경기가 회복될 것이라며 금리 인상을 고려 해야 한다는 의견을 내놓았다. 그러나 그린스펀은 경기회복의 가능 성이 보이지 않는다며 금리 인상 의견을 일축하고 오히려 정책금리를 1.25%에서 1%로 더욱 낮췄다. 당시 물가 상승률이 2%였기 때문에 미 국의 단기금리는 사실상 마이너스가 됐다. 그런데도 그린스펀은 이렇 게 낮은 금리를 그 이듬해인 2004년 6월까지 유지했다.

금융당국의 인위적인 초저금리 기조 속에 가계대출뿐만 아니 라 기업대출까지 급증하기 시작했다. 특히 금융회사들까지 돈을 빌 려 투자하는 레버리지leverage에 나서면서 금융부문 대출도 급증했 다. 이에 따라 2002년 말 이후 단 4년 만에 미국 전체의 부채 규모가 31조 8,000억 달러에서 45조 3,000억 달러로 급증했다. 늘어난 13조 5,000억 달러의 빚을 미국인 1인당으로 나누면 4만 3,000달러, 우리 돈으로 4,900만 원에 이른다.[13]

미국인들의 빚이 빠른 속도로 불어나고 집값이 급등하자 곳곳에서 미국 경제 거품에 대한 경고의 목소리가 나왔다. 거품에 대해 선제 대 응을 하지 않으면 미국 경제에 큰 위협이 될 것이라고 했다. 하지만 그 린스펀 의장은 미국 경제에 거품이란 존재하지 않는다며 이 같은 경고 를 묵살하고 초저금리 기조를 계속 유지했다. 그는 물가가 오르지 않고 있어서 저금리정책에 문제가 없으며, 집값이 폭등하고 있기는 하지만 이는 FRB가 다룰 문제가 아니라고 분명히 선을 그었다.

그러나 당시 미국의 물가가 안정적이기는 했으나, 물가가 오르지 않았던 이유는 다른 데 있었다. 달러화 강세 덕분에 수입품의 가격이 낮아지면서 물가가 낮아진 것이다. 특히 세계의 공장 역할을 하던 중국에서 값싼 공산품이 대량으로 들어온 것이 물가 안정에 중요한 역할을 했다. 그런데 이렇게 조성된 물가 안정을 핑계로 그린스펀은 저금리정책을 계속 유지했고, 덕분에 값싸게 돈을 빌린 중산층은 줄어든 소득 대신 빚으로 소비 수준을 유지했다.

그러나 저금리로 빚을 권하는 정책은 불안정성이 점점 커지는 단계인 슈퍼사이클 3단계의 혼돈만 더욱 가중시켰을 뿐이었다. 미국은 무너진 중산층의 소비기반 대신 빚더미에 의지하기 시작했지만, 그 호황은 결코 영원할 수 없었다. 결국 새로 빚을 내 자산시장을 떠받칠 사람이 더 나타나지 않게 되자, 폰지 게임은 끝이 나고 위태로운 호황을 유지하던 미국 경제는 한순간에 위기에 빠졌다. 그 결과 미국 경제가 글로벌 금융위기의 진원지로 전락하게 되었고, 결국 빚의 대붕괴가 일어나는 '최후의 게임'인 슈퍼사이클 4단계를 눈앞에 두고 있다.

〈그림 1〉로 다시 돌아가 보자. 조지 부시George Walker Bush 행정부가 들어설 때부터 미국의 GDP 대비 총부채는 이미 대공황 때의 총부채비율인 300%에 육박하기 시작해, 부시 행정부가 끝날 무렵에는 350%를 돌파했다. 그런데 일시적으로 빚이 GDP보다 훨씬 빨리 늘어날 수는 있지만 계속 그럴 수는 없으므로, 이렇게 급속도로 늘어나는 빚의 행진은 언젠가 멈출 수밖에 없다.

1990년 이후 본격화된 슈퍼사이클의 3단계와 4단계는 포커판에 비유하면 쉽게 이해할 수 있다. 포커가 시작되고 한 명이 모두 돈을 따자 더는 게임을 할 수 없게 됐다. 그러자 돈을 잃은 플레이어들이 승자에게 돈을 빌려 다시 포커 게임을 진행했다. 그 결과 빌린 돈 때문에 판돈이 더 커진 것처럼 보였지만, 사실 모두 승자에게 빌린 것에 불과했다. 아무리 더 많은 돈을 빌려 포커판에 뛰어들어도 돈을 따던 사람만 계속 돈을 따자, 더는 돈을 빌릴 수 없게 된 사람들이 마침내 포커를 포기한다. 이것이 바로 빚이 해소되는 과정인 슈퍼사이클 4단계, '최후의 게임'이다.

02

최후의 게임이
시작되다

1987년 퍼 백Per Bak이라는 물리학자가 동료와 함께 뉴욕의 한 연구소에서 어린이들이나 할 것 같은 모래 놀이를 시작했다. 테이블 위에 모래알을 하나씩 떨어뜨리면서 어떻게 되는지 반복해서 관찰했다. 모래알을 하나씩 테이블 위로 떨어뜨리자 모래알이 점차 쌓이면서 작은 산 모양을 이루었다. 하지만 어떤 모래알 하나는 갑자기 경사면을 따라 산사태를 일으키기도 했기 때문에, 모래산은 높아졌다 낮아졌다를 반복하면서 쌓여갔다.

퍼 백은 이 모래 놀이의 끝없는 반복 실험을 위해 컴퓨터 프로그램으로 이를 재연했다. 그 결과 많은 모래알이 모래산 위에 그대로 쌓여갔지만, 아슬아슬하게 무너져내리기 직전의 시점, 즉 임계점에 다다른 상태에서는 모래알 하나에 수만 개의 모래알이 흘러내리는 큰 변화가 일어났다. 하지만 아무리 실험을 반복해도 어떤 경우에 임계상태에 이르는지를 알 수 있는 규칙성은 나타나지 않았다. 다만, 분명한 것은 큰 산사태가 작은 산사태보다 훨씬 드물게 나타났다는 점이었다.

이 흥미로운 발견은 지진이나 태풍 등 많은 자연현상뿐만 아니라, 주식시장 같은 금융시장에도 광범위하게 적용된다. 보통 주가가 대폭락하는 상황은 자주 일어나지 않지만 일단 금융시장의 불균형이 극대화되어 이미 임계상태에 다다른 상황에서는 지극히 작고 미세한 변화에도 금융시장이 대격변을 일으켰다.

옐로스톤은 산불을 끄지 않는다

1988년 6월, 미국 최고의 국립공원 중 하나인 옐로스톤Yellowstone에 벼락이 내리쳤다. 평소 같으면 나무 한두 그루 태우고 끝났을 그런 평범한 벼락이었다. 그러나 그 벼락으로 일어난 산불은 강한 바람을 타고 번지면서 무려 4개월을 계속해서 타들어 갔다. 산불을 잡기 위해 대규모 인력과 장비가 총동원되었지만, 정작 불길을 잡은 것은 그해 9월에 예년보다 일찍 찾아온 눈이었다. 이 초대형 화재로 충청남도 면적보다도 넓은 옐로스톤 국립공원의 3분의 1이 완전히 타버려, 국립공원으로 선정된 이후 사상 최대의 피해를 남겼다.

옐로스톤에는 매년 수백, 수천 건이 벼락이 내리친다. 그런데 왜 1988년의 그 벼락만 유독 달랐던 것일까? 1872년 옐로스톤 지역을 국립공원으로 지정한 미국 정부는 수려한 자연경관을 보호하기 위해 국립공원의 모든 산불을 철저하게 막아야 한다고 생각했다. 그래서 일단 산불이 나면 언제나 적극적인 진화에 나서 피해를 최소화했다.

그러나 인간의 인위적인 노력으로 오랫동안 큰 산불이 일어나지 않게 되자, 옐로스톤 국립공원의 숲에는 불에 타기 쉬운 마른 나무와 죽은 나무가 급속도로 늘어나기 시작해서, 결국 한 번 불이 붙기만 하면 초대형 산불이 일어나기 쉬운 상태로 변해갔다. 그러다 1988년 내리친 작은 벼락 하나가 극도로 불안정해진 옐로스톤에 산불을 일으키자, 불길은 광기에 가까울 정도로 빠르게 번져나갔다. 이처럼 인간이 인위적으로 억눌러 자연계의 불안정성을 증폭시킨 상태를 '초임계상태'라고 부른다. 이는 아주 작은 충격으로도 파국을 부를 수 있는 상태다.[1]

전미 관광협회는 산불이 휩쓸고 지나간 옐로스톤에 인공적으로 나무를 심어 새로 조경을 해야 한다고 주장했다. 관광객이 줄어들 것을 우려했기 때문이었다. 하지만 미연방국립공원관리청National Park Service. NPS은 인공조림을 거부하고, 모든 것을 불에 타버린 모습 그대로 놔두기로 했다. 그리고 미국 정부는 옐로스톤뿐만 아니라 어떤 국립공원에서도 자연적으로 발화한 산불은 끄지 않는다는 원칙을 확고히 했다. 산불을 끄려는 인간의 개입이 오히려 더 큰 산불을 일으킨다는 교훈을 얻었기 때문이다. 지금도 옐로스톤 국립공원에는 1988년에 타다 남은 앙상한 나무들이 그대로 서 있다.

하지만 국립공원관리청과는 달리, 미국 금융당국은 반복적인 개입이 오히려 대규모 위기를 가져오는 초임계상태를 만들 수 있다는 옐로스톤 산불의 교훈을 아직도 깨닫지 못하고 있는 듯하다. 1980년대부터 금융위기가 주기적으로 찾아오자, 미 금융당국은 위기의 근본원인을 제거하지 않은 채 계속 경기부양책으로 대응하고 있다. 위기가 반복되면서 그 강도가 심해지면 더욱 강력한 부양책으로 막으려 할 뿐이다. 이는 왜 산불이 더 자주 일어나게 되었는지 원인을 찾지 않고, 당장 눈앞의 산불을 끄는 데만 급급해 결국 괴멸적 재앙을 초래할 수 있는 초임계상태를 만들어놓은 것과 다름없다.

특히 2000년 정보통신 거품이 꺼지자 그린스펀이 내놓은 대규모 양적 완화 조치와 초저금리정책은 미국 경제를 더욱 불안정한 상태로 몰아갔다. 2003년 6월 FRB가 연방기금 금리를 1%까지 낮추자 당장 수익률이 낮아진 금융권에는 비상이 걸렸다. 특히 생명보험사와 연금기금같이 주로 장기 계약을 취급하는 금융회사에는 저금리 기조가 치명적이었다. 고객들에게는 더 높은 금리를 약속하고 오랜 기간에 걸쳐 보험료를 받기로 계약했는데, 금리가 낮아지자 마땅히 돈을 굴릴 곳이 없어지고 말았다. 결국 보험사들은 장기 계약했던 고금리 상품의 손익을 맞추기 위해 고위험 고수익 상품에 투자하기 시작했다. 가장 보수적으로 자금을 운용해야 할 보험사와 연금기금까지 위험한 투자에 나선 것이다. 그런데 많은 금융회사가 동시에 위험한 투자에 나서자 고위험 상품의 수익률이 크게 낮아졌다. 이는 미국의 금융회사들을 경쟁적으로 더 위험한 투자로 내모는 악순환을 만들었다.

결국 위험성이 높은 투자조차 수익률이 크게 떨어지자, 미국의 금융회사들은 수익률을 더 높이기 위해 레버리지를 사용하기 시작했다. 초저금리 시대였던 만큼 더 많은 빚을 조달해 투자할수록 수익률은 더욱 높아졌다. 이 같은 레버리지 열풍으로 금융회사의 빚은 다른 어떤 부분보다도 빠르게 늘어났다. 2000년부터 2007년까지 미국 전체의 빚은 3.5배 증가했지만, 금융회사들의 빚은 여섯 배가 넘게 증가했다. 그만큼 금융회사들이 고객들에게 예금을 받아 투자하는 전통적인 영업방식에서 벗어나 위험한 레버리지 투자에 열을 올렸던 것이다.

이렇게 빚이 불어나자 국제결제은행BIS[2]까지 나서서 자산 가격 거품을 키우는 저금리정책을 중단해야 한다고 미국에 거듭 경고했다. 많은 미국 내 연구소들도 저금리정책을 계속 쓰는 것은 위험하다며 잇따라 경고의 목소리를 내놓았다. 그런데도 그린스펀 FRB 의장은 미국의 물가 상승률이 높지 않다는 사실만 내세워 저금리정책을 고수했다. 이에 대해 국제결제은행의 수석 이코노미스트였던 윌리엄 화이트William White는 "만일 그린스펀처럼 거장으로 불리는 명성을 얻는다면, 누구도

문제가 쌓이고 있다고 지적하기 어렵다"고 비판했다.[3]

FRB가 수수방관하는 사이 미국의 자산 가격 거품은 눈덩이처럼 계속 불어났다. 그러다 2007년에 더 이상 아무도 빚을 낼 수 없는 순간이 되자, 집값과 주가가 폭락하기 시작했다. 눈에 띄는 외생적 충격이 없었는데도 자산시장 내부에서 갑자기 거품이 터진 것이다. 1988년 옐로스톤 국립공원에 내리친 평범한 벼락이 사상 최악의 산불을 낸 것처럼, 이미 초임계상태에 다다른 금융시장은 작은 충격만으로도 무너져내리고 만 것이다.

그런데 이번에도 FRB가 신속하게 시장에 개입하기 시작했다. 거품이 커질 때는 시장에 맡겨야 한다며 손을 놓고 있었던 것과 정반대의 대응이었다. FRB는 기간입찰대출Term Auction Facility이라는 구제금융 자금을 새로 만들었다. 이 대출은 금융회사들이 입찰을 통해 자금을 빌리는 방식으로, 돈을 빌려주는 FRB조차 누가 얼마의 돈을 빌렸는지 파악할 수 없도록 설계했다. 혹시라도 누가 얼마를 구제금융으로 받아갔는지 시장에 알려지면 돈을 빌린 금융회사가 어려움에 처하게 될 것을 우려했기 때문이다. 이 구제금융을 통해 미국의 대형 금융회사들은 2009년 2월까지 4,930억 달러를 지원받았다. 미국을 심각한 금융위기에 빠뜨린 은행들에 책임을 따지지도 않고 구제금융이라는 특혜를 제공한 것이다.

2008년 3월에는 모기지 담보 증권 금리가 22년 만에 최고치로 치솟았다. 은행들이 위험 자산에 대한 투자를 꺼렸기 때문이었다. 그러자 이번에는 FRB가 1,000억 달러를 투자해 모기지 채권을 사들였다. 시장에서 아무도 사주지 않는 모기지 담보 증권을 FRB가 천문학적인 손해를 무릅쓰고 사준 것이다. 2009년까지 은행을 구제하기 위해 뿌린 돈은 1조 2,000억 달러, 우리 돈으로 1,300조 원이 넘었다. 위기가 오기 전에는 정부의 개입을 극도로 혐오했던 신자유주의 경제학자들은 이를 비판하기는커녕 'FRB의 지혜'라고 극찬했다.

FRB는 위험한 투자를 하다 손해를 본 투자자에게도 한없이 너그러운 구원의 손길을 보냈다. 2007년 말, 미국의 투자은행인 베어스턴스 Bear Stearns는 고작 111억 달러의 자본금으로 3,950억 달러를 굴려 자기자본의 35배가 넘는 돈을 운영하는 공격적인 투자를 감행했다. 더구나 13조 4,000달러라는 천문학적인 금액의 파생상품 거래에 관여하며 높은 수익을 올리자, 시장은 베어스턴스가 첨단 금융기법으로 고수익을 올리고 있다며 추켜세웠다.

하지만 2008년 3월부터 베어스턴스 위기론이 시장에 나오기 시작했다. 베어스턴스 경영진은 3월 12일까지도 위기설을 정면으로 부정했지만, 다음날인 13일 모든 언론이 일제히 베어스턴스의 자산 건전성에 대한 우려를 쏟아냈다. 그러자 FRB는 바로 다음날 300억 달러라는 대규모 공적자금을 베어스턴스에 투입했다. 16일에는 한발 더 나아가, FRB가 직접 JP모건체이스J.P. Morgan Chase & Co의 베어스턴스 인수를 중재했다. 인수할 기업과 인수 대상을 직접 지정하는 강도 높은 관치官治금융에 나선 것이다. JP모건이 베어스턴스를 2억 7,000만 달러에 사기로 하자, FRB가 추가 손실에 대한 보증을 약속해 13억 5,000만 달러에 사도록 측면에서 지원했다. 결국 베어스턴스 주주들은 보증 덕에 10억 달러 이상의 이득을 봤다. 베어스턴스 주주들이 손해를 보지 않도록 FRB가 직접 지원한 셈이었다.

2008년 9월 7일, 페니메이Fannie Mae와 프레디맥Freddie Mac이 파산보호를 신청하자 이번에는 미국 정부가 이 두 민간 보증회사를 대신해 2,000억 달러의 채무를 대신 갚아주겠다고 선언했다. 또, 16일에는 미국 정부가 민간 보험회사인 AIG에 850억 달러를 지원하고 지분의 80%를 인수했다.

그리고 20일에는 헨리 M. 폴슨Henry M. Paulson Jr. 당시 재무부 장관이 7,000억 달러를 조성해 그 돈으로 은행의 악성채권을 사들이자며, 달랑 3페이지짜리 구제금융조성 계획을 가져왔다. 이 계획은 미국에서 전국적인 분노를 불러일으켰다. 부자들이 위험한 돈놀이를 하다가 그들의 탐욕과 무능력으로 파산했는데, 왜 세금으로 구제해야 하는지 항의하는 전화가 쇄도했다. 그러자 조지 부시 전 미국 대통령은 TV에 출연해 이 법안이 부결되면 대공황이 올 수도 있다며 국민을 위협했다.

부시 대통령의 위협에도 법안처리가 지연되자, 미국의 대표적인 신자유주의 찬양자인 토머스 프리드먼Thomas L. Friedman이 '구제 법안을 구하라Rescue the rescue'라는 제목의 칼럼을 《뉴욕 타임스New York Times》에 게재했다.[4] 그동안 모든 것을 시장에 맡기라며 정부 개입을 경멸했던 그가, 이번에는 자신의 신념까지 어기며 정부의 대대적인 지원을 촉구했다.

결국 이 같은 상황에 밀려 미 하원은 구제금융 법안을 통과시켰고, 미국 정부는 이렇게 조성된 7,000억 달러로 부실자산구제계획TARP을 만들어 크고 작은 금융 업체들을 구제했다. 반反시장적인 구제금융이었음에도 많은 신자유주의자가 자신들의 입장을 바꿔 정부정책에 일제히 환호했다. 정부의 시장 개입을 극렬히 반대해왔던 미국의 유력 일간지 《워싱턴 포스트Washington Post》는 2008년 1월 11일까지 구제금융에 반대하는 사설을 내놓았다. 그런데 경제위기에 대한 공포가 점점 더 커지자, 1주일 뒤에는 "미국인은 모두 경기부양책에 동의하고 있다"며 당장 정부가 나서 위기에 처한 금융회사들을 살려야 한다는 쪽으로 순식간에 입장을 바꿨다.

자칫 잘못하면 대공황의 나락으로 떨어질 아찔한 순간이었지만, 미국 정부의 재빠른 대응으로 세계는 위기를 넘겼다. 미국의 다우지수는 V자형으로 반등하면서, 지금까지 다른 경제위기에서는 유례가 없었던 빠른 속도의 회복세를 보였다. 금융시장을 위기로 몰고 갔던 신용경색도 완화됐다.

하지만 금융시장의 불안정성으로 야기된 임계상태가 이러한 정부의 구제금융으로 해소된 것은 결코 아니다. 오히려 자연 발화된 산불을 또다시 강제로 끈 것에 불과하다. 결국 초임계상태를 만들어 다음에 찾아올 경제위기를 더욱 괴멸적으로 만들었을 뿐이다. 만일 시장의 불안정성을 야기하는 근본 원인을 지금 당장 찾아내 제거하지 않는다면, 다음 벼락은 옐로스톤 국립공원을 완전히 태울 만큼 강력한 산불이 될 것이 틀림없다.

슈퍼사이클의 마지막 단계, 최후의 게임

1980년 슈퍼사이클의 2단계가 시작된 이후, 미국은 수많은 위기를 겪었지만 그 위기들을 모두 넘겨왔다. 하지만 그때마다 미국의 빚은 점점 더 늘어만 갔다. 미국의 GDP 대비 총부채비율은 1980년 이후 급격히 증가해 금융위기가 오기 직전인 2007년 말에는 350%를 넘어섰다.

이는 대공황 때의 총부채비율인 299%를 훌쩍 넘어선 수치다. 거듭된 인위적 경기부양책으로 민간부문과 정부부문의 부채가 비이성적인 폭증현상을 보였기 때문이다.

하지만 이번 글로벌 금융위기 이후에도 미국의 빚이 줄어들기는커녕, 2009년 GDP 대비 총부채비율이 380%를 넘어설 정도로 또다시 급증하기 시작했다. 미국 정부가 위기를 해결하기 위해 엄청난 국가 재정을 투입하고 대규모 감세를 단행하는 과정에서 많은 빚을 졌기 때문이었다. 결국 과도한 빚으로 금융위기를 맞았는데도, 그 위기의 원인이었던 빚은 전혀 줄어들지 않았다. 단지 민간부문의 빚이 정부 부채로 이전된 것에 불과했다.

이 같은 부채 증가현상은 대공황 때도 유사하게 나타났다. 대공황 당시 GDP 대비 총부채비율이 줄어들기 시작한 것은 1929년 대공황이 발생했을 때가 아니라, 그 후 5년이나 지난 1934년이었다. 대공황 직후 GDP의 급격한 감소와 정부의 재정지출 증가로 GDP 대비 총부채비율이 급격히 늘었다가, 빚이 해소되는 대붕괴 과정이 시작된 이후에야 총부채비율이 줄어들기 시작한 것이다.

더구나 글로벌 금융위기를 겪었음에도 미국은 아직 금융개혁을 진행하지 못하고 있다. 위기를 불러온 금융회사들을 규제하는 법안을 만들기는커녕, 금융회사 임원들이 미국인들의 혈세로 보너스 잔치를 벌이는 것을 방조했다. 금융위기 이후, 미 의회를 통과한 2,300페이지에 이르는 금융개혁 법안에는 미국의 빚을 해소하고 앞으로 닥쳐올 금융위기를 미리 방지할 수 있는 그 어떤 대책도 담겨 있지 않다.

결국 미국의 금융시장 구제는 금융위기를 불러온 불안 요인들을 그대로 남겨둔 채 재정적자만 가중시킨 셈이 됐다. 2009년 미국의 재정적자는 무려 1조 4,000억 달러를 넘어 사상 최고치를 기록했다. 버락 오바마Barack Obama 미국 대통령은 반드시 재정적자를 줄이겠다고 약속했지만, 2011년에 또다시 1조 3,000억 달러가 넘는 재정적자를 기록해 미국의 국가 부채가 처음으로 GDP 대비 100%를 넘어섰다.

미국의 경제 분석가인 존 몰딘John Mauldin[5]은 앞으로 2020년까지 미국의 재정적자가 GDP의 150%를 넘어설 것으로 보고 있다. 지금은 유럽의 금융위기로 마땅히 투자할 곳을 찾지 못한 글로벌 투기자금과 개도국 정부가 미국 국채를 대량으로 사들이고 있기 때문에 이런 불균형이 유지되고 있지만, 이런 불균형은 언젠가는 해소되는 과정을 밟을 수밖에 없다.

이 같은 속도로 국가 부채가 불어나면 마치 모래알 하나에 큰 산사태가 일어나듯이 조만간 작은 충격에도 국가부도사태가 일어날 수 있는 경제의 임계상태에 빠지게 될 것이다. 미국이 국가 부채 문제를 획기적으로 해결할 묘책을 찾아내지 못하는 한, 이제껏 쌓아온 국가 부채가 한순간에 무너지는 대붕괴를 피할 수는 없다.

체스 게임이 종반부에 이르면 남는 장기 말이 거의 없어 둘 수 있는 수가 남아 있지 않는 상황이 온다. 이를 '최후의 게임Endgame'이라고 하는데, 최근에는 온갖 경기부양책과 신용팽창 정책을 쏟아부어 더 쓸 수 있는 정책수단이 없는 상황을 나타내는 경제용어로 쓰인다. 만일 최후의 게임이 시작되어 금리를 더 낮출 수도 없고 재정적자로 경기를 부양하는 것도 불가능해진다면, 경기침체로 실업률이 오르고 세수가 급감할 경우 그야말로 진퇴양난에 빠질 수밖에 없을 것이다.

최후의 게임을 체험해보자! 사무엘 베케트의 〈엔드 게임〉

최후의 게임의 절망적인 상황을 가장 잘 표현한 작품은 아일랜드 출신의 프랑스 극작가 사무엘 베케트Samuel Beckett의 희곡 〈엔드 게임Endgame〉이다.

연극이 시작되면 모든 생명체가 사라진 황량한 공간에 단 4명의 인물이 나온다. 이들 가운데 주인공이라고 할 수 있는 '햄'은 눈이 잘 보이지 않고 하반신도 움직일 수 없다. 이 때문에 언제나 호루라기를 불면 나타나는 하인 '클로브'에 거의 모든 것을 의지해 살아가고 있다. 무대 한쪽에 자리 잡은 두 개의 쓰레기통에는 과거만을 추억하는 햄의 부모가 산다.

연극이 진행되는 90여 분 동안 햄과 클로브는 서로 명령하고 복종하면서 무의미한 동작들을 반복한다. 솔직히 연극에 몰입할수록 지루함을 느낄 수밖에 없다. 연극 내용 자체가 엔드 게임 상황을 묘사한 것이기 때문이다. 주인공들은 극 중에서 답답할 정도로 할 수 있는 일이 없다.

엔드 게임이 시작되면 우리는 햄의 부모처럼 속절없이 과거의 영화만을 추억하거나, 하인 클로브처럼 무너져가는 경제의 상징인 햄을 되살리기 위해 발버둥치게 될지 모른다. 그러나 최후의 게임이 어떤 것인지 미리 체험해보기 위해 연극을 보는 것은 그리 추천하고 싶지 않다. 만일 당신이 지루한 것을 얼마든지 견딜 수 있는 사람이 아니라면……

2010년 비엔나에서 열린 국제금융회의의 기조연설에서 세계적인 투자자인 조지 소로스George Soros는 "금융시장에서 정부 빚에 대한 신뢰가 무너지는 금융위기의 2막이 방금 시작됐다"고 선언했다. 이제 최후의 게임을 피할 수 있는 시간과 기회가 거의 다 소진되어 가고 있다. 지금 당장은 유럽 위기를 피해 미국으로 몰려든 자금 덕분에 미국의 채권 가격이 안정되고 미국 주가도 회복되었지만, 이미 발등에 큰불이 떨어진 미국은 유럽의 위기를 즐길 여유가 없다.

03

대붕괴의 핵이 된
금융 강국

카리브 해Caribbean Sea의 작은 섬나라에서부터 아프리카 오지까지 세계 119개국에 진출한 세계적인 햄버거 체인이 바로 맥도날드다. 이 맥도날드가 1993년 아이슬란드의 수도인 레이캬비크Reykjavik에 처음 문을 열던 날, 당시 총리였던 데이비드 오드손David Oddsson이 직접 첫 빅맥 햄버거를 시식할 정도로 아이슬란드 전체가 맥도널드 진출에 큰 관심을 뒀다.

그런데 2009년, 맥도날드가 아이슬란드 철수를 선언했다. 맥도날드 현지 운영자 욘 오그문드손Jon Gardar Ogmundsson은 아이슬란드 경제가 회복될 기미를 보이지 않아 체인을 폐쇄하기로 했다고 발표했다.[1] 그동안 맥도날드가 철수한 나라는 알바니아 등 동유럽의 가난한 나라들뿐이었다. 그런데 한때 1인당 국민소득이 세계 4위까지 올랐던 금융 강국 아이슬란드가 동유럽의 가난한 나라들처럼 맥도날드에 버림을 받은 것이다. 아이슬란드에서 도대체 어떤 일이 있었던 것일까?

금융 허브부터 집어삼킨 대붕괴

아이슬란드는 1980년대까지 국가 주도로 꾸준히 성장하던 건실한 나라였다. 비록 아이슬란드의 산업은 어업과 관광업 중심이었지만, 국민의 성실한 노력으로 비교적 탄탄하게 경제를 이끌어왔다. 덕분에 1980년대에는 1인당 국민소득이 2만 달러를 넘어 당시 프랑스나 영국보다도 잘 사는 나라였다.

그런데 1990년대 극단적 보수주의를 자처하는 데이비드 오드손이 총리가 되면서 아이슬란드는 큰 변화를 겪게 된다. 오드손 총리는 전례 없던 대규모 감세와 민영화를 추진하고 각종 규제를 대폭 철폐했다. 고정 환율제도를 버리고 자유시장 환율제도를 도입했다. 2002년에는 아이슬란드의 3대 국영은행을 모두 민영화했다. 그리고 은행 건전성의 가장 기본적인 안전장치인 지급준비율제도를 없앴다. 여기에 담보 대출에 대한 규제까지 풀어 자산가치의 90%까지 대출받을 수 있도록 했다. 이 같은 정책들은 모두 아이슬란드를 금융 중심지로 만들겠다며 취한 정책들이었다.

그 결과 아이슬란드의 금융 환경은 크게 변했다. 최소한의 규제 장치까지 풀리자 민영화된 은행들은 너도나도 위험한 국제 영업에 뛰어들었다. 은행들은 외국에서 막대한 외화를 빌려 와 국민에게 마음껏 빌려줬다. 이 때문에 아이슬란드에서는 돈이 넘쳐나는 것처럼 보였지만, 사실 남의 돈으로 잔치를 벌인 셈이었다.

아이슬란드 국민은 갑자기 돈이 넘쳐나자 주체하지 못했다. 돈 한 푼 없어도 고급 승용차를 사겠다고 하면 몇 분 안에 대출을 받을 수 있었다. 이처럼 돈을 빌리기 쉽자 너도나도 집을 샀다. 돈을 빌려 집을 사면 집값은 금세 뛰어올랐다. 집을 사기만 하면 누구나 쉽게 돈을 벌 수 있는 것처럼 보였다. 그 결과 전국민적인 부동산 투기 열풍이 불었다.

은행들은 아이슬란드 통화가 아닌 다른 나라 통화로 돈을 빌리라고 권장했다. 아이슬란드 돈으로 빌리는 것보다 이자율이 훨씬 낮았기 때문이다. 집을 한 채 사기 위해 돈을 빌리면 심지어 10여 개 통화를 섞어서 대출을 받는 경우도 있었다.

금융과 산업자본을 분리했던 기본적인 규제도 모두 없애자, 기업들은 민영화된 은행을 닥치는 대로 사들였다. 또 얼마든지 돈을 빌려서 다른 기업을 인수·합병할 수 있도록 허용하자, 아이슬란드 기업은 돈을 빌려 덴마크와 영국, 미국 기업들을 사들였다. 최소한의 규제조차 받지 않는 아이슬란드 은행들은 외채를 빌려 와 기업 인수 자금을 무제한으로 공급했다.

이 과정에서 아이슬란드 은행들은 엄청난 수익을 올렸고, 금융업에 종사하는 사람들은 다른 근로자들보다 훨씬 높은 임금을 받아 당시 모든 아이슬란드 젊은이들의 꿈이 됐다. 그들에게 수산업 같은 아이슬란드의 전통 산업은 냄새나고 한물간 산업으로 여겨졌다.

아이슬란드는 금융 중심지의 꿈을 이뤄낸 듯 보였다. 그들에게 금융업은 땀 흘리지 않고도 막대한 돈을 벌어다 주는 마술 상자처럼 여겨졌다. IMF와 세계은행 등 국제기구들은 이런 아이슬란드 경제에 거듭 찬사를 보냈다. 그러나 최고의 호황을 누리는 듯했던 2007년에 아이슬란드는 GDP의 250%가 넘는 외채를 빌려다 쓰고 있었다.

아이슬란드의 GDP 대비 총부채비율은 2000년에 289%로 높은 편이긴 했지만 그럭저럭 감내할 수 있는 수준이었다. 하지만 금융 허브 전략을 쓰기 시작하면서 2008년에 총부채비율이 무려 1,189%까지 치솟아 올랐다. 이는 미국의 주택 버블이 터지기 직전 총부채비율 350%

의 세 배에 이르는 수치였다.

이즈음, 얼마든지 쉽게 빌릴 수 있을 것처럼 보였던 국외 자금이 갑자기 말라붙기 시작했다. 2008년 글로벌 금융위기가 전 세계를 강타하자, 신용경색을 우려한 국외 은행들이 돈을 빌려주지 않았기 때문이었다. 남의 돈으로 잔치를 벌이던 아이슬란드 경제는 하루아침에 나락으로 떨어졌다.

그 결과는 처참했다. 2008년 글로벌 금융위기가 터지자 2002년 민영화됐던 아이슬란드 3대 은행이 모두 파산했다. 이 은행들이 진 빚이 1,000억 달러가 넘었다. 아이슬란드 사람이라면 갓난아이까지 한 명당 33만 달러의 빚을 지게 된 셈이었다.

결국 은행을 민영화한 것부터 일이 잘못되기 시작했다고 시인한 아이슬란드 정부는 다시 3대 은행을 국유화하고 은행에 대한 건전성 규제를 강화했다. 하지만 이미 때는 늦어 아이슬란드의 경제 추락을 막지는 못했다. 이듬해 1월 아이슬란드의 물가 상승률은 19%로 치솟았고, GDP는 −7%를 기록했다. 많은 아이슬란드 국민이 직장을 잃었다.

2010년에는 게이르 하르데Geir Haarde 전 아이슬란드 총리가 국가부도를 낸 혐의로 기소됐다. 그러나 미국의 《뉴욕 타임스》는 금융 중심지를 만들겠다며 온갖 규제를 풀었던 오드손 전 총리부터 먼저 법정에 세워야 한다는 인터뷰 기사를 실었다. 결국 2년에 걸친 재판 끝에 게이르 하르데 전 총리는 국가부도 위기를 가져온 혐의로 유죄를 선고받았다.

2008년 글로벌 금융위기 이후, 금융 중심지를 꿈꾸던 나라들이 차례로 쓰러졌다. 동유럽의 금융 중심지를 외치던 라트비아와 중동의 떠오르는 별이었던 두바이도 무너졌다. 글로벌 금융위기에 가장 취약했

아이슬란드 화산 폭발보다 무서운 은행 파산

2010년 4월, 아이슬란드의 화산이 큰 폭발을 일으키는 바람에 유럽 하늘이 화산재로 뒤덮였다. 그 결과 유럽 20여 개국의 공항이 폐쇄되고, 5만 편의 항공기가 결항해 무려 600만 명의 발이 묶였다. 당시 로이터 통신 등의 외신들은 화산 이름을 'Eyjafjallajokull'라고 전했지만 이 화산의 이름을 어떻게 읽어야 할지 결정하기가 쉽지 않았다. '에이자프잘라조쿨'에서 '에이야팔라요컬'까지 기자마다 생각하는 발음이 제각각이었다. CNN이나 BBC를 참고하려고 했지만, 화산 폭발 첫날에는 외신도 화산 이름이 부담되었는지 좀처럼 화산 이름을 부르지 않았다.

결국 잠정적으로 화산 이름을 '에이야프얄라요쿨'로 부르기로 했다. 하지만 일부 기자들은 화산 이름을 발음하기가 부담스러웠는지 자신들의 리포트에서 화산 이름을 부르지 않고 '아이슬란드 화산'이나 '이 화산' 등의 표현을 사용했다. 이처럼 이름조차 생소해 부르기도 어려운 아이슬란드의 화산 하나가 전 유럽의 항공노선을 거의 일주일이나 마비시킬 정도로 대란을 일으킨 것이다.

현재 우리가 살고 있는 세계는 이렇게 먼 나라에서 일어난 사건 하나가 우리의 일상에까지 변화를 일으킬 만큼 큰 영향을 끼친다. 2008년에는 한국인 대부분이 이름조차 알지 못했던 아이슬란드의 3대 은행 글리트너Glitnir, 란즈방키Landsbanki, 카우푸싱Kaupthing 은행이 파산하자, 전 세계 금융시장에 극심한 신용경색이 일어났다. 우리 언론들은 눈에 보이는 아이슬란드의 화산 폭발을 더 큰 뉴스로 다루었지만, 실상 한국을 포함한 전 세계에 더 큰 영향을 미친 사건은 아이슬란드 3대 은행의 파산이라는 경제폭탄이었다.

던 곳은 금융의 후진국들이 아니라, 오히려 금융의 허브로 불리던 곳이었다.

금융 강국을 꿈꾸던 나라들이 이렇게 처참하게 무너진 것은 세계 경제의 슈퍼사이클 4단계인 붕괴국면으로 접어들면서 빚이 해소되는 과정이 시작되었기 때문이다. 일단 대붕괴의 전조前兆가 시작된 순간, 금융 중심지를 꿈꾸며 과도하게 빚을 쌓아왔던 국가들이 가장 먼저 무너져내린 것이다.

치명적 유혹, 첨단 금융기법의 함정

우리 한국 정부도 금융 강국이 되기 위해 하루빨리 선진 금융기법을 배워야 한다고 주장해왔다. 글로벌 금융위기가 휩쓸고 간 지금도 한국에서는 외국의 선진 금융기법이 여전히 꿈과 동경의 대상이다. 그렇다면 한국이 그토록 배우고 싶어하는 '선진 금융기법'이란 무엇일까?

2011년 지식경제부는 한국의 금융보험업 생산성이 미국의 60% 수준밖에 안 된다는 자료를 내놓았다. 한국 제조업의 생산성은 이미 미국에 육박하고 있는데, 금융 산업의 낮은 생산성이 한국 경제의 발목을 잡고 있다고 주장했다.

그러나 미국의 높은 금융 산업 생산성은 결코 부러워하기만 할 대상이 아니다. 그 높은 금융 생산성 뒤에는 국가 경제 시스템 전체를 불안정하게 만들어 임계상태에 빠뜨리는 심각한 리스크가 도사리고 있기 때문이다.

대표적인 첨단 금융 상품인 '크레딧 디폴트 스왑Credit Default Swap, CDS'은 글로벌 금융위기 이전 미국 금융회사들에 가장 인기를 끌었던 것 중의 하나다. 이 혁신적인 금융 상품을 처음 개발하게 된 계기는 역사상 최악의 환경재앙으로 불리는 알래스카 해양오염 사태였다.

1994년, 미국의 투자은행인 JP모건은 자신의 최대 고객인 석유 재벌 엑손Exxon 때문에 큰 고민에 빠졌다. 1989년 엑손의 초대형 유조선 엑손 발데즈Exxon Valdez 호가 알래스카 앞바다에서 침몰한 이후, 엑손은 사고 해역의 환경을 복구하기 위해 최소 35억 달러를 투입해야 했기 때문이다.

하지만 사고 이후에도 환경 피해에 대한 소송이 계속되면서 엑손은 얼마나 돈이 더 들지 알 수 없는 상황이 됐다. 불안해진 엑손은 주거래 은행이었던 JP모건에서 50억 달러의 돈을 언제든 인출할 수 있는 추가 신용을 확보하고자 했다. 하지만 제아무리 JP모건이라도 50억 달러의 추가 신용을 제공하는 일은 쉬운 일이 아니었다. 물론 50억 달러를 제공할 여력은 있었지만, 이를 모두 엑손에 제공하면 다른 사업에서 손을 모두 떼야 했다. 그렇다고 엑손의 요구를 들어주지 않으면 최고의 고객을 놓칠 우려가 있었다.

이때 JP모건이 개발한 상품이 바로 CDS였다. JP모건은 우선 엑손이 요구하는 대로 50억 달러의 신용을 제공했다. 그리고 엑손이 돈을 못 갚을 때를 대비해 유럽부흥개발은행EBRD이 대신 돈을 갚아주는 일종의 보험을 들었다. 그 보험 증서에 해당하는 상품이 바로 CDS였다.

EBRD는 세계 60개국이 참여하고 있는 국제기구로 최고의 신용을 자랑하고 있다. 그런 EBRD가 빚보증을 선 셈이어서 JP모건이 엑손에 제공한 50억 달러는 떼일 위험이 전혀 없는 대출로 취급할 수 있게 됐다. 그래서 JP모건은 엑손에 50억 달러의 신용을 제공한 뒤에도 새로운 사업에 뛰어들 수 있었다. 즉, JP모건은 오랜 고객을 잃지도 않고 새로운 사업도 할 수 있는 일거양득의 기회를 잡은 것이다.

이 '첨단 금융 상품'은 JP모건뿐만 아니라 EBRD에도 높은 수익을 안겼다. 50억 달러에 대한 빚보증을 선 대신 높은 수수료 수입을 챙긴 것이다. 비록 환경재앙을 일으켜 천문학적인 돈을 물어내야 했지만, 세계 최대의 석유 재벌 중 하나인 엑손이 돈을 떼먹을 확률은 매우 낮았다. 즉, EBRD는 일어날 확률이 매우 낮은 위험에 돈을 걸고 그 대가로 손쉽게 큰 수익을 올렸다.

이렇게 세계 최악의 환경재앙으로 탄생한 CDS는 투자은행들 사이에서 첨단 금융 상품으로 큰 인기를 끌었다. 특히 국제적으로 신용도가 높은 금융회사는 CDS를 통해 큰 이익을 챙길 수 있었다. CDS를 만든 곳은 JP모건이었지만, 가장 적극 이용한 회사는 바로 미국 굴지의 초대형 보험회사인 AIG였다.

최근까지 상호회사로 운영된 다른 미국의 대형 보험사들과는 달리, 1960년대 주식회사로 전환한 AIG는 이윤을 높여 주가를 끌어올려서 주주의 이익을 극대화하는 데 혈안이 돼 있었다. 그러나 정상적인 보험 영업만으로는 다른 보험사와 수익률에 차별을 두기가 쉽지 않았다. 하지만 AIG는 미국 최고 수준의 신용도라는 무기가 있었다.

그래서 그 높은 신용도를 이용해 손을 댄 것이 바로 첨단 금융 상품이라는 CDS였다. AIG의 자회사인 AIGFP는 마구잡이로 부도 위험에 대한 보험을 들어주고 막대한 수수료 수입을 올렸다. 이들이 한몫 챙기기 시작하자, 언론들은 AIGFP가 수십억 달러를 벌었다며 대서특필했다. AIGFP의 조지프 카사노Joseph Cassano 회장은 이 위험한 영업의 대가로 2억 달러를 받았다.

AIG는 절대 손해를 보지 않을 것이라고 자신했다. 자신들이 보증을 서 준 그 많은 채권이 동시에 부도날 확률은 아주 낮다고 믿었다.

많은 보증을 서면 일부가 부도가 나고 손해를 보더라도 다른 수수료 수입으로 충분히 충당할 수 있다고 생각했다. 결국 첨단 금융기법의 본질은 일어날 확률이 매우 낮아 보이는 일에 돈을 건 것에 불과했다.

그러나 이 같은 믿음은 글로벌 금융위기 앞에서 속수무책으로 무너졌다. 글로벌 금융위기로 동시다발적인 부도가 일어나자 결국 빚보증을 선 AIG는 엄청난 돈을 대신 갚아야 했고, 그 손실은 순식간에 천문학적인 수준으로 불어났다. 주류 경제학의 분석기법으로 볼 때, 수만 년에 한 번 일어날까 말까 한 일이 실제로 일어난 것이다.

결국 손실을 감당하지 못한 AIG가 파산 위험에 몰리자 2008년에 1,500억 달러라는 미국 역사상 가장 큰 규모의 구제금융이 AIG에 투입됐다. AIG가 무너지면 미국 경제 전체가 위험에 빠진다는 이유였다. 그러나 2009년 또다시 AIG가 위기에 빠지면서 미국 연방정부는 300억 달러를 추가로 지원해야 했다. 인류 역사상 최악의 환경재앙으로 탄생한 첨단 금융기법이 결국 대공황 이후 최악의 금융위기를 불러온 뇌관이 된 것이다.

확률적으로 일어나기 어려워 보이는 롱테일Long tail에 배팅하는 것, 이것이 바로 '첨단 금융기법'이라고 불리는 마술의 비밀이다. 마술의 핵심은 관객들을 속이는 눈속임이다. 마술은 현란한 무대장치와 빠른 손놀림으로 관객들을 현혹한다. 첨단 금융기법도 마술과 같다. 첨단 금융기법은 어려운 금융 용어와 복잡한 수식을 현란한 무대장치로 삼고, 남들이 미처 찾아내지 못한 롱테일을 찾아 눈속임하는 것이다.

이 같은 눈속임의 대표적인 또 하나의 예가 롱텀캐피털 매니지먼트였다. 그들은 파산하기 직전까지도 노벨 경제학상까지 동원해 온갖 현란한 눈속임으로 투자자들을 현혹했다. 그러나 '첨단 금융기법'이 아무리 복잡한 수식을 사용해도 그 기본은 같다. 확률상 일어나기 어려운 일을 찾아내 그 일이 일어나지 않는 동안 돈을 버는 것이다. 그리고 그 확률상 드문 일이 실제로 발생해 파산 직전에 이르면, 국민의 세금으로 공적자금을 받고 보너스를 챙겨 떠나면 그만이다.

첨단 금융기법의 성격은 기본적으로는 도박과 같다. 만일 일이 터져서 문제가 생기면 그 손해는 그동안 번 돈과는 비교되지 않을 정도로 크다. 다만, 도박보다 나은 점이 있다면 투자에 실패해 만약 손해를 보더라도 도박과는 달리 자신이 손해를 보는 경우가 드물다는 것이다. 심지어 다 같이 손해를 보았을 때 국가가 세금으로 대신 갚아준다.

AIG의 경우 자신들이 자랑하는 '첨단 금융기법'으로 금융회사는 고작 수십억 달러를 벌었지만 미국 국민은 세금으로 AIG 대신 모두 1,800억 달러, 우리 돈으로 200조 원을 갚아줘야 했다. 하지만 AIG 경영진 중에 피해를 본 사람은 아무도 없었다. 그들은 국민이 대신 갚아준 돈으로 천문학적인 보너스를 챙겨갔다.

이 '첨단 금융기법'으로 돈을 버는 동안에는 금융회사의 생산성이 매우 높게 나타난다. 언제 터질지 모르는 큰 위험을 떠안은 대가로 수수료를 챙기는 것이니 당연한 일이다. 이 때문에 공정하게 금융 생산성을 비교하려면 미국 금융회사에 투입된 공적자금을 빼고 계산해야 한다. 미국이 금융 산업에 투입한 천문학적인 공적자금을 빼면, 미국의 금융 생산성은 한국보다 훨씬 낮을 수밖에 없다.

그런데도 한국이 미국의 첨단 금융기법을 부러워하며 배우겠다는 것은, 결국 실패해도 책임을 지지 않는 위험한 도박사들을 키우려고

하는 것과 다를 바 없다. 실패해도 오히려 보너스를 챙겨 돈을 벌 수 있는 도박이라면, 도박사들은 점점 더 크고 위험한 도박에 몰두할 것이다. 그리고 도박사들이 넘쳐나는 시장은 임계상태가 더욱 쉽게 무너지기 때문에 금융위기가 더 빈번히 일어난다.

불타는 런던, 금융 중심지의 종착역

2011년 8월 4일, 런던 북부 토트넘Tottenham에서 경찰 검문에 불응한 흑인 마크 더건이 경찰에 의해 사살됐다. 영국 경찰은 폭력집단의 리더인 더건이 먼저 경찰에 총을 쐈다고 발표했다. 하지만 경찰 외부의 감사 결과, 경찰의 발표가 사실이 아니었음이 드러났다. 분노한 더건의 친인척 120명이 경찰서로 행진을 시작했다. 이를 지켜보던 시민이 합세하면서 시위 양상이 바뀌기 시작했다. 경찰의 과잉대응에 항의하던 시위가 점차 영국 경제의 모순에 대한 분노로 바뀌기 시작한 것이다.

시위의 중심세력이 된 영국의 청년들은 "일자리도 없고 돈도 없다"며 항의하기 시작했다. 급기야 흥분한 시위대는 "금융권은 영국 경제를 망치고도 잘 먹고 잘 사는데, 우리는 왜 안 되냐"며 자동차와 건물을 무차별적으로 불태우기 시작했다. 런던에서 시작한 항의 시위는 삽시간에 영국 전역으로 번져나갔다.

2010년 영국의 실업률은 7.9%, 특히 청년층의 실업률은 20.4%에 이를 정도였다. 그런데도 재정적자를 이유로 청소년 프로그램의 예산을 75% 줄였다. 영국 젊은이들의 절망적인 상황은 그들을 '분노의 세대'로 만들었다. 그리고 그 분노의 대상은 점차 금융권으로 향했다. 금융권의 탐욕이 자신들을 벼랑 끝으로 내몰고 있다고 생각했기 때문이다. 결국 2011년 10월, 분노한 시위대는 점거 농성을 벌이기 위해 금융 중심지인 '런던시티London City'로 행진했다. 경찰이 이들의 행진을 제지하자, 런던시티로 들어가는 길목인 세인트 폴 성당 주변에 200여 채의 텐트를 설치하고 장기 농성에 들어갔다.

그리고 11월에는 런던 시위대가 스위스계 대형 은행인 UBS 소유의 빈 건물을 점령했다. 시위대는 은행들이 주택담보대출 상환을 못 한 사람들의 주택을 압류했던 것처럼, 세계 경제를 파탄 낸 기업의 재산을 '공공 압류'하겠다고 외쳤다. 이처럼 절망에 빠진 영국의 젊은이들이 그 분노를 금융권으로 돌린 데는 다 이유가 있다.

19세기 영국은 강력한 제조업 기반이 있었다. 1860년, 세계 제조업 생산량의 20%를 유럽 서쪽의 작은 섬나라인 영국이 차지하고 있었던 것이다. 이 같은 제조업 생산 역량은 영국을 세계 무역의 중심지로 만들었다. 1870년, 영국은 세계 제조업 무역량의 절반에 가까운 46%를 차지할 정도에 이르렀다.

그런데 무역 거래는 계약이 이뤄지고 물건을 인도할 때까지 상당한 시간이 걸리는데다, 이동 거리도 멀어서 그에 따른 위험성도 매우 크다. 이 같은 무역 거래의 특성을 보완하기 위해 영국에서는 일찍부터 금융 산업이 발달했다.

우선 무역을 하는 데는 거래 상대의 신뢰도가 가장 중요했기 때문에 신용을 조회할 수 있는 시스템이 발달했다. 또 무역 계약에서 인도까지 오랜 시간이 걸리는 만큼 신용 거래를 돕는 금융 산업이 크게 성장했고, 운송 과정에서 위험 부담을 줄이기 위한 보험 산업도 발전했다. 이처럼 19세기 영국이 금융 산업에서 세계 최고의 강국이 될 수 있었던 것은 바로 튼튼한 제조업 기반과 세계 무역 중심지의 지위 덕분이었다. 영국은 금융 산업을 의도적으로 육성한 것이 아니라, 무역의 발달이 영국을 자연스럽게 금융 강국으로 만든 것이다.

하지만 2차 세계대전 이후, 이 같은 영국의 지위는 크게 위협받았다. 세계 경제의 중심이 미국으로 넘어간 데다 미 달러화가 세계 무역의 기축통화가 됐기 때문이다. 결국 영국의 금융 산업은 쇠퇴의 길을 걷게 되었지만, 미국과 소련이 본격적인 냉전에 들어가면서 영국 금융 산업은 다시 한 번 새로운 기회를 맞이하게 됐다.

1940년대 말, 소련은 상당한 규모의 달러 표시 자산을 갖고 있었다. 하지만 냉전이 본격화되자 소련은 달러 표시 자산을 미국 은행에 맡겨두는 것이 몹시 불안했다. 미·소 관계가 악화될 경우 예금이 동결될 가능성이 있기 때문이었다. 이때 소련이 미국 대신 찾아낸 대안이 바로 런던의 은행이었다. 소련은 미국 대신 런던에 있는 은행에 자신들이 보유한 달러를 맡기기 시작했다. 당시 소련이 맡긴 돈은 40억 달러 정도에 불과했지만, 이 돈이 씨앗이 돼 런던에 유로 달러 시장이라고 불리는 거대한 금융시장이 탄생했다.

1970년대 석유파동 이후, 중동에 달러가 넘쳐나자 중동 산유국들은 런던에 있는 금융회사에 달러를 맡기기 시작했다. 이들 역시 미국에 달러를 예치하면 예금이 동결될 것을 두려워했기 때문에 미국 은행 대신 런던을 택한 것이다. 이렇게 유로 달러 시장이 성장하면서 런던은 다시 금융 중심지로 거듭났다.

1979년 출범한 영국의 대처 정부는 이 정도 수준의 금융 산업에 만

족하지 않았다. 금융 산업에 대한 규제를 대거 철폐하고 온갖 특혜를 제공해, 금융 산업을 영국의 성장동력으로 만들겠다고 발표했다. 특히 1986년에 시작된 이른바 금융 빅뱅Big Bang을 정점으로 영국의 금융 산업에 대대적인 지각 변동이 일어났다.

런던 증시는 외국 증권사에 완전히 개방됐고 은행과 증권, 보험의 영업 장벽이 무너졌다. 이에 따라 다양한 업종의 금융 자회사를 거느린 거대 금융그룹이 등장해 무한 경쟁을 시작했다. 그 결과, 빅뱅 이후 영국의 10대 증권사 가운데 8개가 파산하거나 미국 또는 다른 유럽계 금융자본에 흡수·합병됐다. 런던에서 영국 국적의 금융회사가 사라진 대신, 외국계 금융회사가 자본시장을 지배하는 이른바 '윔블던Wimbledon현상'이 나타났다. 윔블던현상이란 윔블던 대회를 준비하는 것은 영국이지만 영국 선수가 아닌 외국 선수들이 두각을 나타내는 것처럼, 런던의 금융회사가 대부분 외국인에게 넘어간 상태를 말한다.

금융 산업에 온갖 특혜가 주어졌던 1980년대 영국의 성장률은 1970년대보다 회복된 것으로 나타났다. 그러나 그 성장은 금융 산업에만 국한된 것이었다. 금융을 제외한 다른 산업의 성적은 좋지 않았다. 그중에서도 영국 경제를 지탱해오던 제조업의 성적은 최악이었다. 영국 GDP에서 제조업이 차지하는 비중은 1970년대 30%에서 현재 10% 수준으로 추락했다. 1970년에는 전체 고용인구의 35%가 제조업에 종사하고 있었지만, 이제 영국에서 제조업에 종사하는 인구는 10% 정도에 불과하다.

제조업이 붕괴하면서 양질의 일자리도 사라졌다. 운 좋게 금융업종에 일자리를 잡은 영국인들은 행운아였다. 금융업을 제외하고, 이 기간에 늘어난 영국의 일자리는 대형 마트의 판매 직원 같은 저임금 서비스업종뿐이었다. 금융 산업이 전 산업을 지배하기 시작하자, 영국 기업들은 주주들의 이익을 극대화하기 위해 단기 수익을 올리는 데만 몰두했다. 영국 기업들은 신규 투자를 줄이고, 잦은 해고로 비용을 줄이는 데 급급했다.

이 같은 변화 속에 빈부 격차가 크게 벌어졌다. 영국의 보수당이 급격한 금융화를 추구했던 1979년부터 1992년까지 영국 상위 10% 부자들의 소득은 61% 늘었지만, 하위 10%의 소득은 오히려 18% 줄었다.

더구나 금융 산업에 대한 의존도가 높은 영국의 경제구조는 금융위기에 더욱 취약했다. 글로벌 금융위기 이후 2011년까지, 영국 중앙은행은 부실 은행들을 살리기 위해 2,750억 파운드를 쏟아부었다. 한국 정부 한 해 예산의 1.5배에 이르는 돈이었다. 또 영국 정부는 RBS Royal Bank of Scotland와 로이즈 은행 Lloyds TSB등 부실 은행을 살리기 위해 370억 파운드의 혈세를 투입했다. 금융 강국이 오히려 금융위기에 더욱 취약했던 것이다.

혈세가 투입된 부실 은행들은 살아났지만, 그 대신 금융위기의 피해가 고스란히 영국 국민에게 전가됐다. 영국 은행을 살리기 위해 천문학적인 재정적자를 본 영국 정부가 다른 지출을 일제히 줄이기 시작한 것이다. 영국의 대학 등록금이 하루아침에 세 배로 폭등했다. 육아 보육에 대한 재정지원은 대폭 삭감되었고, 예산 감축을 이유로 공무원 50만 명이 일자리를 잃었다.

하지만 영국 경제를 위기로 몰아넣은 금융권의 최고경영자들은 오히려 더 큰 부를 축적했다. 공적자금으로 간신히 연명하는 영국 RBS

금융 강국이 낳은 비극, 풀 몬티

절망적인 상황에 처한 중년 남성들이 스트립쇼를 통해 희망을 찾는 이야기,
바로 1980년대 초 영국의 실상을 보여준 영화 〈풀 몬티The Full Monty〉다.
한때 잘 나가던 공업지대였던 영국 요크셔 지방에 극심한 불황이 찾아와,
지역에서 가장 큰 제철소가 문을 닫고 많은 근로자가 실업자가 됐다. 직장
을 잃은 중년 남성들의 삶은 비참했다. 아내에게 직장을 잃은 사실을 비밀
로 하거나, 또는 이 사실을 들켜 아내에게 버림받기도 했다. 이런 절망적인
상황에서 가즈Gaz는 하나뿐인 아들의 양육권을 잃지 않으려고 '풀 몬티(영
국 관용어로 홀딱 벗는다는 뜻)' 공연을 기획한다. 여기에 절망의 늪에 빠져
지내던 가즈의 동료들이 하나둘씩 동참하면서 삶의 의미와 열정을 되찾아
간다. 하지만 이들은 리허설 도중 경찰에 체포되면서 위기를 맞는다. 그러나
이들에 대한 소문이 온 마을에 퍼지면서 티켓은 불티나게 팔려 나간다. 결
국 쇼를 취소할 수 없다는 것을 깨달은 이들은 오직 한 번만 공연하되 최선
을 다할 것을 다짐하고, 그들의 희망과 열정을 담은 스트립쇼를 공연한다.
영화 〈풀 몬티〉의 배경에는 1980년대 초 대처 집권 시절에 일어난 영국 제
조업의 몰락과 금융화 과정이 자리하고 있다. 당시 대처 정부는 제조업을
소외시키고, 금융 산업을 키우기 위해 온갖 정책적 지원을 아끼지 않았다.
특히 금융 산업을 위해 파운드화 고평가를 유도하자 그나마 명맥을 유지하
던 제조업의 기반은 완전히 무너져버렸고, 그 결과 양질의 일자리가 대거 사
라지면서 영국의 중산층 기반은 붕괴하고 말았다. 결국 대처 정부의 극단적
인 금융 산업 지원정책이 〈풀 몬티〉와 같은 수작을 만드는 중요한 밑거름이
된 셈이다.

은행의 최고경영자 스티븐 헤스터Stephen Hester조차 200만 파운드, 우리
돈으로 35억 원이 넘는 돈을 보너스로 챙겼다. 영국 국민이 극심한 불
경기와 재정지출 감소로 고통받는 것과는 달리, 금융위기의 책임이 있
는 최고경영자들은 국민의 혈세로 보너스 잔치를 한 셈이다. 이것이 지

금 한국 정부가 부러워하고 있는 금융 강국의 모습이다.

금융 강국은 먹이 사슬의 맨 꼭대기에서 돈을 지렛대로 다른 모든 산업을 지배하고 막대한 이윤을 누리는 것으로 보인다. 하지만 다른 산업이 뒷받침되지 않는 금융 강국은 사상누각沙上樓閣과 같다. 특히 단기 이윤을 추구하는 경향은 장기적인 성장성마저 떨어뜨린다. 극히 일부 부유층에 부가 집중될 뿐, 국민 대부분은 더욱 가난해진다. 이제 슈퍼사이클의 마지막 단계인 최후의 게임을 눈앞에 두고 있는 지금, 빈부 격차가 커지고 빚이 과도하게 쌓여 있는 금융 중심지들의 미래는 그 어떤 나라보다도 위태롭다.

04

우리는 왜
대붕괴를 알지 못했나?

와인이라고 하면 예나 지금이나 프랑스 와인을 최고로 치는 사람들이 많다. 자국 와인이 아니면 아예 와인이 아니라고 생각할 정도로 와인에 대한 프랑스 사람들의 자부심은 대단하다. 그런데 이 고정관념을 처참하게 무너뜨린 사건이 1976년 와인의 본고장이라는 프랑스 파리에서 일어났다.

1970년대 미국은 캘리포니아California 주를 중심으로 본격적인 와인 생산을 시작했다. 캘리포니아는 좋은 포도를 키우는 데 완벽한 기후와 토양을 가지고 있었다. 처음 생산된 미국 와인은 양조 기술의 부족으로 그 품질이 조악했지만, 계속되는 시행착오와 끈질긴 노력으로 미국 와인의 품질은 서서히 좋아지기 시작했다.

하지만 캘리포니아 사람들이 아무리 좋은 와인을 만들어도 세계시장에서 지명도가 떨어지는 미국산 와인은 여전히 웃음거리밖에 되지 않았다. 이 같은 편견을 극복하기 위해 영국의 저명한 와인 평론가였던 스티븐 스퍼리어Stephen Spurrier가 파리에서 프랑스 와인과 미국 와인을 겨루는 평가 대회를 기획했다.

스퍼리어는 와인 평가자 10명을 모두 프랑스 와인 전문가로 구성하는 대신, 공정한 평가를 위해 와인 상표와 원산지를 가리고 맛을 보는 블라인드 테스트Blind Test로 대회를 진행했다. 프랑스 와인 전문가들은 테스트가 시작되기 전부터 미국산 와인은 아예 비교조차 안 될 것이라며 자국 와인의 승리를 자신하고 있었다.

그런데 먼저 치른 화이트 와인 평가는 이들에게 큰 충격을 안겼다. 평가 결과, 1등에서 5등까지의 와인이 모두 미국에서 나온 것이다. 두 번째로 실시한 레드 와인 평가에서 프랑스 와인 전문가들은 크게 긴장하기 시작했다. 레드 와인 평가에서 또다시 미국 와인이 승리해 프랑스 와인의 명성에 금이 가게 될까 봐 두려워했다. 그래서 이들은 조금이라도 미국 와인으로 느껴지면 모두 최하점을 주기로 했다. 그리고 프랑스 와인이라고 생각되면 점수를 몰아주었다. 그런데도 두 번째로 치러진 레드 와인에 대한 블라인드 테스트 결과, 1등의 영광은 미국 와인에 돌아갔다. 가장 프랑스적인 와인이라고 믿었던 와인이 미국 와인이었던 것이다. 결국 이 블라인드 테스트는 미국 와인에 대한 평가를 바꿔놓는 결정적인 역할을 했다.

영국의 시사주간지 《타임스Times》는 이 블라인드 테스트의 놀라운 결과를 보도하면서 기사에 '파리의 심판The judgement of paris'이라는 제목을 달았다. 그 이후 '파리의 심판'은 절대적 권위에 대한 고정관념을 깬다는 의미로 사용되고 있다.

파리의 심판이 시급한 경제학

2008년 한국에 글로벌 금융위기의 공포가 엄습해오자, 경제위기 도래에 관한 흥미로운 블라인드 테스트가 이뤄졌다. 대부분의 주류 경제학계와 정부에서 금융위기가 올 가능성이 거의 없다고 전망하고 있을 때, 위기론을 주장하는 인터넷 논객들이 권위 있는 경제학자들보다 더 주목을 받았다. 그중 '미네르바'라고 불리는 인터넷 논객은 당장에라도 국가부도가 날 듯이 위기론을 강력하게 주장했다. 자신이 노련한 금융 전문가인 것처럼 잘 포장하자, 한국인들은 경제학자들보다 오히려 미네르바의 한마디에 더 귀를 기울이기 시작했다.

그러나 미네르바의 진짜 정체가 드러나자, 미네르바의 예견을 신봉하던 많은 사람이 갑자기 태도를 바꿔 그의 글을 깎아내리기 시작했다. 한때 필자에게 미네르바의 혜안을 극찬했던 한 증권사 임원은 그의 정체가 드러나자 그럴 줄 알았다며 말을 바꾸기도 했다. 똑같은 말에 대한 평가가 이렇게 하루아침에 극에서 극으로 바뀔 만큼 경제 문제에는 후광後光효과가 매우 크다.

글로벌 금융위기가 눈앞에 다가오기 직전까지, 많은 경제 전문가들은 위기가 오지 않을 것이라고 큰소리를 쳤다. 이들은 정부나 국제기구의 막강한 권위의 후광을 이용해 금융위기 도래를 경고하는 일부 경제 전문가들의 주장을 무시하고 고집을 부렸다. 이 때문에 금융위기를 막고 그 파장을 축소할 수 있는 절호의 기회를 놓치고 만 것이다.

현재의 주류 경제학은 자산시장에 거품의 존재를 부정하고 정부 개입을 강력히 반대한다. 경제 이론상 시장은 언제나 완벽하므로 시장 가격에 거품이 있을 수 없다는 것이다. 그렇다 보니 거품이 급속히 붕괴하면서 일어나는 금융위기 존재 자체를 부정한다. 그러다 실제로 금융위기가 일어나면 이는 지극히 예외적인 일로 치부한다. 사정이 이렇다 보니 주류 경제학에서는 경제위기를 예측하기는커녕, 다가오는 위기에 경고의 목소리를 내기조차 쉽지 않다.

2008년 11월, 영국의 《파이낸셜 타임스Financial Times》는 세계 경제의 수장들과 경제 전문가들이 얼마나 빗나간 경제 진단과 예측을 했는지 소개했다.[1] 그중에서 장 클로드 트리셰Jean-Claude Trichet 유럽중앙은행 총재는 이미 금융위기가 진행되고 있던 2008년 7월, "유럽 경제가 2분기와 3분기에 궂은 날씨를 거친 뒤, 4분기부터 완만한 성장으로 복귀할 것으로 예측한다"고 했다가, 4분기에 실제로 경제가 사상 최악의 침체로 빠져들어 망신을 당했다.

2009년 런던 정경대학London School of Economics and Political Science, LSE을 방문

한 엘리자베스Elizabeth II 영국 여왕은 영국의 석학들에게 "왜 아무도 글로벌 금융위기가 올 것을 예측하지 못했습니까?"라고 물었다. 짧은 질문이었지만, 정곡을 찔린 영국의 경제학자들은 크게 당황했다. 결국 영국을 대표하는 학자들이 모인 영국학사원British Academy[2]이 장문의 편지로 그 질문에 답변했다.[3] 이 편지에서 영국을 대표하는 경제학자들은 '글로벌 금융위기를 예측하지도 막지도 못한 원인은 세계의 명석한 석학들조차 시스템 전반의 위험을 이해하는 데 실패했기 때문'이라며 자신들의 한계를 시인했다. 또, 예측했더라도 이미 과도한 금융규제 완화로 금융당국이 경기 과열을 진정시킬 수단 자체가 없었다고 지적했다.

결국 지금의 주류 경제학은 명품 프랑스 와인으로 자신을 포장해 그 전통과 권위를 유지했지만, 사실 브랜드 이름만 요란했을 뿐 글로벌 금융위기 앞에서는 한없이 무기력했다. 하루빨리 경제 분야에서 '파리의 심판'이 이루어지지 않는다면, 그 앞날은 어두울 수밖에 없다. 질 나쁜 와인일수록 더욱 화려한 포장지로 세계인들을 현혹할 것이 분명하기 때문이다.

미국의 집값이 한창 오르고 있던 2003년 4월, 앨런 그린스펀 당시 FRB 의장은 레이건 대통령 기념 도서관에서 부동산 가격에 거품은 존재하지 않는다며 호언장담을 했다. 그러나 집값이 걷잡을 수 없이 오르기 시작하자, 그린스펀은 2005년 6월 미 의회 증언에서 "집값 거품이 있다 해도 일부 지역에만 국한되기 때문에 미국 전체의 부동산 가격이 버블이라고 보기는 어렵다"며 끝까지 집값 거품의 존재를 부인했다.

그린스펀의 뒤를 이어 FRB 의장이 된 벤 버냉키는, 2002년 밀턴 프리드먼Milton Friedman[4]의 90세 생일잔치의 기조연설에서 밀턴 프리드먼의 업적을 찬양하고 그의 업적에 의해 경제위기는 절대 오지 않을 것이라며 자신 있게 외쳤다.

"밀턴과 애나(프리드먼의 부인) 당신들의 말이 모두 맞아요. 대공황은 우리(정부)의 잘못입니다. 그러나 프리드먼, 당신의 경제 이론 덕분에 다시는 그런 위기에 빠지지 않을 것입니다. 감사합니다."

또한, 부시 대통령의 경제자문위원회 의장이었던 버냉키는 2005년, 전미 경영경제학 협회 연설에서 집값이 끝없이 오르는 것은 미국의 강력한 경제 기반을 반영한다며 집값 폭등을 부시 행정부의 치적으로 내세우기도 했다.

그러나 이 같은 자신감은 3년도 지나지 않아 처참하게 무너졌다. 그들이 절대 오지 않을 것이라고 장담하던 거품 붕괴가 시작됐다. 주류 경제학은 위기가 눈앞에 닥쳐온 그 순간까지도 위기는 없을 것이라고 우겼지만, 글로벌 금융위기 앞에 주류 경제학이 내세우던 권위는 아무런 소용이 없었다.

현재 주류 경제학은 금융위기를 예측하지 못하고 있을 뿐만 아니라 위기를 막는 시스템 구축에서도 한계를 보이고 있다. 이처럼 현실 경제를 설명하지 못하는 주류 경제학에 대해 '경제학의 위기'가 왔다는 우려의 목소리가 커지고 있다.

그들은 어떻게 주류가 됐나?

그렇다면 경제학의 위기를 불러온 지금의 경제 이론은 어떻게 주류가

된 것일까? 그 시작은 몰락 위기에 처했던 미국의 한 상원의원으로 거슬러 올라가야 한다. 1946년, 위스콘신Wisconsin 주 연방 상원의원으로 당선된 조지프 매카시Joseph McCarthy는 명예훼손과 음주 추태, 부정부패로 위기에 몰려 사실상 그의 정치 생명은 끝난 것이나 다름이 없었다.

그러던 중 1950년, 공화당 전당대회에서 "미국에 공산주의자들이 활동하고 있으며 자신이 297명의 공산주의자 명단을 갖고 있다"는 폭탄 발언을 했다. 무차별 폭로 뒤에 아무런 증거도 내놓지 못했지만, 그가 새로운 폭로를 할 때마다 언론이 대서특필해준 덕분에 그는 다시 주목받기 시작했다. 당장 신문 한 부를 더 파는 것이 중요했던 당시 미국 언론은 그의 발언이 사실인지 아닌지는 그리 중요하지 않았다. 덕분에 정치적 생명이 끝나가던 매카시는 다시 대중적인 지지도를 높일 수 있었다.

매카시의 발언이 대중의 관심을 끌자, 미국 공화당이 이를 적극 활용하기 시작했다. 공화당은 민주당과 친민주당 성향의 인사들을 공격하는 데 매카시의 폭로를 교묘하게 이용했다. 이에 민주당은 자신들이 공산주의와 관계없다는 것을 보이기 위해 매카시의 마녀 사냥에 더욱 앞장섰다. 이렇게 매카시즘McCarthyism의 광풍이 미국을 휩쓸자 공산주의자로 지목된 사람들은 사정 당국의 조사를 받고 투옥됐다. 영화배우와 정치인, 공무원 등 많은 유명인사를 닥치는 대로 공산주의자로 내몰았다.

경제학자들도 예외가 아니었다. 미국의 극우 언론과 정치인들은 경제학자 중에도 공산주의자들이 숨어 있다며, 대대적인 색출 작업에 들어갔다. 특히 케인스의 이론을 따르던 경제학자들은 모두 공산주의

자로 몰려 검증을 받아야 했다.

경제학의 대가로 손꼽히던 폴 새뮤얼슨Paul Samuelson도 무차별 공격을 받았다. 당시 극우 언론이었던 《에듀케이셔널 리뷰어Educational Reviewer》는 케인스주의를 따르는 새뮤얼슨의 경제 이론이 공산주의 이론과 같다며 그를 몰아붙였다.[5]

당시 경제학 교과서의 유명 저자로 이름을 날리던 새뮤얼슨이 이 정도였으니 다른 경제학자들은 말할 것도 없었다. 공산주의자로 몰린 수많은 케인지언Keynesian이 매카시즘의 광풍에서 살아남기 위해 자신의 경제 이론을 버리고, 공산주의로 공격받을 가능성이 적은 자유주의 고전학파로 전향했다. 그리고 일부 케인스주의 학자들은 "정부 예산을 늘리되, 그 예산은 공산주의와 싸우는 국방 예산에 집중해야 한다"고 주장하기 시작했다. 이것이 바로 케인스주의를 왜곡하는 이른바 '군부 케인지언Military Keynesianism'이 등장하는 배경이 됐다. 이 같은 공포 분위기 속에서 케인스를 따르던 경제학자들의 활동이 크게 위축됐다. 결국 대공황을 극복하고 1960년대 미국 경제의 황금기를 여는 데 결정적인 역할을 해왔던 케인스주의는, 경제논리가 아닌 정치권의 마녀사냥에 밀려 몰락의 길을 걷기 시작했다.

여기에 1970년대 시작된 석유 파동은 그나마 남아 있던 케인스주의 경제학자들에게 결정타를 날렸다. 석유 파동으로 원자잿값이 급등하자, 전 세계적인 인플레이션이 시작되고 경제 불황이 전 세계로 퍼졌다. 특히 물가가 오르는데도 경기 후퇴가 오는 스태그플레이션Stagflation이 일어났다. 당시 시카고 대학교The University of Chicago 교수였던 밀턴 프리드먼은 석유파동으로 시작한 스태그플레이션이라는 특수한 경제적 상황을 이용해 케인스주의를 무너뜨리고 신고전학파를 확고한 주류 경제학의 위치로 끌어올렸다. 케인스 학파에서는 인플레이션과 실업률이 서로 상충 관계에 있다고 생각했다. 즉, 물가 상승률이 높아지면 실업률이 낮아지고, 물가 상승률이 낮아지면 실업률이 높아지는 것으로 봤다. 그런데 물가 상승률과 실업률이 동시에 높아지는 스태그플레이션이 나타나자, 프리드먼은 만약 정부가 인플레이션을 방치하고 더 많은 일자리를 창출하는 정책목표를 세운다면 오히려 물가 상승만 초래할 것이라는 연구 결과를 발표해 케인스주의에 큰 타격을 안겼다.

프리드먼은 1976년 노벨 경제학상을 수상하고, 1980년에는 자유시장을 강조하는 『선택의 자유Free to Choose』라는 제목의 책을 출간했다. 이 책은 동시에 10부작 다큐멘터리로 제작되었고, 책과 다큐멘터리는 극심한 불황을 겪고 있던 미국의 시대상과 맞물려 큰 인기를 끌었다.

책이 나오기 직전인 1979년, FRB 의장으로 취임한 폴 볼커는 프리드먼의 통화주의에 따라 인플레이션을 잡는다며 정책금리를 연리 19%까지 끌어올리는 고금리정책을 썼다. 그러자 인플레이션이 미처 잡히지 않은 상태에서 고금리에 따른 불황까지 겹치며 미국인을 큰 고통 속에 빠뜨렸다. 때마침 나온 프리드먼의 책과 다큐멘터리는 많은 사람의 생각을 바꾸어 놓는 데 성공했다. 결국 프리드먼의 통화주의가 만든 1980년의 불황이 프리드먼의 사상을 널리 퍼뜨리는 기폭제가 되는 아이러니가 일어났다.

더구나 극심한 경기불황이 계속되자, 재선에 나섰던 지미 카터Jimmy Carter 당시 미국 대통령의 인기는 바닥으로 추락했다. 덕분에 로널드 레이건은 카터 대통령을 손쉽게 누르고 미국 제40대 대통령에 당선됐다.

그리고 자신의 경제자문이었던 프리드먼의 경제 철학에 따라 철저한 신자유주의新自由主義 정책을 펼쳤다. 프리드먼을 따르던 금융정책으로 무너진 카터 대통령을 대신해 더욱 강력한 신자유주의 신봉자인 레이건 대통령이 등장한 것이다.

1980년대 중반 금융위기를 겪으면서 프리드먼이 통화예측에 실패했다는 비판을 받기는 했지만, 프리드먼과 신자유주의 경제학의 영향력은 계속 커졌다. 유럽에서도 영국의 마거릿 대처Margaret Thatcher 총리가 프리드먼의 영향을 받아 신자유주의 경제정책을 채택했고, 이웃 나라인 아일랜드도 대대적인 민영화와 규제 철폐에 나섰다.

또한 프리드먼은 칠레의 군부독재자인 아우구스토 피노체트Augusto Pinochet의 경제자문으로 일하면서 중남미에도 큰 영향을 미쳤다. 칠레는 자국 산업이 제자리를 찾기도 전에 무역 장벽을 철폐하고 공기업 민영화를 추진했다. 프리드먼의 조언에 따라 그들은 금융규제를 대거 철폐하고 금융시장도 개방했다. 이 같은 프리드먼의 신자유주의 정책으로 칠레는 잠깐이나마 경제가 더 빠르게 성장하는 것처럼 보였다. 그러나 1974년부터 시작된 경제 불황은 칠레의 GDP를 12%나 떨어뜨렸다. 그리고 1982년에 시작된 두 번째 불황에서는 GDP가 15%나 추락했다. 신자유주의 정책을 채택한 이후, 칠레는 반짝 성장에 이어 주기적인 경제위기에 시달렸다.

이와 함께 칠레의 장기적인 성장률도 떨어졌다. 프리드먼의 신자유주의를 택한 이후, 1974년부터 1989년까지 칠레의 평균 GDP 성장률은 2.6%였다. 국가주도의 경제발전전략을 추구했던 1951년에서 1971년까지의 연평균 성장률 4%에 훨씬 못 미치는 수치였다.

1991년 선거에 진 피노체트가 권좌에서 쫓겨나 영국으로 망명을 떠나자, 칠레에서 프리드먼 경제학은 급격하게 쇠퇴했다. 칠레에 새로 들어선 중도좌파 정권은 소득분배를 개선하기 위해 사회보장 지출을 대폭 늘려, 칠레 인구의 40%까지 늘어났던 빈곤층이 20%까지 감소했다. 이 같은 중산층 강화정책으로 내수시장이 되살아나 칠레의 연평균 성장률은 6%대를 회복했다.[6]

시장의 역할을 재조명한 것은 분명 프리드먼의 업적이었지만, 시장의 힘을 너무 과신한 나머지 점점 극단적으로 변해갔다. 그는 정부를 시장의 적敵으로 간주하고, 시장의 약점을 전혀 인정하지 않았다. 1998년에는 미국의 식품의약품안전청FDA을 해체해야 한다고 주장하기도 했다. 시장은 완벽하므로 식품의약품안전청 같은 정부 규제기구가 없어도 시장 스스로 안전한 의약품을 골라낼 것이라고 주장했다. 또한 연방준비은행을 완벽한 시장에 교란요인을 주는 기구로 보고 당장 폐지해야 한다고 주장했다. 그러나 아이러니하게도 연방준비은행을 점령한 세력이 바로 프리드먼을 추종하는 신자유주의자들이었다. 결국 프리드먼을 따르는 신자유주의자들이 프리드먼이 반드시 철폐해야 한다고 주장한 연방준비은행의 수장 역할을 도맡아왔던 것이다.

그렇다면 프리드먼의 경제학은 미국 경제 회복에 도움이 됐다고 확언할 수 있을까? 프리드먼을 열렬히 환호하는 측에서는 프리드먼의 신자유주의 덕분에 1980년대 미국이 큰 호황을 누렸다고 주장한다. 하지만 경제성장률을 보면 그들의 주장에 의문이 생긴다. 스태그플레이션으로 미국이 큰 고통을 겪었다는 1970년대 미국의 경제성장률은 연평균 3.3%였다. 하지만 그들이 번영을 누린 시대라고 주장하는

1980년대 미국의 경제성장률은 오히려 3.1%로 떨어졌다.[7] 그들이 그렇게 비판해왔던 스태그플레이션 시대보다도 못한 성적표였다.

믿어라! 시장에 거품은 없다?

신자유주의 경제학은 자산 가격이 언제나 자산의 본질가치를 반영하기 때문에 시장에는 거품이 존재할 수 없다고 간주한다. 그리고 그 이론적 배경에는 효율적 시장가설을 내세운 유진 파마Eugene Fama가 있다.

유진 파마는 시장이 매우 효율적이기 때문에 모든 정보가 개별 자산가치에 즉시 반영된다고 생각했다. 또한 자산 가격은 마치 동전을 던지는 것처럼 확률적으로 결정되기 때문에 예측이 불가능하다고 생각했다. 이 때문에 월스트리트 증권사들의 주가 분석은 무의미하며, 시장 참여자 누구도 시장 수익률을 넘어설 수 없다고 보았다.

이 같은 가설은 신자유주의 경제학자들의 열렬한 환영을 받았다. 유진 파마의 '효율적 시장 가설'을 통해 자산시장이 효율적이라는 사실이 확인됐다는 것이다. 덕분에 유진 파마는 25세의 나이로 큰 명성을 얻었다. 하지만 이후 자산 가격 폭락에 따른 금융위기가 반복되면서 효율적 시장 가설이 뿌리째 흔들리고 있다.

1998년, 롱텀캐피털 매니지먼트의 파산은 효율적 시장 이론에 근본적인 의문을 제기한다. 이 회사는 효율적 시장 가설에 기반을 둔 블랙 숄스 모델Black & Scholes option pricing model로 노벨상을 받은 스탠퍼드 대학교 Stanford University 마이런 숄스Myron Scholes 교수와 또 다른 노벨상 수상자인 하버드 대학교 로버트 머튼Robert Merton 교수가 참여한 것으로 유명했다.

롱텀캐피털은 세계 여러 금융기관에서 돈을 모아 상대적으로 저평가된 것으로 분석된 채권을 사고 반대로 고평가된 것으로 분석된 채권을 공매하는 방식으로 운영됐다. 이 같은 방식의 거래로 롱텀캐피털은 연평균 40%가 넘는 높은 수익률을 기록했다.

이들은 효율적 시장 가설에 따라 가격은 언제나 실제 가치를 반영하고 확률적으로 결정된다고 믿었다. 그리고 확률적으로 움직이는 가격의 변동성은 안정적이어서, 정교한 수학 모델을 이용해 내재가치보다 고평가된 증권을 팔고 저평가된 증권을 매입하면 위험이 없는 차익거래가 가능하다고 생각했다. 그러나 이 같은 믿음은 러시아의 단기채무 불이행 선언으로 한순간에 무너졌다.

효율적 시장 이론에 기반을 둔 롱텀캐피털의 수학적 분석으로는 러시아가 채무 불이행을 할 확률이 100만 년에 세 번 정도 일어날 매우 드문 일이어야 했다. 그러나 경제 이론과 달리 실제 경제에서는 그런 일이 자주 일어난다. 결국 믿었던 효율적 시장 이론에 배신을 당한 롱텀캐피털은 14조 달러, 우리 돈으로 1,600조 원이 넘는 천문학적인 손실을 보고 무너졌다. 노벨상은 파산을 막는 데 아무런 도움이 되지 않았다.

세계적으로 가장 성공한 투자자인 워런 버핏Warren Buffet은 효율적 시장 가설을 다음과 같이 비꼬았다.[8] 주식 투자의 대가가 상아탑에서 만들어진 가설을 비웃은 것이다.

시장이 항상 효율적이라면 나는 거리에서 깡통을 찬 거지가 됐을 것이다.I'd be a bum on the street with a tin cup if the markets were always efficient.

시장이 효율적이라고 믿는 사람들은 결국 카드 게임을 하면서 자신의 패를 보지 않아도 된다고 생각하는 것과 마찬가지다. Investing in a market where people believe in efficiency is like playing bridge with someone who has been told it doesn't do any good to look at the cards.

컬럼비아 대학교Columbia University의 조지프 스티글리츠Joseph Stiglitz 교수와 펜실베이니아 대학교 와튼 스쿨의 샌퍼드 J. 그로스먼Sanford J. Grossman 교수는 효율적 시장 가설이 논리적으로 모순이 있다고 지적했다. 만일 효율적 시장 가설의 주장대로 매 순간 모든 정보가 가격에 반영된다면, 투자자는 새로운 정보를 찾아낼 유인이 없다. 어차피 현재의 가격이 모든 정보를 다 반영하기 때문에 투자할 때 현재 가격을 살펴보는 것만으로 충분하기 때문이다. 하지만 아무도 정보를 찾으려고 노력하지 않는다면 매 순간 정보가 가격에 반영된다는 가정에 모순된다.[9]

이처럼 효율적 시장 가설을 이용한 투자가 실제 자산시장에서 실패를 거듭하고 이에 대한 이론적 비판이 계속 나오고 있지만, 주류 경제학자들은 여전히 효율적 시장 가설을 고집하고 있다. 미국에서 주택 가격이 폭락하기 시작한 2007년 후반, 유진 파마는 "버블이라는 말은 나를 짜증나게 한다The word bubble drives me nuts"며 자신의 앞에서 버블이라는 단어조차 꺼내지 못하게 했다.[10] 유진 파마는 시장에서 부동산을 사고팔기가 쉽지 않은 만큼, 사람들이 집을 살 때는 가격을 매우 신중하게 비교하기 때문에 집값에는 결코 거품이 있을 수 없다고 주장했다. 이처럼 거품의 존재 자체를 부정하기 때문에, 당연히 자산 가격의 붕괴도 일어날 수 없다고 확신했다. 그러나 그의 확신을 비웃듯,

2007년 미국의 부동산 가격은 대폭락을 시작해 미국의 금융 시스템까지 붕괴시켰다.

2011년 11월, 하버드대 경제학과 학생들은 주류 경제학에 대한 작은 저항을 시작했다. 미국 하버드대 그레고리 맨큐Gregory Mankiw 교수의 경제학 수업이 시작되자마자 학생 70명이 단체로 일어나 강의실을 나갔다. 자산 가격의 붕괴를 수없이 목격하고도 거품의 존재 자체를 부인하고 고정된 사고방식만을 강요하는 경제학 수업에 항의한 것이다. 수업 거부에 앞서 하버드대 학생들은 맨큐 교수에게 편지를 보냈다. 학생들은 이 편지에서 "맨큐 교수가 학생들에게 대안적 경제학에 접근할 기회조차 주지 않았다"고 항의하고, "제대로 된 경제학 수업이라면 신자유주의와 다른 경제학 모델의 장단점을 모두 소개하고, 비판적인 시각에서 볼 수 있도록 해야 한다"며 정중히 제안하기도 했다. 또 "만일 대학이 학생들에게 넓고 비판적으로 경제학을 이해할 수 있도록 교육하지 않는다면 또다시 글로벌 경제 시스템을 망치게 될 것"이라고 강력히 경고했다.

주류 경제학은 자신들의 시장 이론에서 경쟁의 중요성을 강조하고 있다. 그러나 정작 그 자신들은 누구에게도 비판을 통한 경쟁과 도전을 허용하지 않는 엄격한 권위주의를 고수하고 있다. 오랜 세월 쌓아 견고해진 그들의 권위는 주류 경제학에 대한 의문 제기조차 인정하지 않는다. 반복되는 거품 붕괴로 '경제학의 위기'라는 지적이 계속되고 있지만, 경제학계 내부에서는 아직도 근본적인 변화가 전혀 없다. 이제 우리 경제학이 살아남기 위해서는, 그리고 우리 머릿속의 가정과 전제로 포장된 이상적인 시장이 아니라 진짜 살아 움직이는 현실의 시

효율성을 누른 쿼티 자판의 교훈

만일 당신이 타자할 때 원하는 만큼 빨리 칠 수 없고 새끼손가락이 아프다면, 그것은 처음 타자기를 만든 크리스토퍼 숄스Christopher L. Sholes의 탓이다. 1864년 숄스가 처음 만든 타자기는 지금 쓰고 있는 쿼티QWERTY 자판의 타자기보다 훨씬 효율적이었다. 우리가 주로 사용하는 엄지와 검지를 많이 사용하도록 설계했기 때문이다. 하지만 당시 타자수들이 너무 빨리 치는 바람에 기계가 엉켜버려 타자기가 고장 나는 일이 빈번했다. 이 때문에 1873년 숄스는 일부러 이전 자판보다 타자 속도가 느린 쿼티 자판을 내놓았다. 쿼티 자판은 타자할 때 왼손을 57%, 오른손을 43% 쓰도록 조정했고, 가장 많이 치는 글자는 양쪽 새끼손가락과 왼쪽 약지에 배치해 타자 속도를 늦추는 데 성공했다.

1930년대에는 타자기 성능이 대폭 개선되어 이제 더는 느린 자판에 의존할 이유가 없어졌다. 1932년 어거스트 드보락August Dvorak 박사는 타이핑 속도를 무려 30%나 더 빠르게 개선한 드보락 자판을 내놓았다. 하지만 이미 쿼티 자판에 익숙해진 사람들은 아무도 드보락 자판으로 바꾸려 하지 않았다. 1984년 미국표준협회ANSI가 드보락 자판을 '표준 자판'으로 인정하고 드보락 자판으로 바꾸도록 유도했지만 아무런 소용이 없었다.

이는 아무리 효율적이라도 일단 굳어진 경로는 쉽게 바뀌지 않는다는 '경로 의존성Path Dependency'[11]을 보여주는 대표적인 사례다. 또한 아무리 비효율적이라도 일단 시장을 선점하면 그 방향성에서 벗어나지 못한다는 사실을 보여준다. 시장은 언제나 효율적이라는 주류 경제학의 주장과는 달리 이런 경로 의존성을 보여주는 사례는 아주 많다.[12] 아이러니하게도, 이 같은 경로 의존성은 반복되는 경제위기로 주류 경제학의 치명적인 약점이 드러났는데도 여전히 경제학의 주류로 남아 있는 이유이기도 하다.

장을 설명할 수 있으려면, 기존 경제학의 아집과 권위를 스스로 버리는 '파리의 심판'이 반드시 필요하다.

버블은 버블을 먹고 자란다

처음 집값이 오르기 시작할 때는 집을 사려는 사람들이 많지 않지만, 집값 상승이 본격적으로 시작되면 집값 상승에 부정적이었던 사람들까지 하나둘씩 집을 사기 시작한다. 그러다 집값이 폭등하기 시작하면 집을 살 생각이 없던 사람들까지 새로 뛰어들면서 오히려 집에 대한 수요는 더욱 늘어난다. 부동산 시장에 늦게 뛰어든 사람일수록 조바심을 내며 더 많은 빚을 지고 집을 사들인다.

가격이 오를 때 쉽게 공급을 늘릴 수 있는 자산은 투자의 매력이 떨어진다. 공급이 제한되어 있어야 가격 상승을 기대할 수 있기 때문이다. 이 때문에 자산시장에서는 비싼 가격이 희소성을 나타내는 신호나 마찬가지다. 이 같은 자산시장의 특성 때문에 자산 가격은 균형으로 수렴하기보다 이탈하기가 쉽다. 가격이 조금만 오르거나 내려도 시장 내부에서 그 변화가 증폭되기 때문이다. 미국의 경제학자 하이먼 민스키Hyman Minsky는 이 같은 자산시장의 특성을 꿰뚫어 본 뛰어난 경제학자였다. 민스키는 다음과 같은 예로 자산시장에서 발생하는 버블을 설명한다.

주식시장에 상장된 기업이 하나뿐인 경우를 가정해보자. 그런데 이 기업이 100만 주의 주식을 발행해서 한 주에 1만 원에 거래되고 있다면, 이 기업의 시가 총액은 100억 원이다. 이때 증권 중개인이 1%의 수수료를 더해 한 주를 시장에 내다 팔면 주가는 한 주에 1만 100원이 된다. 이 경우 단 한 주 거래됐을 뿐인데도 이 기업의 시가 총액은 101억 원이 되어, 이 기업의 주주들은 1억 원의 추가 담보 여력을 가진다. 이렇게 늘어난 담보 여력으로 대출을 받아 주식을 사들이면 주가는 더 뛰어오른다.

시장원리가 작동하려면 주가가 오를 때 주식공급이 늘어나야 한다. 하지만 실제 주식시장에서는 주가가 오른다고 기업이 신주를 발행해 주식 공급을 늘리는 일은 잘 일어나지 않는다. 섣불리 증자를 시도했다가 주가가 내려가는 것을 원하지 않기 때문이다. 그런데 이렇게 신주 공급이 제한된 상태에서 주가가 오르기 시작하면 주식에 대한 수요가 줄어들기는커녕 오히려 늘어난다. 결국 주가를 끌어올리는 강력한 소용돌이가 발생하는 내재적 주가 급등현상인 '자기강화적 자산부채 사이클Self-reinforcing asset-debt cycles'이 일어나는 것이다. 민스키는 이처럼 자산시장 내부에서 거품이 발생할 수 있다는 것을 보이는 데 성공했다.

자기강화적 자산부채 사이클에다 불안정한 신용창출 시스템이 가세하면 자산 가격 거품은 걷잡을 수 없이 커진다. 금융회사들은 고객들이 맡긴 돈을 운용해 수익을 내므로, 이 수익률이 높을수록 고객들이 맡기는 금액이 커져서 다른 금융회사와의 경쟁에서 이긴다. 그런데 일반적으로 더 위험한 대출에 더 오랜 기간 빌려줄수록 수익률은 올라가기 때문에, 경제가 좋으면 고위험 고수익 투자를 하는 금융회사들이 높은 성과를 내지만 경제 상황이 나빠지면 위기에 가장 취약하다.

2008년 글로벌 금융위기의 주범이 된 미국의 투자은행 리먼 브러더스는 위기가 오기 전까지 파생상품 투자로 다른 어떤 금융사보다도 고수익을 내던 회사였다. 경기가 좋을 때는 자기자본의 30배까지 돈을 빌려 위험한 투자를 했지만, 당장 눈앞에서 고수익을 내자 첨단 금융기법의 승리라며 곳곳에서 추켜세웠다. 그러나 금융위기가 오자 리먼 브러더스는 한순간에 무너지고, 글로벌 금융위기의 단초를 제공한 금융회사로 역사에 오명을 남기게 됐다.

민스키는 금융시장의 거품 발생 진행 과정을 3단계로 나눴다. 1단계는 경제가 서서히 상승 국면으로 들어서는 과정이다. 이때는 은행이 이윤을 내는 기업을 선별해 돈을 빌려준다. 빚을 갚을 수 있을 만한 기업을 찾아 매우 주의 깊게 돈을 빌려주기 때문에 무리한 대출은 일어나지 않는다.

경제 호황이 본격적으로 진행되면 은행 간 경쟁이 본격화되는 2단계가 시작된다. 이제 은행들은 원금은 못 갚고 이자만 간신히 감당할 수 있는 기업과 가계에도 돈을 빌려주기 시작한다. 은행들은 이자만 받을 수 있다면 원금 상환을 끝없이 연장해주면서 서로 더 많은 돈을 공급하기 위해 끝없이 경쟁한다. 이 단계에서 은행들은 단순히 돈을 빌려주는 곳이 아닌, 새로운 신용을 만들어내는 곳으로 진화한다. 늘어난 은행 대출로 자산 투자가 증가하면 주가와 부동산 가격은 더 빠르게 오른다. 그리고 주가와 부동산 가격이 오르면 이를 담보로 더 많은 대출을 받아 자산 투자가 더욱 증가한다. 결국 새로운 기술 충격이나 정부정책의 변화 같은 외생적 충격이 없어도 금융시장 내부의 과열 경쟁만으로 자산 가격 버블이 생성된다.

마침내 경쟁의 끝에 다다르면 은행들은 이자도 제대로 갚을 능력이 없는 기업이나 가계에도 돈을 빌려준다. 그러면 못 갚은 이자가 다시 대출 원금이 되면서 빚은 눈덩이처럼 불어난다. 그러다가 어느 순간 빚으로 유지되던 거품의 팽창이 멈추면, 은행들이 갑자기 신규 대출을 중단하고 기존 대출을 회수하기 시작한다. 이 순간이 오면 초

우량 기업들조차 시장에서 돈을 빌리기 어려워진다. 바로 이 순간이 2008년 리먼 브러더스 파산 이후 나타난 '민스키 모멘트Minsky Moment'였다. 민스키 모멘트가 오면 겁먹은 대출자들이 자산을 내다 팔아서라도 급히 현금을 마련하려고 한다. 그러나 너도나도 자산을 팔려고 시장에 내놓으면 자산 가격은 급격하게 내려가기 시작해 결국 자산 가격 폭락과 신용 경색의 소용돌이가 발생한다. 이 같은 진행 과정이 바로 민스키의 '금융 불안 가설Financial Instability Hypothesis'이다.

주류 경제학에서 은행의 역할은 수동적이다. 예금으로 들어온 돈 가운데 일부를 지불 준비금으로 남겨놓고 단순히 나머지를 빌려주는 것으로 본다. 그러나 민스키는 은행이 새로운 신용을 창출하는 데 주목했다. 은행들이 돈을 더 많이 빌려주기 시작하면 유통되는 돈이 늘어나지만, 반대로 신규 대출을 중단하고 기존 대출을 회수하면 유동성이 줄어든다. 이처럼 새로 돈을 창출하기도 하고 증발시키기도 하는 중요한 존재로 은행을 인식한 것이다.

그러나 경제에서 은행의 역할이 중요하다고 해서, 은행 임원들이 경제 전체의 안정성을 추구해야 할 의무는 없다. 은행 임원의 가장 큰 목적은 은행의 이윤을 극대화해서 자신의 연봉을 높이는 것이며, 위험한 곳에 투자할수록 당장 더 높은 보수를 받을 수 있다. 아무리 위험한 곳에 투자해도 자신이 임원으로 일하는 동안 거품이 터지지만 않는다면, 은행이 떠안고 있는 높은 위험은 아무런 문제가 되지 않는다. 따라서 이 같은 상황에서는 은행 임원들이 과도한 위험을 떠안는 것이 오히려 합리적이다. 이 때문에 민스키는 은행의 과도한 차입 투자와 금융사기는 동전의 양면이라고 봤다.

리먼 브러더스, 그 허영과 탐욕의 종말[13]

리먼 브러더스의 이인자였던 조지프 M. 그레고리Joseph M. Gregory의 일화는 아직도 전설로 남아 있다. 그의 출세 과정도 놀랍지만, 출세 후 그의 놀라운 허영과 탐욕이 더 큰 관심의 대상이다.

평범한 가정에서 태어난 그레고리는 롱아일랜드의 호프스트라 대학교 Hofstra University를 졸업하자마자 꿈에 그리던 리먼 브러더스에 입사했다. 그리고 충성심 하나를 무기로 승진의 사다리를 올라타고 결국 이인자의 자리까지 꿰찼다.

그 결과 큰 부를 거머쥔 그레고리는 흥청망청 돈을 쓰기 시작했다. 출퇴근하는 데 1시간 30분이나 걸린다며 헬리콥터를 샀다. 그러나 곧 비가 오거나 바람이 세찬 날에는 헬리콥터가 못 뜬다는 사실을 깨닫자, 다시 수상 비행기를 샀다. 허드슨 강에 착륙하면 뉴욕 맨해튼에 있는 사무실까지 가는 출근 시간을 절약할 수 있을 것이라는 생각에서였다.

출장을 가서 호텔에 머무는 것을 극도로 싫어한 그레고리는 1년에 겨우 며칠 머물기 위해 출장지마다 수억 원짜리 저택을 사들였다. 자신의 딸이 축구를 잘한다고 생각하자 아예 그 지역사회에 축구장을 지어버렸다. 식당에서 200달러(22만여 원)짜리 식사를 하고 1,800달러(200만여 원)의 팁을 주기도 했다.

2008년 여름, 그렇게 흥청망청 살던 그레고리에게 리먼 브러더스의 천문학적인 적자가 발표되는 비보가 날아들었다. 그가 갖고 있던 리먼 브러더스의 주식은 휴짓조각이 되었고, 그 주식을 담보로 거액을 빌려 돈을 물 쓰듯 해온 그의 삶은 한순간에 나락으로 추락했다. 결국 어마어마한 빚을 진 그레고리는 모든 자산을 매각해야만 했다. 버블 시대에 누렸던 그레고리의 허영과 탐욕이 한순간에 무너져내린 것이다.

결국 금융 시스템의 내재적인 불안 때문에 자산시장에서 거품이 시작되고, 거품은 거품을 먹고 자라난다.[14] 적절한 규제 없는 금융은 고삐 풀린 말처럼 통제가 안 된다. 이 때문에 세계적 투자자인 워런 버핏은 금융업이 대량 살상무기라고 수차례 경고해왔던 것이다.

이처럼 민스키는 자산시장의 특수성을 꿰뚫어보는 혜안을 가지고 있었다. 그러나 시장이 완벽하다고 믿는 신자유주의가 주류인 상황에서, 외생적 충격 없이도 금융시장이 내생적으로 불안하다는 것을 보인 민스키의 이론은 주목을 받지 못했다. 그러다 2008년 글로벌 금융위기가 일어나자, 민스키의 금융 불안 가설이 재조명을 받았다. 금융위기가 시작된 2007년 8월 월스트리트 저널은 1면 기사에서 이제 민스키의 시대가 왔다며 다음과 같이 보도했다.[15]

최근 금융위기는 모든 투자자를 어렵게 만들었지만 한 사람의 주가를 올렸다. 그는 많이 알려지지 않았던 경제학자지만, 갑자기 매우 큰 인기를 얻었다.

III부
대붕괴의 파고에
올라탄 대한민국

01

누가 한국 경제를
대붕괴로 몰아넣었나?

바로크Baroque 시대를 대표하는 빛의 화가 렘브란트Rembrandt는 1606년, 네덜란드의 한 방앗간 집 아들로 태어났다. 젊어서부터 명성 얻기를 간절히 원했던 렘브란트는 당시 한 교수의 해부학 강의를 그린 그림으로 20대 초반의 젊은 나이에 네덜란드에서 가장 유명한 화가가 됐다. 나중에 이 유명세를 기반으로 명문가의 딸인 사스키아Saskia van Uylenburgh와 결혼하면서 신분 상승의 꿈을 이루었다.

하지만 이에 만족하지 못하고 더 큰 부를 원했던 렘브란트의 야망은 그를 위험한 투기로 몰고 갔다. 당시 조선업과 아시아 식민지 개발로 막대한 부를 축적한 네덜란드인들은 때마침 터키에서 들어온 이국적인 동양의 꽃, 튤립에 대한 투기에 열광하고 있었다. 튤립은 번영에 취한 네덜란드 사람들의 과시욕을 채워주는 중요한 수단이었다.

당시 네덜란드 사람들은 접붙이기에 따라 색깔이 달라지는 튤립에 위계서열을 매기고 이름을 붙였다. 가장 비싼 꽃은 황실을 상징하는 붉은 줄무늬가 있는 튤립으로, '황제'라고 불렸다. 이 황제 튤립은 1624년에 당시 암스테르담 시내의 집 한 채와 맞먹는 가격에 거래됐다.

1630년대 부잣집 딸과 결혼하고 명성을 얻은 렘브란트도 이 같은 투기 열풍에 동참했다. 그는 그림으로 번 돈을 몽땅 퍼부어 튤립뿐만 아니라 대저택에다 값비싼 미술품까지 닥치는 대로 사들였다. 그러나 10여 년간 계속되던 이 투기 광풍은

1637년 2월 3일, 아무런 이유 없이 갑자기 멈추고 말았다. 튤립을 사려는 사람이 하루아침에 사라지면서, 순식간에 튤립 가격은 100분의 1토막이 났다.

그 결과 다른 자산 가격도 동반 폭락하면서 렘브란트는 큰 손해를 봤다. 여기에 당시 회화에 대한 고정관념을 깨버린 혁신적인 작품인 '야경꾼Night Watch'이 당시 비평가들의 혹평을 받으면서 그의 명성이 추락하자 그림 주문도 모두 중단됐다. 같은 해 아내마저 숨지자 렘브란트의 인생은 끝없는 나락으로 떨어져, 말년에는 모델을 살 돈조차 없어서 자화상을 그리는 데만 몰두했다.

튤립 투기의 상투를 잡았다가 인생의 쓴맛을 본 것은 렘브란트만이 아니었다. 풍경화로 유명한 얀 반 고엔Jan van Geyen은 튤립값이 폭등하던 10년 동안에는 한 뿌리도 사지 않다가, 대폭락 하루 전인 1637년 2월 2일에 자신의 전 재산을 들여 튤립 한 뿌리를 샀다. 하지만 바로 다음날 값이 폭락하는 바람에, 고엔은 그 뒤 19년 동안을 가난에 시달리다가 쓸쓸히 숨을 거두어야 했다.[1]

이런 투자 실패를 결코 먼 옛날 먼 나라의 얘기라고만 볼 수는 없다. 한국은 언제가 될지 모르는 대붕괴를 눈앞에 둔 시점에서 무리한 확장정책을 고집하고 있다. 마치 렘브란트와 고엔의 발자국을 따르는 듯한 한국의 경제정책은 불안정성이 커져서 경제위기의 임계로 치닫고 있는 지금 자칫 큰 재앙을 불러올 수 있다. 투기 광풍의 꼭짓점에서 막차를 탔다가 추락해 여생을 가난에 시달렸던 렘브란트와 고엔의 뒤를 밟아서는 안 된다.

수출에만 매달린 멕시코, 경제 기반이 붕괴하다

2006년, 필자는 취재를 위해 멕시코시티를 찾았다. 멕시코시티에 도착하니 이미 저녁이었다. 취재일정이 워낙 빡빡했기 때문에 첫날부터 야경 스케치를 하려고 하자, 현지 안내인이 멕시코는 치안이 매우 좋지 않으므로 밤에 취재하는 것은 위험하다며 한사코 말렸다. 그리고 굳이 야경을 찍고 싶다면 미국 대사관 주변을 벗어나면 안 된다고 경고했다. 멕시코 경찰이 미국 대사관 주변만은 철저히 지키고 있기 때문에 그나마 치안 상태가 가장 낫다는 것이었다.

첫날, 우리 취재팀은 현지 안내인이 너무 겁을 줬다고 생각했다. 당시 멕시코는 1인당 국민소득이 1만 2,000달러가 넘어 중남미에서는 꽤 잘 사는 나라인데 치안이 그 정도로 나쁘다는 말이 쉽게 믿기지 않았다. 그러나 취재를 하면서 만난 멕시코 주요 인사들도 현지 안내인과 비슷한 말을 했다. 특히 우리 취재진처럼 고가의 방송용 카메라를 들고 다니는 외국인들은 납치범들의 표적이 되기 쉽다고 경고했다.

실제로 지난 2005년 멕시코에서는 상반기에만 194건의 납치 사건이 일어나, 납치 분야에서 세계 1위를 차지했다. 더구나 납치를 당해도 신고를 하지 않는 경우가 더 많아 실제 납치 건수는 이를 훨씬 넘어설 것이라는 분석이다. 일부 납치조직은 경찰에 정기적으로 상납까지 해서 신고해도 경찰이 적극 나서지 않는다고 한다. 경찰에 신고한 사실을 납치조직이 알게 되면 피해자만 더 위험해지므로, 납치를 당해도 자체적으로 해결하는 경우가 많다고 한다.

치안만이 문제가 아니다. 멕시코시티 시내 교차로에서 신호대기를 하면, 어김없이 아기를 업은 어린 소녀나 할머니가 나타나 자동차 유리창을 닦고서 정말 간절하게 돈을 구걸했다. 도저히 1인당 소득이 1만 2,000달러가 넘는 나라의 모습이라고는 할 수 없는 광경이었다.

이처럼 가난한 일반 시민의 삶과는 대조적으로, 세계 최고의 부자는 멕시코의 통신 재벌 카를로스 슬림Carlos Slim이다. 2011년 슬림의 자산은 740억 달러, 우리 돈으로 83조 원 정도로 웬만한 중남미 작은 나라의 GDP를 넘어설 만큼 엄청난 부를 축적했다. 세계 최고의 부자와 하루 생계를 걱정해야 하는 가난한 시민이 공존하는 나라, 멕시코는 어쩌다 이토록 치안이 불안하고 빈부 격차가 커지게 되었을까?

멕시코는 한국과 비슷한 국가주도 발전전략을 택해 경제 발전을 이루었다. 이를 통해 1940년부터 1980년까지 40년 동안 평균 6.2%라는 놀라운 경제성장률을 기록했으며, 1975년 멕시코의 1인당 국민소득은 세계 47위까지 치솟았다. 당시 한국의 1인당 국민소득이 세계 76위에 불과[2]했던 것을 감안하면 한강의 기적에 못지않은 멕시코의 기적이었던 것이다.

하지만 1976년 멕시코가 대규모 유전 개발에 성공하면서, 멕시코 경제의 놀라운 성장 신화는 막을 내린다. 석유 수출로 외화가 넘쳐나자 멕시코는 흥청망청 돈을 쓰기 시작했고, 유전에서 나오는 원유만 믿고 엄청난 규모의 외채를 빌려 썼다. 더구나 멕시코 경제에 기적을 가져왔던 성장전략과 산업정책은 모두 사라졌다. 멕시코에서 제조업은 사라지고, 경제체제는 석유를 중심으로 한 1차 산업 위주로 재편됐다. 그 결과 1981년 멕시코 수출의 4분의 3이 석유가 될 정도로 석유에 대한 의존도가 커졌다.

그런데 1980년대 초부터 국제 유가가 폭락하면서 석유에만 의존해 왔던 멕시코 경제에 비상이 걸렸다. 1981년 국제수지 적자폭이 GDP의 6.5%로 불어났다. 게다가 1980년대 들어 국제금리가 큰 폭으로 오르면서 멕시코가 외채를 갚지 못할 것이라는 우려가 커지자, 달러에 대한 멕시코 페소 환율은 단 2년 만에 다섯 배가 올랐다. 당황한 멕시코 정부가 달러화를 풀어 페소화 환율 방어에 나섰지만 외화보유고만 축냈을 뿐이었다. 결국 외화보유고가 고갈된 멕시코는 1982년 채무지 불 유예, 즉 모라토리엄Moratorium을 선언하고 IMF에 구제금융을 신청했다. IMF는 구제금융을 제공하는 대가로 멕시코에 긴축재정과 통화량 축소, 외국자본에 대한 규제 철폐를 주문했다. 한국의 외환위기 때와 똑같은 요구였다. 그러나 이 같은 정책은 멕시코 경제를 회복시키기는커녕, 가뜩이나 어려운 멕시코 경제를 더욱더 깊은 침체의 수렁으로 몰아넣었다.

선진국의 경우, 금융위기가 오면 재정지출을 늘리고 통화공급을 확대하는 정책을 쓴다. 2008년 글로벌 금융위기 당시 미국도 이런 확장정책을 사용했다. 그러나 후진국이 금융위기를 맞으면 국제기구는 선진국과 반대로 긴축정책을 강요하는데, 이처럼 IMF가 금융위기를 당한 후진국에 긴축정책을 강요하는 이유는 따로 있다. IMF의 가장 중요한 목적은 금융위기를 겪은 후진국의 경기회복이 아니라, 월스트리트 같은 거대한 금융자본이 후진국에 빌려준 돈을 떼이지 않도록 하는 것이기 때문이다. 당시 IMF도 멕시코가 경제위기를 극복하느냐 아니냐는 중요하지 않았다. 그래서 멕시코는 IMF의 긴축정책 요구에 저항하면서 경기확장정책을 사용했다. 이 같은 정책갈등 속에서 IMF는 멕시코에 대한 구제금융을 중단하는 초강수로 대응했고, 결국 이에 굴복한 멕시코는 긴축정책과 함께 IMF가 요구한 대로 무역 관련 규제를 철폐하고 금융시장을 개방했다. 이처럼 IMF의 요구를 충실히 수행하기 시작했음에도 불구하고 멕시코는 1986년 또다시 마이너스 성장을 하는 경제위기를 맞았다.

그러자 이번에는 미국이 직접 나섰다. 미국은 멕시코에 돈을 빌려주는 대신 멕시코의 경제정책을 미국의 입맛에 맞게 개편할 것을 주문했다. 멕시코는 당시 미국 재무부 장관의 이름을 딴 베이커 플랜 Baker Plan과 브래디 플랜Brady Plan에 따라 수출 주도형 경제구조로 급격하게 전환했다. 멕시코는 미국의 요구에 따라 외국인 직접 투자 제한을 완화하고 수출 물량을 늘리는 데 모든 경제 역량을 집중했다. 이명박 정부의 수출 주도형 경제가 자발적으로 시작됐다면, 멕시코의 수출 주도형 경제구조 전환은 미국의 회유로 추진됐다는 점에서 달랐다.

1988년, 살리나스Carlos Salinas de Gortari가 정권을 잡으면서 멕시코의 경제 개방은 가속화됐다. 살리나스 정권은 외국인 투자에 대한 규제를 철폐하고 금융시장도 완전히 개방했다. 대대적인 공기업 민영화를 추진해 1982년 1,155개였던 공기업을 무려 195개로 줄였다. 1994년에는 살리나스식 경제 개방의 정점이라고 할 수 있는 북미자유무역협정North Atlantic Free Trade Area, NAFTA이 체결됐다. 살리나스는 미국과 자유무역을 하는 NAFTA가 선진국으로 가는 티켓이 될 것이라고 장담했다.

즉, 미국과 FTA만 체결하면 미국시장에 수출하려는 유럽이나 일본 기업이 멕시코를 그들의 상품조립 거점으로 삼게 될 것이라고 국민을 설득했다. 금융시장 개방, 재벌과 외국 기업을 위한 각종 규제 철폐, 수출 주도형 경제성장, 그리고 미국과의 FTA를 체결한 살리나스의 경제정책은 이명박 정부의 경제정책과 놀라울 정도로 닮았다.

이렇게 수출 주도형 경제로 전환을 시도한 멕시코의 성적표는 그리 좋지 않았다. 멕시코의 경제성장률은 1990년에만 4%를 넘겼을 뿐, 1993년까지 계속 줄어들었다. 특히 멕시코가 NAFTA를 체결한 이듬해인 1995년에 또다시 외환위기를 맞아 −6.2%라는 최악의 성장률을 기록했다. 1970년대까지 40년 동안 기록적인 고성장으로 선진국 문턱을 넘보던 멕시코로서는 너무나 초라한 성적표였다.

결국 살리나스는 금융위기와 경제 실정으로 멕시코 국민에게 큰 비난을 받았다. 더구나 각종 부정부패까지 하나둘씩 발각되자, 살리나스는 미국과 FTA를 체결한 바로 이듬해 3월 미국으로 슬그머니 건너갔다가 아예 돌아오지 않았다. 한 나라의 대통령이 미국으로의 망명을 택한 것이다.

미국과의 FTA 이후 대미 수출은 늘었지만 멕시코 경제에는 도움이 되지 않았다. 멕시코 수출품의 70%가 단순 조립품이었기 때문에, 아무리 수출을 많이 해도 부가가치의 대부분은 국외로 빠져나갔기 때문이다. 삼성전자가 아무리 많은 휴대전화를 팔아도 한국 경제성장에는 큰 도움이 되지 않는 것과 유사한 현상이 멕시코에도 나타난 것이다.

멕시코 경제는 하늘만 쳐다보며 비 내리기만 기다리는 '천수답天水畓'처럼, 남의 나라인 미국 경제에 완전히 의존하는 처지가 됐다. 미국의 경제 사정이 좋았던 90년대 후반에는 멕시코도 반짝 성장세를 보였다. 그러나 2001년에 9.11테러로 미국 경제가 잠시 주춤하자, 멕시코 성장률은 0%로 떨어졌다. 미국에서 글로벌 금융위기가 발생한 2009년, 미국의 경제성장률이 −2.6%를 기록하자 미국 경제에 의존하는 멕시코의 경제성장률은 −6.5%로 추락했다. 미국 경제에만 의존하는 천수답 경제가 된 멕시코는 미국 경제에 작은 흔들림만 있어도 그 충격으로 대지진을 겪을 만큼, 쉽게 경제위기의 임계상태에 들어서곤 했다.

더 큰 문제는 이 같은 수출 주도형 정책으로 전환한 이후, 멕시코에서 근로자들의 몫이 계속 줄어들었다는 점이다.[3] 지난 1993년부터 1999년까지 미국의 경제 호황 덕분에 멕시코 수출은 반짝 호황을 누렸고, 덕분에 경제성장률도 회복세를 보였다. 그러나 같은 기간 동안 제조업 근로자들의 임금은 22.4%나 줄었다.[4] 멕시코 근로자들의 노동 생산성이 무려 28%나 늘었는데도 임금은 폭락한 것이다. 멕시코 근로자들이 생산성을 높여 이룬 성과를 멕시코 재벌과 외국 기업이 모두 가져가버렸고, 그 결과 멕시코 근로자들은 더 열심히 일했는데도 오히려 가난해졌다.

필자는 2006년 멕시코에서 에르난데스Hernandez 노동부 차관을 인터뷰한 바 있다. 당시 에르난데스 차관은 미국과의 FTA 이후 수출 주도형으로 전환한 멕시코 경제에서 가장 심각한 문제는, 구매력이 낮아진 노동자들이 자국이 생산한 물건조차 살 수 없게 된 것이라고 말했다. 이제 멕시코에서는 좋은 물건을 만들어도 그것을 사줄 사람이 없어, 멕시코 기업들이 미국 소비 시장에 기댈 수밖에 없는 처지가 됐다는 것이다.

이는 재벌기업 중심으로 수출 위주의 경제정책을 펴왔던 한국 경제에서 주 소비층인 중산층의 기반이 무너지고 있는 현상과 비슷하다. 대기업 위주의 수출정책은 재벌들의 이윤만 늘렸을 뿐 가계 소득 증가로 이어지지 않고 있다. 한국 역시 멕시코처럼 중산층의 가계 소득이 줄어들어 내수시장의 기반이 무너지면, 멕시코처럼 미국 시장에 의존할 수밖에 없을 것이다.

이와 관련해 하버드 대학교의 대니 로드릭Dani Rodrik[5] 교수는 '한 나라의 경제에서 무역에 대한 의존도가 높아질수록, 기업의 이윤은 커지는 반면 근로자들이 임금으로 받아가는 몫은 상대적으로 줄어든다'는 연구 결과를 내놓은 바 있다. 로드릭 교수는 산업추격전략 없이 수출 물

마약 소굴의 경찰서장이 된 20세의 여대생

멕시코의 치안이 날이 갈수록 악화하면서 세계 최대의 마약 소굴로 알려진 멕시코 북부지역에서는 이미 많은 도시가 마약 갱단의 손에 넘어갔다. 이런 도시 가운데 가장 악명높기로 소문난 과달루페Guadalupe 시에 20세의 앳된 여대생 마리솔 바예스 가르시아Marisol Valles Garcia가 경찰서장으로 취임했다. 도대체 어떻게 된 일일까?

마약 갱단의 공격으로 과달루페 시 인근에서만 시장을 포함해 모두 2,500명이 살해됐다. 더구나 경찰서장까지 멕시코 마약 갱단에 납치되어 고문을 당하고 목이 잘려 숨진 뒤에는 아무도 경찰서장을 하겠다는 사람이 나오지 않았다. 그러다 20세의 여대생인 가르시아가 남성들도 꺼리는 경찰서장직에 자원해 곧바로 경찰서장에 취임하게 된 것이다.

가르시아는 어깨까지 내려오는 갈색 머리에 자그마한 체구의 전형적인 여대생이었다. 취임식에서 "두렵지 않느냐?"는 기자들의 질문이 쏟아지자, 가르시아는 "두려움이 우리를 무너뜨리게 해서는 안 되며, 우리가 여러 변화를 만들어 갈 때 두려움 또한 조금씩 사라질 것이라고 믿는다"며 자신 있게 답했다. 과달루페 시민들은 이런 용감한 여대생의 등장에 환호하면서도 무사히 임기를 마칠 수 있을지 우려했다.

결국 우려는 현실로 드러났다. 마약 갱단의 계속된 위협과 공격에 시달리던 가르시아는 결국 6개월 만에 미국으로의 망명을 신청했다. 결국 한 사람의 용기와 노력만으로는 이미 붕괴한 치안을 회복할 수 없었다. 빈부 격차로 말미암은 중산층의 붕괴를 묵과하고 수출 전진기지 건설만을 꿈꾸며 매진하던 나라의 현주소이다.

량만 늘리려고 고집하는 정부는 환율을 인위적으로 높이려는 경향이 있다고 한다. 그러면 국내 물가를 끌어올리게 되고 근로자들의 실질임금은 줄어들 수밖에 없다. 또한 수출 물량만 늘리는 데 주력하는 국가에서는 국내 재벌과 외국 자본이 글로벌 경쟁을 이유로 끊임없이 근로

자들을 압박한다. 결국 협상력을 잃은 근로자들의 임금이 줄어드는 대신, 재벌의 몫은 커진다.

멕시코가 경제구조를 무리하게 수출 위주로 전환하기 전까지 40년 동안 연평균 6.2%라는 높은 성장률을 기록했다. 그러나 수출 위주로 전환한 이후에는 이 같은 경제성장률을 회복하지 못하고 있다. 더구나 일부 재벌들과 외국 기업의 이윤만 늘어났을 뿐 멕시코의 중산층은 완전히 붕괴했다. 결국 내수시장이 위축되고 미국 시장에만 의존하는 처지가 되면서, 멕시코는 잦은 글로벌 금융위기에도 가장 취약한 나라가 되고 말았다.

내수를 버리고 수출을 택한 대한민국

2008년 2월 취임한 강만수 전 기획재정부 장관은 취임 첫날부터 환율 시장에 개입하겠다는 취지의 발언을 했다. "환율을 시장에만 맡기는 나라가 어디 있느냐"며 첫 포문을 열었다. 다음 달 최중경 기획재정부 차관은 "환율이 급격히 상승하는 것도 바람직하지 않지만 급격한 하락은 더더욱 바람직하지 않다"고 말했다. 이는 정부가 시장의 환율 하락을 더는 두고 보지 않겠다는 뜻으로 받아들여졌다.

이처럼 정부의 환율 상승에 대한 의지 표명이 계속되자, 마침내 환율은 걷잡을 수 없이 뛰어올랐다. 이 때문에 수입물가가 천정부지로 솟아올라 서민들이 큰 고통을 받았다. 더구나 환율 급등을 예측하지 못했던 수출 중소기업들이 키코KIKO[6] 같은 파생상품에 가입했다가 큰 피해를 봤다. 이처럼 많은 부작용이 있음에도 정부가 환율 상승을 용인했던 것은, 수출을 늘려 외화를 벌어오는 데 경제역량을 집중했기 때문이었다.

이 같은 이명박 정부의 정책 기조는 자유주의 시장경제 정책이라고 보기 어렵다. 사실 이명박 정부의 경제정책은 16세기부터 18세기까지 유럽 국가들이 경쟁적으로 추진했던 중상주의 정책과 닮았다. 중상주의 시대, 유럽 국가들의 가장 중요한 목적은 당시 화폐 역할을 했던 금과 은을 더 많이 축적하는 데 있었다. 따라서 당시 유럽 국가들은 최대한 수입을 억제하고 수출을 많이 하는 등 더 많은 금화를 벌어오기 위해 수단과 방법을 가리지 않았다.

이명박 정부의 고환율정책도 경상수지 흑자를 늘려 외화 획득을 늘리기 위한 것이라는 점에서 같다고 할 수 있다. 고환율을 통해 수입물가를 끌어올리면 수입물량이 줄어들고, 수출 단가는 낮아져 수출량은 늘어난다. 재벌에 대한 정책 또한 중상주의 시대의 정책과 유사한 측면이 있다. 중상주의 시대의 기업정책은 철저한 정경유착 속에서 추진됐다. 정부가 특정 대상공인大商工人에게 독점적 영업권을 부여하는 등 온갖 특혜를 제공해 수출을 촉진하면, 정부의 비호를 받은 대상공인들은 엄청난 이윤을 챙길 수 있었고 정부에 막대한 정치 자금을 제공했다. 그리고 이렇게 소수 대상공인에게 경제력이 집중되는 경제 환경 속에서 새로운 도전에 나선 소상공인에게는 좀처럼 기회가 주어지지 않았다.

경제학의 아버지라 불리는 애덤 스미스Adam Smith는 당시 중상주의에 따른 이러한 정경유착을 강도 높게 비판했다. 그는 중상주의하에서는 부자와 권력자만 혜택을 볼 뿐이라며, 대상공인에 대한 배타적 특권을 철폐하고 중소상공인들이 대상공인들과 자유롭게 경쟁할 수 있도록 해야 한다고 역설했다. 즉, 강자를 보호하고 약자를 탄압하는 당시 중상주의 정책 기조에 반발해 정부가 강자만 보호하려면 차라리 시장에 맡기라고 비판한 것이다. 그러나 후대의 경제학자들은 애덤 스미스가 강조한 대상공인 보호정책에 대한 비판을 빼고, 시장에 맡기라는 내용만 강조해 애덤 스미스의 진의를 왜곡했다.

또한, 애덤 스미스는 국가의 부富는 나라 안에 쌓인 금은보화의 총량을 의미하는 것이 아니라고 비판했다. 아무리 재벌기업이 통장에 많은 현금을 쌓아놓는다 한들, 국민이 추위와 배고픔에 떤다면 무슨 소용이란 말인가? 애덤 스미스는 돈이 국민의 행복을 위한 수단이지 목적이 아니란 점을 간파하고 있었다.

이명박 정부가 추진한 수출 주도형 전략은 한국 경제 전체를 수출을 위한 일종의 병참기지로 만드는 것이다. 고환율과 저임금으로 수출을 늘려 근대국가의 중상주의처럼 더 많은 외화를 벌어오는 것이 최대 목표다. 그러나 국부國富에 대한 애덤 스미스의 혜안으로 볼 때, 수출 증대로 외화를 더 벌었다고 해서 국가가 부강해지는 것은 아니다. 국부를 증대하기 위해서는 단순히 돈을 쌓아두는 것이 아니라, 국가 전체적으로 생산과 소비가 늘어나야 한다.

그런데 한국에서는 이제 재벌 기업이 수출을 늘려 외화를 벌어온다고 해도 그것이 국부 증대로 이어지는 연결고리가 더는 작동하지 않게 됐다. 그 이유는 수출 산업 대부분이 부품이나 원자재를 국외에 의존하고 있어, 수출이 늘어나도 정작 한국에는 남는 것이 없기 때문이다. 한국이 1,000원어치를 수출하면 한국에 남는 부가가치는 고작

650원뿐일 정도로, 현재 한국 수출 산업의 부가가치 창출효과는 매우 낮은 편이다. 특히 한국의 수출 주력 제품인 전자·전기 제품은 한국에 남는 부가가치가 절반이 채 안 된다. 휴대전화는 1,000원어치를 수출해도 581원의 부가가치가 국외로 빠져나가 한국에 남는 부가가치는 고작 419원에 불과하다. 이 상황에서는 고환율 저임금으로 수출을 확대해봤자, 그 주요 부품을 공급하고 있는 일본 기업들만 이득을 보는 것이다.

게다가 정부의 각종 지원을 받은 재벌들이 수출로 벌어들인 돈을 현금으로 쌓아두고 설비 투자를 하지 않아, 수출이 국부 증대로 연결되는 고리는 더욱 약해졌다. 실제로 국내 기업의 현금성 자산은 2000년 말 31조 원에서 2009년 104조 원으로 급증했고 같은 기간 동안 기업의 전체 자산 증가율은 해마다 6.4%씩 늘어났다. 하지만 현금성 자산은 14.4%나 늘었다.[7] 기업들이 현금을 금고에 쌓아두고 투자는 게을리했다는 얘기다.

한국 경제를 수출 주도형으로 재편한 결과, 수출·투자·소비가 균형을 이루며 성장하던 한국 경제에도 커다란 변화가 생겼다. 1986년부터 1996년까지 한국의 경제성장에 대한 기여도를 살펴보면 수출이 3.0%p였고 투자는 4.2%p, 그리고 소비가 4.4%p였다. 즉, 수출과 투자, 소비가 서로 끌어주면서 한국 경제가 성장한 것이다. 그러나 2005년부터 2011년까지 수출의 성장 기여도는 5.1%p로 크게 높아졌지만, 투자는 1.0%p, 소비는 2.3%p로 추락했다. 한국의 경제성장이 오직 수출에만 의지하는 기형적인 구조로 바뀌고 만 것이다. 이렇게 국외 경제상황에 따라 한국 경제가 뿌리째 흔들리는 천수답 경제로 변질돼 한국의 경제 체질이 허약해졌는데도, 이명박 정부 임기 내내 수출에 대한 맹신은 계속됐다. 그들은 수출만 잘되면 경제가 더 빨리 성장하고 일자리도 늘어나 국민의 소득도 증가할 것이라는 과거의 수출 지상주의 정책을 아직도 못 버리고 있다.

그들은 한국의 경제구조가 완벽히 달라진 것을 간과했다. 산업 구조가 첨단 산업으로 바뀌면서, 이제는 더 이상 수출 증가가 새로운 일자리를 창출해내지 못한다. 1980년에는 수출이 10억 원 늘어나면 185.4명의 일자리가 생겼지만, 1990년에는 고용창출 효과가 고작 64.6명에 불과했다. 2000년에는 15명으로 줄었고, 2008년에는 8.2명으로 급격히 감소했다.[8]

또 1990년대부터 본격적으로 늘어난 국외 투자의 영향도 간과하기 어렵다. 주요 수출 기지가 국외로 이전됨에 따라 대기업들은 국내 고용보다 국외 고용을 더 늘리고 있다. 더구나 부품이나 소재의 국외 조달이 늘어나면서, 수출로 인한 부가가치가 고스란히 국외로 빠져나가 국내 경제에는 큰 도움이 되지 않는다.

이 같은 변화를 감지하지 못한 이명박 정부의 철 지난 수출 주도형 정책은 한국 경제 성장의 양대 축인 소비와 투자의 기반을 약화시켜 한국 경제의 체질만 나빠졌을 뿐이다. 고용 기반이 약해진 상태에서 고환율정책으로 물가가 크게 뛰어오르자 적자를 보는 가구가 늘어났다. 결국 고환율정책과 수출 주도형 경제구조가 한국의 소비기반을 붕괴시키는 주요 원인이 된 것이다. 이 같은 경제구조의 변화는 앞으로 다가올 빚의 대붕괴현상을 극복하는 데 매우 치명적이다. 일단 임계상태에 있는 빚이 붕괴하기 시작해 전 세계가 경기침체에 빠지면,

수출에 기대어 경제위기를 극복하는 데에는 한계가 있기 때문이다. 대붕괴의 시기를 다른 나라보다 빨리 끝내기 위해 중요한 것은 바로 국내의 든든한 소비기반이라는 점을 고려할 때, 한국은 현 경제에 매우 불리한 선택을 한 셈이다.

빚더미의 수렁으로 몰아간 경제정책

2011년 1월, 1인당 국민총소득이 2만 달러를 기록했다는 발표가 나왔다. 3년 만에 국민소득 2만 달러 시대를 회복함으로써 간신히 글로벌 경제위기 이전 수준으로 돌아간 셈이다. 그러나 같은 2만 달러라고 해도 이전과는 달리 중산층의 삶은 더 어려워졌다. 중산층의 주머니 사정이 더 나빠졌기 때문이다.

일자리를 잃으면 절대빈곤으로 이어질 수밖에 없는 사람들을 '워킹푸어Working poor'라고 한다. 2만 달러 시대로 되돌아왔다고는 하지만 저축은 꿈도 꾸지 못하고, 병에 걸리거나 일자리를 잃으면 절대 빈곤의 나락으로 추락할 수밖에 없는 워킹 푸어가 여전히 급증하고 있다. 게다가 몇 년 전부터는 집을 소유하고도 많은 빚 때문에 생계에 어려움을 겪는 사람들을 일컫는 '하우스 푸어House poor'라는 말이 유행하기 시작했다. 그 외에도 결혼 즉시 막대한 결혼 비용 때문에 빈곤층이 된다는 '웨딩 푸어Wedding poor'와 자식들 교육 때문에 등골이 휘어 빈곤층으로 추락한다는 '에듀 푸어Edu-poor'까지 '푸어poor'를 붙인 신조어들이 최근 우리 사회에 끝없이 등장하고 있다.

문제는 이런 신조어들이 한국의 실상을 고스란히 보여주고 있다는 점이다. 한국에서 워킹 푸어가 이처럼 심각한 문제가 되고 있는 근본적인 이유는 최근 근로자들의 몫이 크게 줄었기 때문이다. 국민총소득 가운데 근로자들이 벌어들인 몫을 나타내는 '노동소득 분배율'이 계속 낮아지고 있다. 2006년 61.3%를 기록했던 노동소득 분배율은 2010년 59.2%로 추락해, 그나마 지지선이 되어왔던 60% 선마저 무너졌다. 특히 수출기업에서의 노동소득 분배율 하락은 더욱 극적이다. 2006년 63%에서 2010년에는 45%로 추락해 근로자들의 몫이 줄어들면서 월평균 실질임금이 2007년 1.8% 감소한 데 이어 2008년 1.5%, 2009년에는 3.4%나 줄었다.[9] 수출 대기업에는 유리한 정책이지만 그곳에서 일하는 근로자들에게는 아무런 도움이 되지 않았던 것이다.

경제위기가 오자 기업은 근로자들의 희생을 강조하면서 임금을 깎거나 동결시켜 근로자들의 몫을 줄였는데도, 근로자들은 노동 생산성을 크게 높였다. 2007년부터 2010년까지 1인당 제조업 부가가치는 27%나 뛰어올랐다. 이렇게 근로자의 생산성이 높아지고 2006년부터 2010년까지 기업에 돌아간 몫은 무려 60.3%나 급증[10]했을 정도로 기업들은 사상 초유의 이윤을 남겼지만 실질임금은 떨어졌다. 온 국민이 고통을 겪었던 글로벌 경제위기가 기업의 이윤을 늘리는 데만 절호의 기회로 활용된 셈이다.

이처럼 근로자들의 몫이 줄어들면서, 버는 돈보다 쓰는 돈이 더 많은 '적자 가구'가 늘고 있다. 2011년 적자 가구 비율은 26.4%로, 처음 이 조사가 시작된 2003년의 25.5%보다 늘었다.[11] 특히 중산층 이하의 적자 가구 비율은 통계를 내기 시작한 이후 최고치를 기록했다. 이렇게 가계 빚이 급속도로 불어나고 있지만, 정부는 가계 적자의 근본 원인을 해결하려고 노력하기보다 대출을 틀어막는 데 주력하는 대증요법(對症療法)만 쓰고 있다. 그러나 대출을 틀어막는다고 중산층의 적자 문제가 해결될 수는 없다. 정부가 돈줄을 틀어막아 서민들이 제도권에서 대출받을 기회까지 박탈당하면 벼랑 끝에 몰린 가계는 사채에 의지할 수밖에 없다. 결국 정부가 중산층 이하 서민들을 다시는 빠져나오기 힘든 깊은 수렁으로 몰아넣고 있는 셈이다.

대붕괴의 뇌관이 될 가계 빚 폭증

한국의 소비를 지탱하는 계층은 중산층이다. 2010년 한국에서 가계 소득이 상위 10% 안에 드는 가계는 한 달 평균 821만 원을 벌고 568만 원을 소비에 썼다. 전체 소득의 69%를 소비에 썼다는 얘기다. 이에 비해 대표적인 중산층이라고 할 수 있는 소득 순위 50%에서 60% 사이의 가계는 전체 소득의 86%를 소비에 사용했다.

그런데 실질임금이 감소하면서 중산층의 소득 증가 속도가 둔화하자 내수시장은 큰 타격을 입었다. 2009년 글로벌 금융위기의 여파로 크게 줄었던 한국의 민간소비는 2010년 기저효과[12]로 4.1% 늘었을 뿐, 2011년에 고작 2.3% 늘어나는 데 그쳤다. 2011년 경제성장률 3.6%의 3분의 2에도 못 미치는 수준이었다.

이처럼 내수시장이 정체되자 금융당국은 미국의 2000년 초반처럼 저금리정책을 고수하면서 가계가 빚을 내 소비를 유지하도록 하는 위험한 길을 택했다. 한국 경제의 근본 문제라 할 수 있는 중산층의 소득 정체를 해결하지 않고, 단지 눈에 보이는 내수시장 침체라는 증상만 완화하는 미봉책을 쓴 것이다. 금융통화위원회는 2008년 금융위기 이후, 기준금리를 연 5.25%에서 2%로 대폭 낮췄다. 한국 경제가 빠른 회복 속도를 보이면서 물가 상승 압력이 커졌지만 금융당국은 저금리정책을 고수했다.

당시 국내외 전문가들은 물론 IMF까지 나서서 한국은행이 기준금리를 인상해 출구전략을 구상해야 할 때라고 목소리를 높였다. 하지만 한국은행은 2010년 금리를 고작 두 차례 인상하는 것으로 대응했고, 2010년 말 기준금리는 2.5%에 불과했다. 단계적인 출구전략의 기회를 버리고 빚에 의한 경기 활성화를 금융정책 기조로 택한 셈이다.

이 같은 정책 기조는 중산층의 소득이 줄어들면서 소비기반이 잠식되자 빚으로 이를 대신하도록 유도했던 2000년대 미국의 정책과 똑 닮아 있다. 이러한 정책의 결과, 2011년 말 한국의 전체 가계 빚은 912조 원을 기록했다. 특히 자기 집을 소유한 전체 가구의 부채총액은 6,300만 원으로 2010년의 5,600만 원보다 12.5%나 늘었다. 한 달에 내는 원리금은 평균 48만 원에서 60만 원으로 25%나 뛰어올랐다.[13] 특히 저소득층일수록 이자 부담이 크게 늘었다. 소득 수준이 하위 20%인 가계의 이자 부담은 같은 기간 동안 40%나 늘었다. 저소득층은 급격히 오르는 물가 속에서 빚을 지지 않고는 살아갈 수 없게 된 것이다. 이 같은 저금리정책으로 가계 빚이 급속도로 불어나자 이번에는 다시 대출 규제를 강화했다.

2011년 8월, 은행들이 갑자기 대출을 중단하자 돈을 빌려 집을 사려던 사람, 전세를 옮기려던 사람들이 모두 공황에 빠졌다. 가계 빚 폭증이 비상사태 수준이라고 생각한 정부가 갑자기 은행에 대출 증가 한도를 설정했기 때문이었다. 금융당국은 한 해 평균 경상 GDP 증가율 7.3%를 12개월로 나누어, 은행들이 한 달에 0.6% 이상 대출을 늘리지 못하게 한 것이다.

이 조치가 나오자, 이미 정부가 설정한 한 달 대출 증가 허용치인 0.6%를 넘긴 은행들은 대출 중단이라는 초강수를 쓸 수밖에 없었다. 당시 대출을 받으려던 고객들에게는 청천벽력과 같은 소식이었다. 이같은 극단적인 조치로 '은행'의 가계대출 증가 속도는 일단 줄었다. 그해 8월 은행권 가계대출은 전달보다 2조 5,000억 원 늘어나는 데 그쳐, 6월의 13조 4,000억 원에 비해 크게 낮아졌다.

하지만 은행 대출이 막히자, 보험사나 저축은행 등 비은행권으로 가계대출이 쏠리는 풍선효과가 나타났다. 당장 8월의 비은행 가계대출은 7월보다 60%나 늘어났다. 결국 정부의 조치는 은행권이 대출을 중단하는 사상 초유의 사태까지 일으켰지만, 은행의 대출 증가율만 낮췄을 뿐 다른 대출은 더 많이 늘어나는 결과를 가져왔다.

이 같은 조치로 서민들의 고통은 더욱 커졌다. 정부가 대출을 제한한 이후 신용도가 우수한 고객들만 은행 대출 창구에서 돈을 빌릴 수 있게 되자, 은행권에서 밀려난 사람들은 제2금융권에서 더 높은 금리를 부담하고 돈을 빌려야 했다. 당시 은행의 연평균 대출 금리는 5.8%에 불과했지만, 은행 대출이 막혀 카드 현금 서비스를 받게 되면 금리는 평균 23.3%로 높아졌다. 캐피털 신용대출은 연리 27%, 대부업체는 연리 38%로 더욱 높았다.[14]

결국 정부가 저금리정책은 그대로 둔 채 창구 규제를 하는 바람에, 대출 시장에서의 부익부 빈익빈 현상만 더욱 커진 것이다. 돈 있는 사람은 여전히 싼 값에 돈을 빌릴 수 있었지만, 돈이 없고 신용이 낮으면 더 많은 이자를 부담해야 했다. 이자 부담이 커지면서 대출금을 제때 갚지 못하는 서민들도 많이 늘어났다. 2011년 9월, 빚을 갚지 못해 워크아웃을 신청한 건수는 4만 4,000여 건으로, 2010년보다 9%나 늘어난 수치다.

최고의 승자는 은행들이었다. 정부 규제 이후 은행들은 마치 담합이라도 한 것처럼 일제히 대출 금리를 올렸다. 반면, 예금 금리는 오히려 더 낮춰서 은행들은 막대한 이윤을 볼 수 있었다. 정부의 시장통제 정책으로 일종의 관제官制 담합이 형성돼 은행의 이윤은 천문학적으로 늘어났다. 실제로 2011년 국민, 우리, 신한, 하나 등 국내 4대 시중은행의 이자 수익은 한 해 전보다 2조 원이나 늘어난 19조 5,000억 원으로 사상 최대치를 기록했다. 정부의 창구 규제가 대출 증가 억제에는 별 도움이 되지 못했지만, 은행들의 수익 증대에는 확실한 효과를 나타낸 것이다.

2012년이 되자, 은행 대출은 줄어든 대신 보험사나 상호금융 등 제2금융권을 중심으로 한 가계대출이 많이 늘어났다. 그러자 정부는 또다시 제2금융권에 대한 창구 규제를 강화했다. 하지만 그것으로 대출 자체를 억제하기는 어렵다. 제2금융권에서도 버림받은 고객들은 어쩔 수 없이 대부업체나 사채업자에게로 내몰릴 수밖에 없다. 결국 여길 누르면 저기가 부풀어 오르는 풍선효과에서 벗어나지 못하고 있다. 이렇게 풍선효과가 끝없이 계속되는 원인은, 정부가 가계 부채의 근본 원인인 중산층 붕괴 문제를 해결하려 하지 않고 당장 눈앞의 빚이 급증하는 증상만 틀어막으려는 대증요법을 고집하고 있기 때문이다.

대증요법은 얼핏 문제가 완화된 것처럼 보이게 하지만, 결국 우리 경제를 위협하는 근본 문제를 더욱 악화시킬 뿐이다. 일시적인 착시현상 때문에 근본적인 치유의 기회를 놓치는 것이다. 빚이 급속도로 증가하는 근본 원인은 근로자의 몫이 감소했기 때문인데, 이를 그대로 방치하고 근시안적인 대증요법만 반복적으로 사용한다면 결국 가계 빚의 불안정성이 더욱 커지면서 우리 경제를 언제 무너질지 모르는 위태로운 상태로 몰고 갈 것이다.

세계적인 자문회사인 맥킨지McKinsey의 부설 연구소 MGIMcKinsey Global Institute의 조사결과, 2011년 현재 한국의 GDP 대비 총부채비율은 현재 위기를 겪고 있는 그리스의 267%보다도 훨씬 높은 314%를 기록해, 조사 대상이었던 10대 경제 대국 중에 5위를 차지했다.[15] 지금 한국의 부채 수준은 아주 작은 충격만으로도 붕괴를 가져올 수 있는 임계상태로 점점 더 가까이 다가가고 있다.

02

무너진 중산층,
대붕괴를 부르다

1997년 4월, 《뉴욕 타임스》는 '세계를 움직인 가장 역사적인 인물들'을 선정했다. 여기서 1위로 꼽힌 인물은 바로 칭기즈칸이었다. 칭기즈칸이 태어난 12세기 몽골은 인구가 200만을 넘지 않는데다, 그나마 부족별로 완전히 분열되어 있었다. 그런데도 칭기즈칸은 작은 몽골 부족을 기반으로 주변국 2억여 명의 인구를 무려 150여 년이나 다스리는 강대한 제국을 만들었다.

많은 역사학자는 칭기즈칸이 몽골 초원의 지배자가 되고 나아가 세계를 정복할 수 있었던 가장 큰 원동력을 몽골 기병의 가공할 기동력과 적에게 불안과 공포를 일으키는 심리전에서 찾고 있다. 그러나 몽골이 세계의 지배자로 떠오른 더 근본적인 원인은 몽골 경제 시스템의 아주 작은 변화에서 찾을 수 있다.

칭기즈칸이 등장했을 무렵, 몽골 초원에서는 부를 축적하는 가장 중요한 수단이 바로 약탈이었다. 다른 부족과 싸워 양이나 말 같은 가축을 빼앗고 노예를 확보하는 약탈이 그들의 주된 경제활동이었던 것이다.

그런데 당시 몽골에서는 귀족들만 약탈품을 차지할 권리가 있었고, 그중 먼저 약탈품을 챙긴 사람이 임자였다. 약탈의 결과에 따라 귀족들의 부가 크게 바뀌었기 때문에 귀족들에게 약탈은 전쟁보다 더 중요했다. 이 때문에 일단 전쟁이 유리하게 흘러가면 귀족들은 적을 섬멸하기보다 약탈에 더 열을 올렸고, 전쟁에서 패배한 부족은 승자가 약탈에 눈이 먼 때를 이용해 달아났다. 패배한 부족이 물자나 노예들을 그대로 두고 달아나면 승리한 부족은 약탈에만 열을 올릴 뿐 적을 쫓지 않았기 때문에, 그들은 적의 추격을 받지 않고 달아나 전력을 고스란히 보존해 후에 설욕을 위해 복수에 나섰다.

그러나 복수에 나선 부족도 일단 전쟁에 승리하면 적의 섬멸보다 약탈에만 집중했다. 이러한 약탈 관행 때문에 초원의 부족들 사이에서는 약탈이 복수를 가져오는 순환구조가 끝없이 반복되었고, 이것이 초원 부족의 통일을 막고 그들의 힘을 약화시켰다.

칭기즈칸은 이 같은 초원 부족들의 문제점을 꿰뚫어 보고 약탈의 규칙을 바꿨다. 전쟁이 완전히 끝났다고 선언할 때까지 개인적인 약탈을 전면 금지한 것이다. 자신의 가족이라도 이 규칙을 어기면 큰 벌을 내렸다. 그리고 전쟁이 완전히 끝난 후, 약탈한 물건들을 모아 각자의 역할과 공에 따라 공정하게 분배했다. 칭기즈칸은 전쟁에서 공을 세운 순서대로 전리품을 나눴을 뿐 아니라, 전쟁에 참여할 수 있는 전사가 없는 가족들에게도 전리품을 배분했다. 지난 전쟁에서 숨진 전사의 유족들은 전리품 배분에서 우대를 받았으며, 후방 지원이나 병참에 나선 평민들에게도 약탈품을 나눠줬다.

그런데 이 간단한 규칙 하나가 칭기즈칸의 군대를 초원의 최고 강자로 바꿔놓았다. 전사들은 공을 세운 대로 전리품을 받을 수 있었기 때문에 약탈보다는 명령에 따라 적을 섬멸하는 데 주력했다. 모든 병사는 지휘관의 명령만 수행하면 자신이 노력한 만큼 충분히 전리품을 받을 수 있다는 믿음이 생겼다. 또 전사한 군인의 유족에게도 전리품을 나눠줬기 때문에 칭기즈칸의 군대는 더욱더 목숨을 아끼지 않았다. 이는 전장에서 칭기즈칸의 군대를 더욱 용맹한 군대로 바꿔놓았다.

더구나 가족 중에 전쟁에 나설 군인이 없어 후방 지원밖에 할 수 없는 구성원들에게도 일정 기준에 따라 전리품을 나눠주자, 칭기즈칸은 초원의 다른 어떤 부족보다 강력한 후방 지원을 받을 수 있었다. 병참이나 후방 지원에 나선 구성원들에게도 강력한 동기 부여가 된 것이다. 전사를 잃어 소외된 계층조차 공정한 분배를 통해 다시 부를 쌓아서 전사를 배출할 기회가 생기자, 그들은 다른 부족보다 더 넓은 인재 풀을 보유하게 됐다. 이는 칭기즈칸 부족이 세대를 거듭할수록 더욱 강력해지는 데 큰 역할을 했다.

이 같은 분배 시스템을 채택한 이후, 칭기즈칸의 부대는 숙적이었던 타타르를 물리치고 초원의 강자로 거듭났다. 그리고 이 시스템은 칭기즈칸이 전 세계를 정복하는 데 가장 기본적인 경제 시스템으로 자리 잡았다. 이를 통해 몽골 제국에서 분배가 성장을 촉진하고 성장이 다시 분배를 돕는 선순환이 시작된 것이다.

공정함을 추구하는 인간, 이를 부정하는 경제학

러시아에 한 가난한 농부가 살고 있었다. 그 농부는 옆집에 사는 부자 이웃을 항상 부러워했다. 어느 날 그 부자 농부가 소를 한 마리 사오자, 소를 살 수 없었던 가난한 농부는 그 옆집 농부가 부러워 죽을 지경이었다. 그는 자신의 소원을 들어달라며 매일 간절히 기도하기 시작했고, 오랜 기도 끝에 하나님이 나타나 가난한 농부의 정성이 갸륵하다며 무슨 소원이든 들어주겠다고 했다. 그러자 그 가난한 농부는 이렇게 소원을 빌었다. "저 옆집에 사는 부자 농부의 소를 죽여주세요."[1]

주류 경제학에서는 이처럼 옆집 소를 죽여달라고 소원을 비는 비합리적인 농부는 존재할 수 없다. 인간은 항상 합리적이고 이기적이어서 자신의 이익만 철저하게 좇는다고 가정하기 때문이다. 따라서 공정함을 추구하는 인간의 행동을 아예 부정하기 때문에 그러한 인간들의 행동이 모여서 만드는 경제현상은 주류 경제학의 분석대상이 되지 않는다. 그들은 자신들의 가정에서 벗어나 설명할 수 없는 경제현상은 모조리 예외로 취급하거나 무시한다. 이는 자신이 감당할 수 없는 위험이 다가오면 머리만 땅에 묻고 위험을 피할 수 있다고 믿는 타조와 다를 바 없다.[2]

그러나 최근에는 이 몸집만 거대한 '타조'에 용감하게 도전하는 경제학자들이 등장하고 있다. 그중에서도 '행동 경제학'은 인간의 선택과 판단에 관한 심리학을 경제학에 접목해 인간은 합리적이고 이기적이라는 경제학의 기본 가정을 뒤집고 있다.

이에 관한 가장 유명하고 중요한 실험이 바로 '최후통첩 게임Ultimatum Game'이다. 이 게임을 하기 위해서는 먼저 실험에 참가한 두 사람을 제안자와 응답자로 나눈다. 그리고 먼저 제안자에게 1만 원을 주고 응답자에게 이 돈을 어떻게 나눌지 제안하도록 한다. 그러면 응답자는 이 제안을 받아들일지 말지를 결정한다. 응답자가 제안을 받아들이면 두 사람이 돈을 나눠 가지고 끝난다. 그러나 응답자가 거절하면 둘 다 아무도 돈을 받지 못한다.

예를 들어, 제안자가 1만 원 중 자신이 7,000원을 갖고 응답자에게 3,000원을 받을지 묻는다. 만일 응답자가 받아들인다면 두 사람은 각각 7,000원과 3,000원을 갖고 게임은 끝난다. 그러나 응답자가 거절하면 제안자와 응답자 모두 돈을 갖지 못한다.

모든 사람이 합리적이라는 경제학의 가정대로 게임이 진행된다면 실험에 참가한 모든 제안자는 자신이 가질 수 있는 최대 이익을 제안해야 한다. 그리고 응답자는 제안을 거절해서 한 푼도 못 받는 것보다는 아주 소액이라도 받아가는 것이 경제학에서 말하는 합리적인 행동이다. 즉, 제안자는 9,999원을 갖고 응답자에게는 단돈 1원을 제안하더라도 응답자가 이를 받아들이고 게임이 끝나는 것이 경제학적 결론이다. 극단적인 결과지만 이것이 주류 경제학에서 보는 합리적인 인간의 모습이다.

그러나 이 실험의 결과는 주류 경제학이 가정하는 합리적인 인간의 모습과는 아주 달랐다. 실험이 이뤄진 나라마다 결과는 조금씩 달랐지만, 제안자는 대부분 응답자의 몫을 4,000원에서 5,000원 사이로 제시했다. 그리고 3,000원 미만이 되면 대부분 응답자는 제안을 거부해 제안자와 응답자 모두 돈을 받지 못했다. 1982년 독일의 사회학자 베르너 거스Werner Guth가 고안한 이 최후통첩 게임은 지난 20년 동안 여러 연구자의 반복적인 실험으로 확인됐다.

호주의 경제학자 리사 캐머런Lisa Cameron[3]은 인도네시아 사람을 대상으로 매우 큰 액수의 최후통첩 게임을 실시했다. 실험에 참가한 사람들이 당시 인도네시아에서 1개월치 월급에 해당하는 20만 루피아를 나누어 가지도록 했다. 그 결과 제안자들은 평균적으로 42%인 8만 루피아 정도를 응답자에게 제시했고 응답자가 이를 받아들였다. 그러나 제안자가 응답자에게 25% 미만을 제시한 경우에는 모든 제안이 거부됐다. 25%라도 2만 루피아나 되기 때문에 인도네시아 근로자의 1주일치 봉급임에도, 응답자들은 불공정한 수준의 제안을 거부했다.

인간은 경제학의 기본 가정과 달리, 이기적이고 합리적인 선택보다 공정함을 더 추구했다. 인간의 합리성을 전제로 모든 결론을 도출하고 있는 주류 경제학은 이제 그 기본 가정마저 거센 도전을 받고 있는 것이다.

불평등을 넘어서야 성장한다

'성장해야 분배할 수 있다'는 논리는 사실 극심한 빈곤을 겪고 있을 때에만 예외적으로 적용된다. 극심한 빈곤 상황에서는 자본 축적이 쉽지 않다. 그런데 만일 소득까지 균등하게 분배되는 경제라면 다들 먹고 사는 데 급급해 저축할 수 있는 사람이 아무도 없다. 이 상황에서 일정 수준의 빈부 격차는 자본 축적에 도움이 될 수 있다. 가난한 사람보다는 부자들의 저축률이 더 높기 때문이다.

하지만 이 같은 방식의 자본 축적을 통한 경제 발전은 그 초기 단계에서만 적용될 수 있다. 자본이 부족한 초기 발전 단계를 벗어나면 든든한 소비가 경제성장에 더 중요한 원동력이 되기 때문이다. 특히 과잉 투자나 유효수요가 부족한 상태에서는 오히려 중산층의 소비기반이 더욱 중요해진다.

그런데도 이명박 정부는 경제성장을 위해 소득 불평등은 어쩔 수 없는 필요악인 것처럼 주장했다. 이명박 정부는 7% 성장을 목표로 내세우고, 고성장을 이루면 분배 문제도 해결된다며 '선성장 후분배'를 주장했다. 그러나 그 결과는 신통치 않았다. 분배는커녕 성장 목표조차 달성하지 못했다. 이명박 정부 4년 동안 한국의 경제성장률은 고작 3.1%에 불과했다. 국민의 소득이 얼마나 늘었는지를 나타내는 국내 총소득 증가율도 2.2%였다.[4]

이명박 정부는 이 같은 한국 경제의 부진을 글로벌 금융위기 탓으로 돌렸다. 그러나 외환위기로 국가부도사태에 빠졌던 김대중 정부 5년 동안 한국 경제가 5%나 성장했던 사실을 볼 때, 실패의 원인을 글로벌 금융위기로만 돌리기는 어렵다. 또 성장보다 분배를 더 강조했던 것으로 인식된 노무현 정부 때에도 4.3%나 성장했다. 결국 경제성장을 가장 강조했던 정부가 성장에 있어 참패한 것이다.

이명박 정부는 글로벌 금융위기 속에서도 자신들이 세웠던 경제정책을 착실히 수행해갔다. 우선 '부자 감세'라고도 불렸던 대대적인 감세 조치를 단행했다. 또한 내내 고환율을 유지하는 바람에 일반 국민은 뛰어오른 물가에 생활고를 겪었지만, 수출 기업은 막대한 이윤을 남길 수 있었다. 대기업에 대한 각종 규제 완화도 목표대로 시행됐다. 덕분에 15대 재벌의 계열사 수는 2007년 4월부터 2012년 1월까지 70%나 늘었다.[5] 이처럼 이명박 정부가 주장하는 고성장정책이 모두 착실히 수행됐음에도, 한국의 경제성장률은 오히려 더 낮아졌다.

성장만 중요하다고 강조하는 이들은 흔히 '파이를 키우기도 전에 나눠 먹을 생각만 하면 어떻게 하느냐?'고 주장한다. 그러나 그들의 주장과는 달리, 실제 경제에서는 어떻게 나누느냐가 경제성장에 매우 중요한 요소이다.

실제로 많은 연구에서 공정한 분배는 경제성장의 걸림돌이 아니라 오히려 디딤돌임이 확인되고 있다. 이 같은 연구의 첫 포문을 연 것은 미국 하버드 대학교의 알레시나Alesina 교수와 이탈리아 보코니 대학교Bocconi University의 페로티Perotti 교수[6]의 연구였다. 이들이 1960년부터 1985년까지 71개 나라의 불평등과 성장 관계를 조사한 결과, 소득 불평등은 사회 불안을 키우고 그 여파로 투자의 불확실성이 커져 투자가 줄어든다는 실증적 연구를 내놓았다.

소득 불평등의 정도를 나타내는 지니계수Gini coefficient[7]가 0.4를 넘는 칠레나 멕시코, 터키는 밤길에 혼자 나가기가 무서울 정도로 치안이 불안한 상황이다. 그다음으로 빈부 격차가 큰 미국과 영국에서는 선진국에 걸맞지 않게 금융자본에 항의하는 점령 시위와 폭동이 계속되고 있다. 이런 사회 불안이 계속되면 결국 투자가 줄어들어 성장 잠재력을 갉아먹는다.

기존 주류 경제학에 의하면, 인간은 철저히 자신의 손익계산만 하는 이기적이고 합리적인 존재이기 때문에 사회불안을 가져오는 이런 비합리적인 행동은 존재할 수 없다. 그러나 실제 사회에서 인간은 불공정한 소득분배에 분노한다. 그리고 그 불만이 누적되면 결국 사회불안을 심화시켜 경제 전체의 성장 잠재력을 떨어뜨린다.

미국 뉴욕 대학교New York University의 이스털리Easterly[8] 교수는 GDP에서 중산층의 소득이 차지하는 비중이 낮을수록 국가 전체의 소득이 낮아진다는 사실을 발견했다. 중산층이 경제의 버팀목이라는 것을 실증적인 연구로 보인 것이다. 또한 소득 불평등은 국가 경제 발전에 심각한 걸림돌이 되고 있다는 결론을 내렸다.

불평등에 관한 연구 23개를 모아 재분석한 미국 프린스턴 대학교Princeton University의 베나부Benabou(1996)[9] 교수의 연구는 불평등에 관한 실증 연구를 집대성한 기념비적인 연구 결과로 평가된다. 그는 각기 다른 데이터와 기간, 그리고 서로 다른 방법으로 23가지를 연구했음에도 불구하고, 소득 불평등이 경제성장을 낮추는 결정적인 원인으로 나타났다고 결론 내렸다.

한국에서 이뤄진 소득 불평등과 성장 관계에 관한 실증 연구도 비슷한 결과를 가져왔다. 한국은행 금융경제연구원[10]이 소득 불평등이 점차 커졌던 1990년부터 2005년까지 한국의 경제성장률을 조사한 결과, 일정 시점에서 소득 불평등이 커지면 장기적인 경제성장에도 부정적인 영향을 미치는 것으로 나타났다.

그렇다면 왜 빈부 격차는 그 나라의 경제성장률을 낮추는 것일까?

첫 번째 원인은 빈부 격차가 커질수록 중산층이 사라져 소비기반이 약해진다는 점이다. 소비기반이 무너지면 기업은 투자를 꺼리고 이는 낮은 성장률로 이어진다.

또한 인적자본과 기술 혁신이 더욱 중요해진 최근의 경제 환경에서는 소득 불평등이 커질수록 원활한 인적자본 투자와 기술 혁신이 둔화하고, 이것이 그 사회의 성장잠재력을 낮춘다. 빈부 격차가 커져 중산층이 줄어들면 소수 상류층만이 인적자본을 축적할 수 있기 때문에 경제 전체의 인적자본 축적이 줄어들고, 따라서 장기적인 경제성장도 타격을 받는 것이다.[11]

소득 불평등 문제가 심각한 나라일수록 고소득층이 경제정책을 좌우하는 경우가 많다. 이들은 부자에게 유리한 경제정책을 쓰도록 압력을 행사하고, 이것이 열심히 일하는 다수 일반 근로자들의 근로의욕을 하락시킨다. 또한 경제성장에 쓰여야 할 자원이 부자들의 로비와 정치 부패로 소수 부자의 이익을 위해 전용됨으로써 경제성장을 둔화시킨다.[12]

이처럼 소득 불평등은 경제성장에 큰 걸림돌이다. 그런데도 이명박 정부는 부자들에게 소득을 더 많이 몰아주면 경제가 더 빨리 성장하고, 그 결과 자연스럽게 저소득층에게도 혜택이 돌아갈 것이라며, 기업과 부자들에게 감세와 각종 특혜를 제공했다. 하지만 이명박 정권 말기가 되자 이 정책을 추진했던 사람들조차도 자신들의 정책실패를 인정하고 있다. 이명박 정부의 경제 분야 핵심 측근이었던 곽승준 대통령 직속 미래기획위원회 위원장은 임기 마지막 해인 2012년, 자신들의 성장우선정책에 문제가 있었음을 시인했다.[13] 그는 한국 경제가 성장만 하면 그 효과가 경제 전반으로 퍼진다는 성장우선정책이 작동되지 않았음을 인정했다. 또한 지금과 같은 경제 모델로는 한국 경제가 커다란 위기에 처할 수 있다며, 시장의 공익적 기능 강화와 시장경쟁 탈락자에 대한 국가의 지원 확대가 시급하다고 말했다.

때늦은 후회였다. 그들의 검증되지 않은 정책실험 과정에서 이미 한국 경제의 중요한 버팀목들이 무너져내린 뒤였다. 12세기에 칭기즈칸도 알았던 공정한 분배의 힘을 이명박 정부는 애써 외면해왔던 것이다. 이제 이 같은 실패를 목도하고도 정부가 반성하지 않고 또다시 같은 정책을 고집한다면, 머지않아 한국의 미래는 크게 위협받게 될 것이다.

중산층을 무너뜨린 불공정한 조세정책

스웨덴은 한국보다 훨씬 두터운 중산층을 가지고 있다. 스웨덴의 소득이 한국보다 더 고르게 분배되고 있기 때문이다. 하지만 세금을 거두기 전의 소득만 놓고 보면 스웨덴의 소득은 멕시코에 가까울 정도로 부자들에게 편중돼 있다.

2000년 후반 스웨덴의 세전 소득 지니계수는 0.426으로, 같은 시기 멕시코의 0.494에 가깝다. 그런데 세금을 내고 각종 사회보장제도로 이전지출을 받고 난 후의 스웨덴 실소득 지니계수는 0.259로 멕시코의 0.469보다 크게 낮아졌다. 스웨덴은 조세와 사회보장제를 통한 이전지출이 지니계수의 빈부 격차를 64% 줄였지만, 멕시코는 겨우 7% 줄이는 데 그쳤기 때문이다.

조세와 이전지출을 통해 가장 큰 폭으로 불평등이 줄어드는 나라는 덴마크다. 덴마크는 세전 소득의 지니계수 불평등도가 0.416이나 되지만, 실소득의 지니계수는 0.248로 줄어들어 조세와 사회보장제를 통해 지니계수를 무려 68%나 줄이고 있는 것으로 나타났다.

1% 부자들이 모든 것을 앗아갔다며 연일 점령 시위가 벌어지는 영국과 미국마저도 세금과 이전지출 효과로 지니계수가 각각 32%와 29% 줄었다. 영국과 미국에 비하면 한국의 조세와 이전지출에 따른 소득재분배 효과는 없는 것이나 마찬가지다.[14]

그런데도 이명박 정부의 경제관료들은 오히려 한국 부자들의 조세 부담이 너무 크다고 주장한다. 즉, 한국은 소득 상위 1%가 전체 소득세의 45%를 내는 데 반해, 미국은 상위 1%가 35%를 부담한다며 미국만큼 부자들의 세금을 더 깎아줘야 한다는 것이다. 그들은 우리나라에 소득세를 내지 않는 국민이 많아 고소득자들만 무거운 세금을 내고 있다고 말한다.

실제로 2010년 한국의 근로소득자와 사업소득자 2,039만 명 가운데 소득이 매우 낮아 소득세를 내지 않은 사람은 839만 명에 이른다. 이처럼 10명 중 4명이 세금을 내지 않고 있어서, 부자들의 세금을 깎아주지 않으면 그들의 불만이 커질 것이라며 부자 감세를 주장해왔다.

그러나 한국의 부유층이 세금을 많이 낸다는 주장은 전혀 사실이 아니다. 만일 부자들이 선진국보다 더 세금을 많이 내고 있다면, 한국에서 조세와 이전지출의 소득재분배 효과가 미국이나 유럽 국가들보다 훨씬 커야 할 것이다. 그러나 한국에서 조세와 이전소득의 소득재분배 효과는 멕시코 수준인 9%에 불과하다.

그런데 왜 정부는 한국 부자들의 소득세 부담이 큰 편이라고 주장하는 것일까? 가장 큰 이유는 한국의 소득이 그만큼 부자들에게 편중되어 있기 때문이다. 한국은 소득 상위 1%가 전체 소득의 16.6%를 차지하고 있어, 한국을 제외한 주요 19개 OECD 국가 평균인 9.7%보다 훨씬 높은 것으로 나타났다. 한국보다 소득의 쏠림현상이 더 심한 나라는 상위 1%가 전체 소득의 17.7%를 버는 미국뿐이었다.[15] 그런데도 이명박 정부는 소수 부자에게 소득이 지나치게 편중되어 있다는 사실을 쏙 빼놓고 그들이 세금을 많이 내는 것만 강조해왔다.

더구나 한국의 전체 세수에서 소득세가 차지하는 비중은 고작 22%밖에 되지 않는데 이는 덴마크의 61.3%나 뉴질랜드의 53.8%, 미국의 43%와는 비교가 되지 않을 정도로 작은 편이다. 즉, 부자의 소득세 비중이 높다고 해도 전체 세수에서 부자의 소득세가 차지하는 비중은 여전히 미미하다.

한국에서 가장 부담이 큰 세금은 우리도 모르는 사이에 내고 있는 간접세다. 한국의 간접세에서 가장 대표적인 세금은 부가가치세라고 할 수 있다. 우리가 마시는 500원짜리 자판기 커피 한 잔에는 45원의 간접세가 숨어 있다. 5,000원짜리 점심 한 끼를 사 먹으면 450원을 세금으로 낸다. 몇몇 부가세 면세 대상을 제외하고 한국에서 소비하는 대부분의 물건값과 서비스 요금에는 10%의 부가세가 포함되어 있기 때문이다. 특히 휘발윳값은 절반 가까이가 세금이며, 유가가 오를수록 세금도 함께 늘어난다. 2,500원짜리 담배 한 갑에는 1,540원의 세금이 숨어 있어서, 담배를 피우는 사람들은 세금도 함께 피우는 셈이다. 소주 1병에는 440원, 맥주에는 840원의 세금이 붙는다.

간접세는 한 해 10억 원을 버는 사람이나 천만 원을 버는 사람이나 똑같은 세율로 부담해야 한다. 그래서 세율만 보면 가난한 사람의 간접세 부담이 훨씬 크다. 그런데 이명박 정부가 들어서면서 이 간접세 부담이 크게 늘었다. 2007년 47.3%까지 낮아졌던 한국의 간접세 비중은 2008년부터 다시 늘어나기 시작하면서 2010년에는 53.1%로 높아졌다. 이 같은 간접세 비중은 30여 개 OECD 국가들의 간접세 비중이 평균 40% 정도인 것과 비교할 때 매우 높은 편이다.

게다가 주식 투자와 같이 노동하지 않고 돈을 버는 경우에는, 일부 대주주를 제외하고 양도소득에 대한 세금을 내지 않는다. 또한 주로 부유층의 재테크 수단으로 인기를 끌고 있는 즉시연금보험 같은 장기 저축성 보험에 가입한 경우에는 이자 소득이 아무리 높아도 세금 한 푼 내지 않는다. 주로 자신의 노동력에 의지해 돈을 벌고 있는 중산층 이하의 사람들은 투자로 돈을 버는 것이 거의 불가능한 만큼, 한국이 자본 이득에 대한 소득세를 제대로 매기지 않고 있는 것 또한 결국 부유층에 특혜를 주고 있는 셈이다.

이런 한국의 조세체계와 달리, 30개 OECD 회원국의 80%인 24개 나라가 전면적으로 주식 투자에 대해 양도소득세를 매기고 있다. 자본소득세를 전혀 물리지 않는 나라는 멕시코와 그리스, 그리고 스위스 정도밖에 없다. 대부분의 OECD 회원국들은 한국과 달리 불로소득不勞所得에 대해서도 철저하게 과세하고 있는 것이다.

한국은 부동산 보유세율도 매우 낮은 편이다. 재산세와 종합부동산세를 더해도 한국에서 부동산에 대한 실효세율은 고작 집값의 0.16%~0.33%에 불과하다. 미국은 주州마다 다르기는 하지만, 주의 대

부분이 1%가 넘는 보유세를 물리고 있으며, 뉴저지나 텍사스 주처럼 2%가 넘는 주도 많다.[16]

결국 이 같은 조세체계를 외면한 채, 소득세 하나만 놓고 다른 나라보다 부유층이 세금을 많이 내고 저소득층은 상대적으로 세금을 적게 내는 것처럼 말하는 것은 교묘한 진실의 왜곡이다. 한국의 경우, 조세제도를 통한 부의 재분배가 거의 이루어지지 않고 있는 만큼 유럽과 미국 등 다른 나라와 비교할 때 부유층의 조세 부담이 높은 편이라고 보기 어렵다.

세금을 걷는 것뿐만 아니라 한국 정부가 돈을 지출하는 방식도 선진국과 큰 차이가 있다. 2005년을 기준으로 한국 정부가 복지 분야에 쓴 사회적 지출은 GDP의 6.9%에 불과했다. 이는 OECD 국가 평균인 20.6%에 3분의 1밖에 되지 않는 수준으로, OECD 국가 중 최하위다. 한국의 사회적 지출 비중은 유럽의 복지국가인 스웨덴의 29.4%나 프랑스의 29.2%와 비교하면 고작 4분의 1 수준에 불과하다. 또한 신자유주의 혁명으로 복지 지출을 대폭 줄였다는 영국의 21.3%나 미국의 15.9%와도 비교가 되지 않는다. 그나마 사회적 지출이 한국과 비슷한 수준인 나라는 7.4%를 사회적 지출에 쓴 멕시코밖에 없었다.[17]

이처럼 조세와 복지정책을 통한 소득재분배가 제 기능을 다하지 못해 중산층의 붕괴는 가속화되고 한국 경제구조는 나날이 불안정해지고 있다. 인류 역사상 빈부 격차가 큰 나라 가운데 오랫동안 번영을 유지한 나라는 없었다. 중산층이 붕괴하면 결국 소비기반이 무너져 한국 경제의 활력은 급속도로 악화될 것이다. 중산층의 목을 죄는 정책은 결국 우리 한국 경제의 숨통을 막는 것과 같다.

노점상도 세금 신고를 하는 핀란드의 비밀

2003년 필자는 반부패 및 국가청렴도 관련 취재를 위해 세계에서 가장 투명하고 깨끗한 나라로 불리는 핀란드의 수도 헬싱키Helsinki를 방문했다. 당시 그곳에서 가장 놀라웠던 점은 노점상에서도 신용카드 결제가 가능하다는 점이었다. 더구나 핀란드의 노점상들은 3개월마다 한 번씩 자신의 소득을 정확하게 국세청에 신고하고 있었다. 도대체 이들은 왜 이렇게 자신의 세금을 꼬박꼬박 신고하고 있는 것일까?

핀란드는 해마다 11월이면 모든 납세자의 소득과 납세 내역을 공개한다. 특히 언론은 소득 상위 50위권 부자들의 납세 내역을 자세히 분석한다. 또 언제든 국세청을 찾아가면 옆집 사람부터 대통령에 이르기까지 모든 사람의 납세 내역을 누구나 확인할 수 있다. 이렇게 투명한 조세행정 때문에 핀란드 사람들은 '내가 제대로 세금을 내는 만큼 다른 사람들도 세금을 정직하게 내고 있다'는 확신을 하는 것이다.

더구나 어떤 부유층이나 특권층도 탈세하면 결코 법의 심판을 피할 수 없다는 생각이 핀란드 사람들의 마음에 굳게 자리 잡고 있다. 핀란드를 대표하는 기업 노키아Nokia의 올리 페카 칼라스부오Olli Pekka Kallasvuo 전 회장은 2004년 스위스 출장길에서 돌아오다 국민적인 망신을 당했다. 스위스에서 산 양복과 구두, 시계 등 1만 1,000유로, 우리 돈으로 1,600만 원어치를 세관에 신고하지 않았기 때문이었다. 결국 2년에 걸친 재판 끝에 그는 우리 돈으로 4,500만 원 정도의 벌금을 물었고, 이 사건은 유명 인사의 주요 탈세 사건으로 다루어지면서 핀란드인들의 큰 관심을 끌었다. 결국 핀란드가 이처럼 세계에서 가장 모범적인 조세제도를 확립하는 데 있어서 가장 중요했던 것은 투명한 정보 공개와 공정한 처벌이었다.

무너진 중산층에 빚더미를 떠안기다

2010년 8월에 집값이 내려가기 시작하자 이명박 정부는 '생애 최초 주택자금 대출정책'을 내놓았다. 태어나서 처음으로 국민주택을 구매하는 연소득 4,000만 원 이하의 가구에 연 5.2%의 고정금리로 돈을 빌려주는 제도였다. 정부는 이 정책이 서민들에게 내 집 마련의 꿈을 이룰 기회를 제공하고, 얼어붙은 주택 시장에도 윤활제가 될 것이라고 설명했다.

하지만 대출한도인 2억 원을 빌리면 한 해 1,040만 원을 이자 갚는 데 써야 한다. 이는 연소득 4,000만 원 이하인 가구로서는 원금은커녕 이자만 갚기도 벅찬 수준이다. 이 정도 빚을 지면 집값이 다시 급등세로 돌아서지 않는 한 영원히 빚더미에 시달릴 수밖에 없다. 결국 이 정책은 서민을 위하는 것처럼 포장됐지만, 자세히 들여다보면 폰지 게임과 같이 집값 하락을 막기 위해 투자 사기의 정점에서 서민들을 마지막 가입자로 삼아 그들에게 모든 피해를 떠넘기는 것과 같다.

집값이 처음 오르기 시작할 때는 중산층은 언제나 소외될 수밖에 없다. 부유층과 똑같이 집을 사고 담보대출을 받으려고 해도 그들과는 돈을 빌리는 조건부터 다르기 때문이다. 집값 상승 초기에는 대출 심사를 까다롭게 하므로 부동산 시장에 진입하려면 신용이 높아야 하며, 적용되는 대출 금리도 다르므로 같은 집을 사도 서민들의 부담이 더 클 수밖에 없다.

그러나 집값이 뛰어올라 부동산 열풍이 불기 시작하면, 은행들이 너도나도 돈을 빌려주려 해서 대출 심사가 느슨해진다. 그리고 집값이 정점에 이르면 정부까지 나서 집 없는 서민들에게 집을 살 기회를 제공하겠다며 정책적으로 대출 금리를 낮춘다. 그러나 낮은 대출 금리와 느슨한 대출 심사는 위험한 함정일 뿐이다. 뒤늦게 부동산 시장에 뛰어든 서민들은 집값 상승의 정점에서 집을 사고 곧 거품이 꺼지면 큰 피해를 본다.

2007년 미국의 집값 거품의 붕괴 과정이 지금의 한국 사정과 비슷했다. 집값이 뛰어오르자 미국 정부는 중산층이 부동산 시장에 뛰어들도록 각종 지원을 퍼붓기 시작했다. 대표적인 정부지원은 바로 페니메이와 프레디맥을 통해 이루어졌다. 두 업체는 주택담보대출의 보증을 서주는 회사인데, 원래 공기업이었던 페니메이는 1968년 민영화됐고 프레디맥은 페니메이의 독점을 막기 위해 2년 뒤 페니메이에서 분리된 회사였다.

페니메이와 프레디맥은 형식상으로는 민영 보증업체였지만, 각종 세제혜택과 규제 완화 등 정부의 후원을 받고 있었기 때문에 사실 정부의 보증을 받고 있는 것이나 다름 없었다. 미국 정부는 이 두 업체에 일종의 보조금을 제공해 중산층도 낮은 이자율로 돈을 빌릴 수 있게 한 다음 집값을 더욱 끌어올리는 시장 왜곡을 해온 것이다.

또한 사회 재투자 법안Community Reinvestment Act, CRA을 통해 소수 인종에게 대출 특혜를 줬다. 낮은 신용도를 가진 소수 인종이 더욱 쉽게 돈을 빌릴 수 있게 하겠다며 도입한 제도지만, 결국 이 제도는 그들에게 빚더미만 안겨줬을 뿐이다.

여기에 부시 전 미국 대통령은 서민들이 모두 '집을 갖는 사회Ownership society'를 만들겠다며 집을 살 때 먼저 집값의 일정액을 내는 선수금Down payment까지 철폐해, 당장 수중에 돈 한 푼 없는 서민들도 오직 대출만으로 집을 살 수 있도록 규제를 완화했다. 이 역시 서민들이 집을 살 수 있도록 도와주는 친서민정책인 것처럼 포장됐지만, 사실은 집값 상승을 더욱 부채질해 서민들을 빚더미에 올라 앉히는 결과를 가져왔다.

필자가 취재과정에서 만난 대부분의 우리나라 경제 관료들은 집값 급등보다 급락을 훨씬 더 걱정했다. 자산 가격이 내려가면 소비가 급격히 줄어드는 현상negative wealth effect이 일어나 한국 경제에 큰 타격을 줄 수 있다는 우려 때문이다.

하지만 반대로 집값 하락을 막기 위해 중산층에게 빚을 내서 집을 사도록 유도하면 그들의 붕괴를 가속화할 뿐이다. 특히 실소득의 상당 부분을 대출금의 이자를 갚는 데 쓸 정도로 많은 돈을 빌린 가계는 당장 빚을 갚는 데만 급급해 소비와 저축의 건전한 주체가 되기 어렵다.

미국의 부시 대통령이 서민들까지 모두 집을 갖는 사회를 외치다 주택 가격 폭락으로 일순간에 위기에 빠져든 것처럼, 한국의 빚 권하는 정책 역시 중산층을 붕괴시킬 수 있는 매우 위험한 정책적 모험이다.

감세, 최후의 게임을 앞당기는
치명적 유혹

제정 러시아 귀족들은 가슴까지 내려오는 긴 턱수염이 있었다. 당시 귀족들에게 턱수염은 큰 자랑이자 귀족의 자부심이었다. 정부가 러시아 귀족들에게 수염을 깎으라고 명령하자 거센 저항이 일어났을 만큼, 턱수염은 제정 러시아 시대의 중요한 전통으로 자리 잡고 있었다.

그러나 유럽 유학길에 올랐던 표트르Pyotr Alexeyevich Romanov 대제가 돌아오면서 상황이 달라졌다. 그는 유럽 유학시절 근대화된 유럽을 동경하며, 하루빨리 러시아를 근대화시켜야 한다고 생각했다. 마침내 이복 누이인 소피아Sofia Alekseyevna와의 권력 투쟁에서 승리한 표트르 대제는 유럽의 앞선 문물을 받아들이기 위해 낡은 전통을 모두 버리고 새로운 러시아를 만들기로 결심했다.

그런 표트르 대제가 보기에 러시아 귀족들의 덥수룩한 턱수염은 낡아빠진 전통에 불과했다. 그는 유럽인의 날렵한 콧수염에 비해 지저분한 턱수염은 러시아의 후진성을 보여준다고 생각해 귀족들에게 수염을 깎으라고 명령했다. 그러나 귀족들의 저항은 생각보다 거셌다. 귀족들은 자신들의 긴 수염은 신이 내려주신 것이라며, 목을 내놓는 한이 있어도 턱수염을 자를 수는 없다고 강하게 저항했다.

표트르 대제는 귀족들을 전근대적으로 탄압하는 대신, 한 발짝 물러서는 척하면서 꾀를 냈다. 수염을 기를 수 있도록 허용하되 '턱수염세'를 부과하기로 한 것이다. 제정 러시아는 귀족에게 턱수염세로 100루블, 지금 화폐가치로 400만 원 정도를 부과했다. 그리고 이 세금을 낸 귀족에게 그 징표로 동전을 하나 지급했다. 러시아 귀족들은 턱수염을 깎지 않는 한, 세금을 냈다는 뜻으로 항상 동전을 휴대해야 했다. 그 동전에는 "턱수염은 쓸모없는 짐이다"는 문구가 쓰여 있었다.

세금의 효과는 어떤 물리적인 탄압보다도 강력했다. 일부 귀족은 세금을 내고 턱수염을 길러 끝까지 전통을 수호하겠다고 선언했다. 그러나 그 효과는 잠시뿐이었다. 턱수염세가 도입되자, 결국 세금에 굴복해 러시아 귀족들은 하나둘씩 수염을 깎기 시작했다. 마침내 가장 완고했던 귀족들조차 턱수염을 포기하자, 귀족들의 자랑이었던 턱수염은 사라졌다. 세금 앞에 러시아의 전통은 힘없이 무너졌다. 결국 제정 러시아는 1772년, 용도가 사라진 이 턱수염세를 폐기했다.

감세의 달콤한 유혹, 인류 역사를 지배하다

17세기 말 영국에서 윌리엄 3세는 세수 부족으로 큰 어려움을 겪고 있었다. 그래서 개인의 소득에 따라 세금을 매기는 소득세를 부과하려 했다. 소득세는 현재 거의 모든 나라가 채택하고 있는 세금이지만 당시에는 그렇지 않았다. 영국 귀족들은 소득세가 개인의 자유를 침해하는 세금이라며 강하게 반대했다.

그러자 윌리엄 3세는 소득세 신설을 포기하고 대신 창문이 6개를 넘을 때 창문 개수에 따라 세금을 매기는 창문세를 부과했다. 부유층일수록 집이 더 크고 창문도 더 많았기 때문에 창문세를 부과하면 세수 부족 문제가 해결될 것으로 생각했다. 그러나 예상과는 달리 영국인들은 세금을 내는 대신 창문에 벽돌을 쌓거나 나무로 막아서 창문을 없애는 방식으로 세금을 피했다. 그 뒤 영국에서는 155년 동안 창문이 거의 없고 실내가 어두운 독특한 건축 양식이 자리 잡게 됐다.

미국이라는 국가가 탄생하는 데 직접적인 계기가 됐던 사건도 바로 세금 때문에 일어났다. 18세기 후반, 아메리카 식민지 주민은 영국이 부과한 설탕세와 인지세 등 각종 세금에 분노하고 있었다. 그런데 영국 정부가 동인도회사의 홍차에 대한 수출세를 면제하는 조처를 내리자, 동인도회사가 수입한 정품 홍차가 아메리카 식민지 주민이 수입한 밀수 홍차보다 더 싸졌다. 결국 파산 위기에 빠진 미 대륙 식민지의 홍차 수입상들이 분노해, 영국에서 들여온 홍차를 바다에 던져버리는 '보스턴 차 사건'을 일으켰다. 그리고 이 사건은 미국 독립운동을 일으키는 결정적인 계기가 됐다.

이처럼 조세정책의 힘은 우리가 생각하는 것보다 훨씬 더 막강하다. 세금을 피하기 위해서라면 수백 년 내려오던 전통을 버리기도 하고, 건축양식을 송두리째 바꾸기도 한다. 불공정하다고 생각되는 세금은 혁명을 일으키고 급기야 새로운 나라를 만들기도 한다. 이처럼 세금의 영향력이 크기 때문에 현대 정치인들은 선거에서 세금 관련 공약을 적극 이용한다.

특히 세금을 깎아주겠다는 약속은 어떤 선거전략보다 유리하다. 1979년 영국 총선에서 마거릿 대처는 소득세를 대폭 깎아주겠다는 공약을 내세워 노동당을 손쉽게 제압했다. 1980년 미국 대선에서 로널드 레이건은 세금을 30% 깎아주겠다는 공약을 내놓았고, 이 같은 공약은 지미 카터를 압도적으로 누르는 데 큰 역할을 했다. 레이건 대통령은 대규모 감세로 큰 인기를 끌었지만, 그 대신 미국은 사상 초유의 재정적자를 겪게 됐다.

1988년 대통령 선거에 레이건 행정부 부통령이었던 조지 부시가 출마했다. 공화당 전당대회에서 부시는 미국 납세자들의 귀가 솔깃할 만한 연설을 했다. 부시는 "제 입술을 잘 보세요. 절대 새로운 세금은 없습니다Read my lips. No new taxes"라고 외쳤다. 이 같은 감세 약속은 부시가 대선에서 민주당 후보인 마이클 듀카키스Michael Dukakis를 따돌리는 데 큰 도움이 됐다.

그러나 부시 대통령은 자신의 감세 공약을 지키지 못했다. 레이건 행정부 시절 누적된 천문학적인 재정적자 규모를 더는 감당할 수 없었기 때문이다. 1990년 이후 미국의 재정적자가 감당할 수 없을 만큼 불어나자, 부시 행정부는 공약을 파기하고 세금을 슬금슬금 올리기 시작했다. 세금 동결 공약을 어긴 부시는 그 결과 1992년 재선에 실패하고 빌 클린턴Bill Clinton에게 정권을 넘겨줬다.

세금을 깎아주겠다는 공약은 선거에서 매우 강력한 힘을 발휘한다. 특히 무리한 감세정책이라도 일단 자신의 임기 동안 재정적자 문제만 악화하지 않는다면 임기 내내 큰 인기를 누릴 수 있다. 이 때문에 교활하고 무책임한 정치인일수록 감당할 수 없는 무리한 감세정책을 선거 공약으로 내놓는다. 게다가 감세정책이 실패해도 정치인들은 아무런 책임도 지지 않는다.

특히 대붕괴 시대를 눈앞에 둔 시점에서의 감세정책은 치명적인 결과를 가져온다. 마지막 단계인 최후의 게임이 시작되면 민간의 부채가 정부 부채로 이전되기 때문에, 결국 문제가 되는 것은 정부 부채이다. 빚이 붕괴하는 시대에는 불황으로 소득과 소비가 줄어들어 세수확충에 어려움을 겪을 수밖에 없다. 그런데 미리 감세 조치를 하면 감세혜택을 받은 사람들은 환호하겠지만, 붕괴가 시작된 이후에 줄어든 재정을 확충하기가 더욱 어려워진다.

미국과 그리스의 재정적자가 큰 문제로 떠오르고 있지만, 이미 불황이 찾아온 상황에서 섣불리 증세에 나서기는 매우 어렵다. 불황기에는 조세저항도 크지만 자칫 증세가 경기 악화 속도를 가속화할 수 있기 때문이다. 결국 경기가 좋을 때 남발한 감세정책은 후에 빚이 해소되는 대붕괴 시대에 국가 부채 증가라는 부메랑으로 돌아온다.

세금을 깎아줘야 더 걷힌다는 거짓말

2007년 대선에서 이명박 후보는 대규모 감세를 주요 공약으로 내걸었다. 법인세율과 종합부동산세율, 상속세율까지 모두 대폭 낮추겠다는 공약이었다. 이 공약이 모두 시행되면 매년 12조 6,000억 원의 세수가 줄어들 만큼 아주 큰 폭의 감세였다. 그러나 이러한 대규모 감세로 재정에 구멍이 나면 도대체 어떻게 그 구멍을 메울지에 대한 대책은 전혀 없었다.

이명박 정부에서 첫 기획재정부 수장이 된 강만수 장관은 취임 이후 첫 기자 간담회에서도 또다시 감세를 강조했다. 한 해라도 빨리 세율을 낮춰야 한다며 감세에 대한 조바심까지 내비쳤다. 그 결과 한국은 2008년 금융위기 이후 OECD 회원국 중 가장 큰 폭으로 법인세율을 내렸다. 3년 동안 OECD 회원국들은 법인세율을 평균 0.3%p를 낮추는 데 그쳤지만, 한국은 그 열 배가 넘는 3.2%p를 내린 것이다.

이처럼 들어오는 돈이 대폭 줄었는데도 허리띠를 졸라매기는커녕, 4대강 등 각종 대규모 개발사업을 강행했다. 재정적자에 대한 우려가 커지면서 지나친 감세에 대한 비판이 이어졌지만, 강만수 장관은 오히려 세율을 더 낮춰야 한다고 고집을 피웠다. 그는 세율을 높여서 세수가 늘어난 나라는 없다며 감세가 세수를 늘리는 증세정책이라고 주장했다.[1]

강만수 전 장관의 생각처럼 세율을 낮출수록 세수가 늘어난다는 주장은 공급 중시 경제학에서 찾아볼 수 있다. 그러나 공급 중시 경제학은 1980년대 레이건의 정치적 목적과 결합해 나타난 사생아일 뿐, 이미 많은 경제학자가 비판하고 있는 이론이다. 감세하면 세수가 늘어나는 현상은 현실 경제에서는 그 사례를 거의 찾아볼 수 없기 때문이다. 결국 현실 경제에는 적용되지 않는 철 지난 이론을 믿고 감세정책을 강행한 셈이다.

강만수 전 장관이 신봉하는 공급 중시 경제학이 실제 정책에 반영되기 시작한 곳은 미국의 캘리포니아 주였다. 캘리포니아 주지사였던 레이건은 대규모 감세정책으로 대중적 인기를 얻고 미국의 대통령까지 된 것이다. 1970년대부터 파격적인 감세를 실행해 온 캘리포니아 주는 감세론자들의 성지聖地라 할 수 있다. 그렇다면 캘리포니아 주에서 감세는 과연 어떤 결과를 가져왔을까?

필자가 스탠퍼드 대학교에서 객원 연구원으로 있을 때, 큰 아이가 미국의 공교육을 받을 수 있는 나이가 되어 집 근처 초등학교를 찾아갔다. 그런데 컨테이너를 연결한 것처럼 보이는 허술한 학교 건물을 보고 무척 충격을 받았다. 나중에 그 이유를 알아보니 캘리포니아 주의 재정 상태가 아주 좋지 않아 번듯한 학교 건물조차 지을 형편이 못 되었기 때문이었다.

공립학교의 운영 시스템은 건물보다도 더 열악했다. 입학식 전날 학부모들을 위해 마련한 한 시간 남짓한 설명회에서 선생님은 학교에 돈이 없어서 학부모들의 기부가 없으면 현장학습과 실습교육이 불가능하다는 말을 되풀이하며, 학생들을 위해 연회비를 내는 학부모회에 가입해달라고 사정을 했다. 이날 학부모회에 가입하지 않은 학부모들은 1년 내내 학부모회 가입 통지문을 받아야 했다.

학교에 다니기 시작하자 기부금 요구는 더욱 거세졌다. 학교에 입학한 지 한 달도 채 안 되어 어린 학생들을 동원해 기부금 모금을 하는 워커톤Walk-a-thon 행사[2]를 시작했다. 방식은 간단했다. 학생들에게 운동장을 돌게 하고 한 바퀴를 돌 때마다 부모가 일정액을 학교에 기부하는 방식이었다. 만 5세인 필자의 아이는 영문도 모른 채 친구들과 함께 운동장을 돌았다. 어린 학생들이 운동장을 더 많이 돌도록 유도하기 위해 선생님들은 경쾌한 음악을 틀고 비눗방울을 뿌렸다. 또 특별히 운동장을 많이 돈 학생들에게는 음료수나 초콜릿을 주어 격려했다.

다음날 학부모들은 자신의 자녀가 운동장을 돈 횟수에 일정액을 곱해 기부금을 내야 했다. 그리고 선생님은 부모가 기부한 금액에 따라 학생들에게 상을 줬다. 미국인들은 어떻게 생각하는지 모르겠지만, 필자가 보기에는 기부금을 낼 수 없는 학생들에게 상처를 줄 수도 있는 행사였다. 물론 이런 기부금 모금행사가 없는 학교도 있다. 스탠퍼드 대학교를 끼고 있는 부촌인 팔로 알토Palo Alto 지역은 아예 이러한 기부금 모금행사 없이, 모든 학부모에게 새 학기마다 일정액을 의무적으로 기부하도록 하고 있다.

초등학교의 추수감사절 행사에 참여하려고 해도 모금은 필수였다.

한국의 운동회와 비슷한 추수감사절 행사에서 어린이들이 참여하는 모든 게임에 돈을 받았다. 고무공을 플라스틱 야구 방망이로 치는 놀이는 세 번 칠 때마다 2달러씩 받았다. 호박에 물감으로 그림을 그리려면 8달러를 내야 했다. 돈을 받는 것도 내는 것도 학생이었지만, 이렇게 모인 돈은 학교의 부족한 운영자금을 채우는 데 쓰인다고 했다.

매주 금요일이면 아이 가방에는 교사가 넣어준 주변 음식점 팸플릿이 여러 장 들어 있었다. 정해진 날짜에 학교와 자매결연한 음식점에 가서 그 팸플릿을 제시하고 식사를 하면 식사 대금의 10%가 학교에 기부금으로 전달된다는 내용이었다. 기부금이 없으면 학생들의 실습이나 현장학습 등 기본적인 학교 운영이 불가능하다며 기부금을 애원하는 학교의 모습이 우리에게 참으로 낯설고 애처로워 보였다.

파산 상태에 놓인 캘리포니아 주에서는 공공 서비스도 무너져가고 있다. 운전면허 시험장이나 공립 도서관은 평일에 시도 때도 없이 문을 닫았다. 가끔은 문을 닫는다는 사전 공고가 늦어져 이른 아침부터 공립 도서관 문 앞에 사람들이 몰려 있다 돌아가기도 했다. 세계 최강대국인 미국의 공공 서비스라고 하기에는 믿기지 않을 정도였다.

이처럼 모든 공공기관이 허리띠를 졸라매고 있는데도 2012년 3월, 캘리포니아 주는 파산 위기를 겪었다. 현금이 바닥난 것이다. 결국 특별법을 만들어 일종의 어음을 발행하는 방식으로 간신히 위기를 넘겼다. 이미 누적된 재정적자가 6,120억 달러로, 한국 한 해 예산의 두 배가 넘는 빚을 진 캘리포니아 주는 금융시장이 나빠질 때마다 주기적으로 파산 위기를 겪고 있다.

캘리포니아 주정부가 파산 위기로 내몰린 것은 1978년 발의된 한

법안에서 시작됐다. 공화당 당원이었던 하워드 자르비스Howard Jarvis는 '세금과의 전쟁'을 기치로 내걸고 로스앤젤레스 시장에 여러 차례 도전했지만 모두 실패했다. 하지만 선거에서 운이 없었던 것과 달리 부동산 투자에는 크게 성공해, 자르비스가 1941년 로스앤젤레스에 사둔 집값이 8,000달러에서 25년 만에 8만 달러로 올랐다. 그런데 집값의 1~2%를 부동산세로 내는 캘리포니아 주에서 부동산세도 열 배나 오른 것이다.

이에 격분한 자르비스는 상원의원을 꿈꾸던 폴 간Paul Gann과 함께 부동산세를 대폭 낮추자는 이른바 '세금 반란tax revolt 운동'을 조직한다. 세금을 대폭 깎아주겠다는데 누가 반대하겠는가? 결국 그들은 주민의 열화와 같은 성원 속에 주민투표를 위한 수만 명의 서명을 얻어내는 데 성공했다.

1978년에 이들은 '재산세를 제한하기 위한 주민발의People's Initiative to Limit Property Taxation', 즉 주민발의 13호를 제안했고 캘리포니아 주민투표 결과 찬성 64.8%, 반대 35.2%의 압도적인 표 차이로 법안이 통과됐다. 이 법안의 주요 내용은 부동산 가격의 1~2%였던 부동산세를 1% 이내로 제한하는 것이었다. 또한 아무리 부동산 가격이 올라도 재산세는 전년보다 2% 이상 올리지 못하도록 제한하고, 세금을 늘리려면 주의회의 3분의 2 이상 동의를 얻어야 한다고 규정했다. 그 결과 양당제가 굳어진 미국에서 공화당이 증세에 반대하는 한, 캘리포니아 주에서 재산세를 늘리는 것은 사실상 불가능했다.

이 '세금 반란'은 캘리포니아 주뿐만 아니라 미국 전역으로 퍼져 나갔다. 많은 주에서 유사한 주민투표 발의가 이어졌다. 대선이 이뤄지던 1980년에는 무려 30개 주에서 '세금 반란' 주민 투표가 이뤄졌다. 이 같은 열기 속에서 1980년 대통령 후보였던 로널드 레이건은 '감세'를 주요 공약으로 내세워 대통령에 당선됐다. 그러나 정작 '세금 반란' 법안이 통과된 주는 13개밖에 되지 않았다. 재정적자와 미래 세대를 걱정한 표가 당장 세금을 깎아 이득을 보겠다는 근시안적인 표를 누른 것이다.

'주민 발의 13호'는 캘리포니아 주에 재앙을 몰고 왔다. 감세 열풍 속에 대통령에 당선된 레이건 대통령은 세율을 낮추면 세금이 더 걷힐 것이라는 공급 중시 경제학을 내세웠으나, 캘리포니아 주에서 레이건이 주장한 '감세의 기적'은 일어나지 않았다. 세금 반란에 성공해 세율을 낮춘 캘리포니아 주는 재산세 수입이 57%나 줄어들어 극심한 세수 부족에 시달렸다.

우선 재산세를 기반으로 하는 교육 시스템이 붕괴했다. 1960년대까지만 해도 캘리포니아 주의 공립학교는 미국에서 최고 수준이었다. 그러나 '주민 발의 13호'가 통과된 이후, 미국 50개 주 가운데 48위로 순위가 떨어졌다.[3] 이 때문에 캘리포니아 주의 부자들은 붕괴하는 공립교육을 버리고 사립학교를 택하기 시작했다.

재산세가 많이 줄어들어 세수가 부족해지자, 캘리포니아 주는 소비세를 높이는 방법으로 증세에 나섰다. 미국 공화당은 재산세 증세는 반대하면서도 상대적으로 가난한 사람이 더 높은 세율을 부담하는 소비세 증세에는 적극 나섰다. 그 결과 캘리포니아 주는 미국에서 소비세가 가장 높은 주가 됐다.

여기에 아널드 슈워제네거Arnold Alois Schwarzenegger 주지사의 무리한 감세가 캘리포니아 주의 재정난을 더욱 악화시켰다. 슈워제네거의 경제 자문을 맡았던 세계적인 투자자 워런 버핏은 위기에 처한 캘리포니아 주를 살리기 위해서 가장 먼저 '주민발의 13호'를 철폐해야 한다고 조언했다. 그러나 슈워제네거는 자신의 지지기반인 부유층이 등을 돌릴 것이 두려워, 결국 버핏의 조언과는 반대로 자동차세를 대폭 낮추는 정책을 내놓았다. 이 정책으로 슈워제네거는 자신의 지지층에 생색을 낼 수 있었지만, 그 대가로 캘리포니아 주에 180억 달러의 빚을 추가로 안겼다.

이처럼 세금을 낮춘 캘리포니아 주의 경제는 과연 좋아졌을까? 감세론자의 주장대로 감세가 경제를 살리는 길이라면, 미국 역사상 가장 큰 폭의 감세를 단행했던 캘리포니아 주의 경제는 다른 주보다 더 나아졌어야 한다. 그러나 2010년 캘리포니아 주의 실업률은 12%를 넘어섰고, 이 같은 수치는 미국 네바다 주에 이어 미국에서 두 번째로 높은 실업률이다. '세금 반란'의 발원지이며 감세의 천국인 캘리포니아 주에서 감세론자들이 약속했던 번영은 어디서도 찾아볼 수 없었다.

감세 열풍이 삼킨 미국 경제의 현주소

'세금 반란'을 등에 업고 집권한 레이건 대통령이 가장 심혈을 기울인 정책이 바로 감세정책이었다. 대공황이 오기 전 미국의 세율은 매우 낮았다. 1913년, 민주당의 우드로 윌슨Thomas Woodrow Wilson이 대통령에 당선됐을 때만 해도 미국의 최저 소득세율은 1%, 최고 소득세율은 7%에 불과했다. 그런데 윌슨 대통령이 100만 달러가 넘는 소득에 대해 소득세율을 최고 77%로 올렸다. 그러나 당시 100만 달러는 천문학적 소득이었던 만큼 일반 미국인들에게는 큰 영향을 끼치지 않았다.

그러다 대공황을 극복하는 과정에서 미국의 조세정책은 크게 달라졌다. 프랭클린 루스벨트Franklin Delano Roosevelt가 대통령이 된 이후, 최고 세율을 계속 올리면서 강력한 누진세를 적용했다. 1942년 최고 소득세율을 88%까지 올렸고, 최고 세율 적용 소득도 500만 달러에서 20만 달러로 낮췄다. 2차 세계대전이 한창이던 1944년에는 20만 달러가 넘는 소득에 대해 최고 세율을 94%까지 높였다. 이 같은 정책 기조는 미국이 번영을 누리던 1950년대까지 계속됐다. 1951년부터 1963년까지 미국에서 한 해 40만 달러가 넘는 소득에 적용하는 소득세율은 91%였다.

감세론자들의 주장대로라면, 이 정도 세율이라면 고소득자는 아무도 노동력을 제공하지 않아 극심한 경기침체가 와야 했을 것이다. 그러나 공급 중시 경제학의 주장과는 달리, 고소득자들은 그렇게 많은 세금을 내면서도 여전히 열심히 일했다. 더구나 감세론자들의 주장을 비웃기라도 하듯 당시 미국 경제는 최고의 호황을 누렸다.

그러나 레이건 대통령이 정권을 잡으면서 미국의 조세제도는 근본적으로 바뀐다. 레이건은 대통령 취임 직후 최고 소득세율을 절반 수준인 50%로 낮췄다. 그리고 1988년에는 최고 소득세율을 28%까지 떨어뜨렸다. 이때 레이건 행정부가 내세운 논리가 바로 세율을 낮출수록 세수가 늘어나 재정적자가 해소될 것이라는 공급 중시 경제학 이론이었다.

그러나 세율을 낮추면 세수가 늘어난다는 레이건 행정부의 주장과는 달리, 미국의 재정적자는 급속도로 불어났다. 7,120억 달러에 불과했던 미국의 재정적자는 레이건 임기 8년 동안 2조 달러를 넘어섰다. 감세를 통한 재정적자로 경기가 좋아지면 미래 세대의 경제적 희생을 바탕으로 현재 세대가 풍요를 누린다. 그런데 이런 재정적자 효과에도 미국 경제성장률은 오히려 떨어졌다. 전 세계 경제가 스태그플레이션으로 고통받았다는 1970년대조차 미국 경제는 연평균 3.3%의 경제성장률을 기록했다. 그러나 대규모 감세정책이 시작된 1980년대 미국 경제는 고작 연평균 3.1% 성장하는 데 그쳤다.[4]

레이건 때 시작된 감세의 물결은 조지 부시 대통령 때까지 계속됐다. 그러나 앞서 얘기했던 것처럼 재정적자가 너무 커지는 바람에, 부시 대통령은 '증세는 없다'는 공약을 어기고 어쩔 수 없이 증세를 했다. 그 결과 빌 클린턴이 부시 대통령을 누르고 새로운 대통령으로 당선된다. 클린턴 대통령은 전임 대통령들과 정반대로 균형 재정을 공약으로 내세우고 세율을 대폭 끌어올렸다. 그 결과 클린턴 임기 동안 최고 소득세율이 28%에서 39.6%로 높아졌다.

세율을 올리자 공급 중시 경제학의 주장과는 반대로 세수가 늘어났다. 미국의 적자재정 문제가 해결의 실마리를 찾은 것이다. 미국 의회 예산국은 2009년부터 2012년 사이 해마다 8,000억 달러의 흑자가 날 것으로 전망했다. 세율을 올려 세수가 늘어난 나라는 한 번도 본적이 없다는 강만수 전 장관은 과연 이런 역사를 몰랐던 것일까? 더구나 이처럼 세율을 대폭 올렸는데도 미국 경제는 호황을 누렸다. 클린턴 대통령 시절 미국 경제는 '신경제'라고 불릴 만큼 강한 성장세를 보였다. 감세를 안 하면 당장 나라가 망하기라도 할 것처럼 야단법석을 떨었던 이명박 정부의 주장과는 정반대의 현상이 일어난 것이다.

하지만 클린턴의 뒤를 이어 아들 조지 부시George Bush가 집권하면서 다시 감세정책이 시작됐다. 아들 부시는 아직 실현되지도 않은 재정흑자 예상치 가운데 절반을 미리 국민에게 나눠주겠다는 솔깃한 공약을 내놨다. 세금을 깎아준다는 공약은 언제나 매혹적이다. 결국 아들 부시는 아슬아슬한 표 차이로 앨 고어Albert Gore 후보를 누르고 대통령에 당선됐다. 그리고 공약대로 대규모 감세정책을 발표했다. 그 결과 부시 대통령 취임 이후 8년 동안 미국의 재정적자는 한국 1년 예산의 열 배가 넘는 3조 달러로 늘어났다.[5] 이때도 세율을 낮추면 오히려 세수가 늘어나는 감세의 기적은 일어나지 않았다. 세율을 낮추자 정부의 빚만 천문학적으로 늘어났다. 당연한 일이었다.

1990년대 클린턴 행정부가 들어선 이후 미국 경제는 서서히 경기가 회복됐다. 이에 따라 재정에 여유가 생긴 일부 주정부들이 세금을 깎아주기 시작했다. 주정부의 감세 조치는 아들 부시 행정부가 들어선 2001년에 그 절정을 이루었다. 미국은 주마다 세율이 다른 탓에 재미있는 연구가 가능하다. 감세를 많이 한 주와 그렇지 않은 주를 비교해보면 감세의 경제적 효과를 알 수 있기 때문이다.

미국의 50개 주 가운데 16개 주는 전체 세수의 7%가 넘는 세금을 깎았다. 특히 뉴욕 주와 뉴저지 주 등 6개 주는 전체 세수의 10%가 넘는 세금을 깎았다. 그런데 세금을 많이 깎은 주들의 경제 성적표는 세금을 깎지 않은 주에 비해 매우 초라했다.[6] 세금을 깎은 다음 오히려 세수가 늘어난 주는 거의 없었다. 감세를 단행한 16개 주는 2004년 전체 예산의 평균 14%가 넘는 적자재정을 꾸려야 했다.

주정부가 적자재정을 감당하지 못해 다시 세금을 늘린 주도 많았다. 특히 세수의 10%가 넘는 감세를 단행했던 주들은 결국 2001년부터 2003년까지 평균 6.3%의 증세를 감행했다. 그러나 감세와 증세의 대상은 아주 달랐다. 감세할 때는 주로 소득세나 부동산 보유세를 깎았기 때문에 감세의 혜택이 주로 부유층에게 돌아갔다. 그러나 2002년부터 세수가 부족해 증세에 나설 때는 주로 가난한 사람들이 더 높은 세율을 부담하는 소비세를 올렸다. 한 번 깎아준 부유층의 소득세나 부동산 보유세는 다시 올리기 어려우므로, 조세저항이 적어 비교적 쉽게 올릴 수 있는 소비 관련 세금으로 세수를 충당한 것이다.

그 사이 세금을 대폭 깎았던 주의 경제는 그렇지 않았던 주보다 사정이 오히려 더 나빠졌다. 7% 이상 감세한 미국의 16개 주의 일자리는 평균 1.5% 줄었으나, 그렇지 않은 주의 일자리는 평균 0.5% 줄어드는 데 그쳤다. 각 주의 평균 소득도 7% 이상 감세한 주에서는 평균 4.8%가 늘었지만, 그렇지 않은 주는 5.8%가 늘었다. 특히 10% 이상 감세한 6개 주의 경우에는 일자리가 2.3%나 줄어들었고, 소득은 고작 2.3% 늘어나는 데 그쳤다. 감세가 경제를 더욱 어렵게 만든 셈이다.

세금을 줄였다고 세수가 늘어나거나 침체된 경제가 살아나는 기적은 미국 어디에서도 찾아볼 수 없었다.

누가 감히 감세를 성장의 지름길이라 하는가?

감세가 경제성장의 지름길이라고 주장하는 이들은 세율이 높으면 투자가 이루어지지 않아 경제가 성장하기 어렵다고 말한다. 그래서 세율을 낮춰야만 기업의 이윤이 늘고 그 이윤으로 투자가 활성화되어 경제가 빠르게 성장한다는 것이다. 그러나 실제 경제에서는 감세가 경제성장으로 연결되지 않는 경우가 많다. 기업의 이윤이 늘어난다고 반드시 투자가 늘어나는 것은 아니기 때문이다.

아들 부시 대통령은 당선 직후 대규모 감세를 단행했지만, 투자는 고작 연평균 3.9% 늘어나는 데 그쳤다. 반면 1990년대 클린턴 대통령은 증세를 단행했는데도 투자가 연평균 7.6% 늘어났다. 결국 부시의 감세가 투자를 늘리기는커녕 오히려 줄인 셈이다.[7] 더구나 1950년대 이후 60년 동안 미국의 투자가 해마다 평균 5.0% 늘어났던 것에 비하면 부시의 감세 성적표는 낙제 수준이다. 대규모 감세로 미국 기업들의 이윤은 많이 늘어났지만 기업의 이윤이 늘어나면 투자가 늘어날 것이라던 부시 행정부의 주장과는 달리, 실제로 기업들은 늘어난 이윤으로 자사주를 매입해 주가를 떠받치거나 배당을 늘리는 방법으로 주주이익 극대화에 나선 것이다.

이렇게 투자가 부진하다 보니 고용이 늘어날 리 없었다. 부시 대통령 시절 미국의 일자리는 고작 연평균 0.9% 늘어났다. 세금이 늘어났던 1990년대 일자리가 연평균 1.9%나 늘어났던 것과 대조적이다. 일자리 개수만이 문제가 아니었다. 1990년대만 해도 2.7%였던 임금 상승률이 부시 대통령 때는 연평균 1.8% 상승하는 데 그쳤다.

이명박 정부는 출범 초기부터 기업에 세금을 깎아줘야만 투자가 늘어난다며 대규모 감세를 주장했다. 이명박 정부 출범 이후 4년 동안 각종 세액공제와 감세혜택이 쏟아졌음에도 연평균 설비 투자는 4.6% 늘어나는 데 그쳐, 설비 투자가 5% 늘어났던 참여정부 시절 수준에도 미치지 못했다. 투자가 늘어나지 않다 보니 일자리 창출도 신통치 않았다. 참여정부 시절 25만 3,000명 늘어났던 취업자도 이명박 정부에서는 19만 8,000명 늘어났을 뿐이다. 게다가 참여정부 시절 연평균 2.8% 늘었던 민간소비는 이명박 정부 4년 동안 1.9% 늘어나는 데 그쳤다. 감세에 따른 경제성장을 미국에서 찾아보기 어려웠던 것처럼, 한국에서도 감세정책이 전혀 효과를 발휘하지 못했다.

세계 여러 나라의 국민소득을 비교해볼 때 감세가 경제성장을 가져온다는 주장을 확인하기는 쉽지 않다. 세금을 많이 내는 유럽 국가들이 여전히 세계 최고의 부를 유지하고 있기 때문이다. 1인당 국민소득을 기준으로 세계에서 가장 잘 사는 룩셈부르크도 GDP 대비 국민 부담률[8]이 37.5%나 될 정도로 조세 부담이 높은 나라다. 1인당 국민소득이 세계 2위인 노르웨이 역시 국민 부담률이 41%나 된다.

국민 부담률이 가장 높은 덴마크와 스웨덴도 1인당 국민소득 순위에서 당당히 10위권 안에 이름을 올렸다. 또 오스트리아와 핀란드, 벨기에, 프랑스, 독일 등 조세 부담율이 40%가 넘는 나라들이 줄줄이 국민소득 순위 20위 안에 들었다. 세금이 높으면 기업 활동이 위축되고 경제성장이 늦어진다면, 이들 유럽 국가가 세계에서 가장 높은 세율로도 어떻게 여전히 잘 살고 있는지 설명이 되지 않는다.

반대로 세율이 낮은 나라들의 국민소득은 매우 낮은 편이다. 2009년 OECD 국가들 가운데 국민 부담률이 가장 낮은 나라는 멕시코로 17.5%였다. 그러나 1인당 국민소득은 61위에 불과했다. 감세론자들의 주장과는 달리, 현실에서는 세율이 높은 나라가 더 잘 살고 세율이 낮은 나라가 더 가난하다.

세금이 낮아진다고 경제성장률이 더 높아지는 것도 아니다. 1961년부터 2006년까지 미국의 연평균 경제성장률은 2.18%였다. 그러나 미국보다 훨씬 세율이 높았던 노르웨이는 같은 기간 동안 연평균 2.99%라는 경이적인 성장률을 보였다. 46년 동안 성장률에서 이 정도 격차가 나면, 복리複利효과 때문에 그 차이는 더욱 벌어질 수밖에 없다. 세율이 높은 벨기에와 프랑스의 경제성장률도 각각 연평균 2.63%와 2.53%를 기록했고, 복지 대국으로 알려진 덴마크와 스웨덴의 연평균 성장률도 미국을 뛰어넘었다. OECD 국가 중 세율이 가장 높은 5개 나라의 경제성장률이 모두 세율이 낮은 미국의 경제성장률보다 높았다.

반대로 금융위기에 가장 취약한 국가들은 대부분 세금이 적은 나라였다. 우선 글로벌 금융위기의 발원지인 미국의 경우, 국민 부담률은 OECD 국가 중 최저 수준이다. 한국에는 복지국가로 잘못 알려진 그리스는 국민 부담률이 29.4%로 서유럽 국가들보다 훨씬 낮다. 또한 경제위기로 직격탄을 맞은 아일랜드 역시 국민 부담률이 27.8%로 서유럽 국가 중 최저수준이었다. 이처럼 오히려 세금을 적게 내는 나라가 글로벌 경제위기에 더 취약한 것으로 나타났다.

들통 난 감세의 거짓말

감세하면 세수가 늘 것이라는 이명박 정부의 헛된 약속은 여지없이 무너졌다. 이명박 정부 출범 이후 줄어든 세수는 66조 원에 이를 것으로 보인다. 여기에 4대강 사업 등 각종 토목공사로 말미암은 추가 지출로 국가 채무도 크게 불어나면서, 2008년 309조 원이었던 국가 채무는

2012년 상반기에 이미 420조 원을 넘어섰다.

사실 한국의 재정적자 증가는 이미 예견된 일이었다. 미국과 같이 감세를 먼저 시행한 나라들이 재정적자로 허덕이는 것을 보고도 감세정책을 그대로 벤치마킹했기 때문이다. 감세에 대한 비난 여론이 아무리 거세져도 이명박 정부는 감세정책을 고수했다. 2011년 법인세율을 22%에서 20%로 인하하겠다던 목표가 여론에 밀려 좌절되자, 이명박 정부는 새로운 과표구간을 만들어 과표가 200억 원 이하인 기업의 법인세율을 20%로 낮췄다. 여론의 거센 반대에도 법인세율 20% 안을 일부 관철한 것이다. 게다가 법인세율 공제대상을 대폭 늘림으로써, 법인세율을 인하한 것과 유사한 수준의 감세혜택을 대기업에 안겼다. 이 때문에 대기업의 유효세율은 2007년 22.4%에서 2010년에는 16.8%로 크게 낮아졌다.[9]

이미 많은 주류 경제학자는 '감세가 세수를 늘린다'는 가설이 실제 경제에는 적용되지 않는다며 사형 선고를 내린 지 오래다. 부시 행정부에서 경제자문위원장The Chair of Council of Economic Advisers을 지내며 감세정책을 적극 추진했던 스탠퍼드 대학교 에드워드 러지어Edward Lazear 교수는 '세금을 깎으면 세금이 더 걷힌다는 주장에는 결코 동의할 수 없다'며 부시 행정부의 감세 논리와 분명히 선을 그었다.

그리고 러지어 교수에 앞서 부시 행정부의 경제자문위원장이었던 하버드 대학교 그레고리 맨큐 교수는 한발 더 나아가, '감세하면 세금이 더 걷힌다는 주장을 했던 공급 중시 경제학자들은 가짜 약을 기적의 만병통치약Snake Oil처럼 속여서 파는 사기꾼과 협잡꾼Charlatans and Cranks'이라며 강력하게 비난했다.[10]

미국에서는 사기꾼들이 파는 가짜 만병통치약을 '뱀기름Snake Oil'이라고 부른다. 서부 개척시대에는 제대로 된 약을 구하기가 쉽지 않았기 때문에 가짜 약을 파는 떠돌이 약장수들이 넘쳐났다. 특히 뱀 기름을 만병통치약이라고 속여 파는 경우가 가장 흔했던 데서 유래했다고 한다. 그런데 미국에서 가장 인기 있는 경제학 교과서 저자 중 하나인 맨큐 교수가 세금을 깎으면 오히려 세수가 늘어난다고 주장한 감세론자들을 가짜 만병통치약을 파는 사기꾼들에 비유한 것이다.

한국에서도 감세의 효과는 가짜 만병통치약처럼 심하게 과장됐다. 감세만 하면 세수가 늘어난다는 실증적으로 증명되지 않은 주장이 판을 쳤다. 그러나 감세로 줄어든 세수가 저절로 채워지는 기적이 일어나지 않는 한, 결국 국민 중 누군가는 그 부족한 세금을 떠안아야 한다. 아마 맨큐 교수가 한국을 방문해 이 주장을 들었다면, 한국에는 온통 사기꾼과 협잡꾼이 넘쳐난다고 했을지 모른다. 더구나 한국의 사기꾼 약장수들은 이미 가짜 약이라는 것이 만천하에 들통 났는데도 여전히 만병통치약이라고 우길 만큼 염치도 없다.

IV부
대붕괴 시대를 대비하라!

위기를 뛰어넘는
추격의 경제학

1990년대 한국 기업 사이에 중국 진출 열풍이 불었다. 한국 기업들은 중국 인구가 13억 명이니까 한 개씩만 팔아도 13억 개를 팔 수 있다며 중국 시장에 열광했다. 한국 기업들은 너도나도 차이나 드림China Dream을 꿈꾸며 중국 시장 진출에 열을 올렸다.

이 같은 열풍에 편승해 현대자동차도 중국 우한武汉에 그레이스 승합차를 만드는 공장을 세웠다. 우한은 내륙에 있는 후베이성湖北省의 성도省都로 중국에서 다섯 번째로 큰 도시다. 당시만 해도 중국 동부 연안에만 진출하던 다른 기업들에 비하면, 현대자동차는 과감한 결단을 내린 셈이다. 현대차는 내륙인 우한에서 시작해 거대한 중국 시장 전체를 공략하겠다는 꿈에 부풀어 있었다.

그러나 실제로 공장을 가동하기 시작하자, 중국 시장을 공략하겠다는 야심 찬 계획은 산산이 부서지고 말았다. 현대차는 우한에 연간 승합차 3만 대를 생산할 수 있는 생산설비를 갖췄다. 하지만 실제 판매 대수는 1,000대를 간신히 넘길 정도에 불과했고 공장 가동률이 한 자리 수를 넘지 못하는 최악의 성적을 기록했다.

현대자동차가 중국에서 그레이스 승합차 판매에 실패한 가장 큰 원인은 비싼 가격이었다. 중국의 그레이스 승합차의 판매 가격은 우리 돈으로 3,000만 원에 육박하며 당시 한국에서 판매했던 같은 그레이스 승합차 가격의 세 배 수준이었다. 반면, 당시 중국에서 가장 인기 있던 승합차인 '진베이金杯'의 판매 가격은 1,500만 원에 불과했다.

게다가 중국에서 팔리던 그레이스 승합차 모델은 한국에서 이미 생산이 중단된한 세대 전 모델이었다. 중국인들은 진베이의 승합차와 성능 면에서 큰 차이가 없고 값은 두 배나 비싼 현대차를 살 이유가 없었다. 또한 일본이나 유럽과 합작한중국 회사들도 그레이스보다 더 좋은 성능의 승합차를 3,000만 원 이하에 내놓고 있었다.

결국 그레이스 승합차의 판매 부진으로 우한 현대자동차 공장의 적자는 계속 쌓여만 갔다. 적자가 계속되자, 후베이성 지방정부가 현대차의 우한 공장 지분을 단돈 1위안元, 당시 우리 돈으로 120원 정도에 모두 넘기라고 요구했다. 중국 지방정부와 처음 계약을 할 때, 판매량이 일정 수준 이하로 떨어지면 중국 정부에 공장을 넘기기로 약속했기 때문이었다. 결국 현대차는 수백억 원을 투자한 우한 공장을 단돈 1위안에 중국 지방정부에 넘길 수밖에 없었다.

필자는 2004년, 1위안에 중국으로 넘어간 현대차 공장을 취재하기 위해 우한을방문했다. 이미 공장 부지는 일본의 혼다 자동차에 팔렸고 그레이스 생산설비는중국 기업에 넘어간 뒤였다. 필자는 후베이성의 투자담당 국장에게 이와 관련한인터뷰를 요청했다. 인터뷰에서 그녀는 "중국의 자동차 공업은 초등학생 수준이었는데, 현대자동차 덕분에 한꺼번에 대학까지 졸업할 수 있었다"며 현대자동차의중국 투자에 고마움을 표시했다.

중국 기업은 공짜나 다름없이 싼 값에 인수한 생산설비 덕분에 자국의 기술력을한층 높일 기회를 갖게 됐다. 결국 현대차의 위기가 당시 선진 기술에 목말라 있던중국의 기술 경쟁력만 높여준 꼴이 된 셈이다. 이 사건은 중국이 어떻게 위기를활용해 새로운 기술을 흡수했는지 보여주는 단적인 예다.

위기가 바로 극적인 추격의 기회다

2004년, 중국에 진출했던 한국의 휴대전화 생산업체들이 줄줄이 문을 닫았다. 한때 벤처 신화로 불리던 세원 텔레콤이 법정관리를 신청했고, 맥슨 텔레콤은 상장 폐지됐다. 그리고 텔슨 전자는 화의신청을 했다. 도대체 무슨 사연으로 한국의 전도유망했던 기업들이 약속이나 한 듯 동시에 무너져버린 것일까?

2000년부터 한국의 휴대전화 업체들은 본격적으로 중국에 수출하기 시작했다. 그런데 한국의 자사 브랜드로 수출한 것이 아니라 중국 업체에 납품하는 방식이었다. 즉, 휴대전화 디자인부터 개발, 생산까지 모두 한국 기업이 한 제품에다가 중국 통신업체의 브랜드를 붙여서 파는 개발자 주도형 생산ODM방식이었던 것이다.

그 결과, 한국의 중소 휴대전화 업계는 잠깐이나마 엄청난 호황을 누렸다. 세원 텔레콤은 2002년 중국의 최대 가전 회사인 하이얼海尔에 휴대전화 5,200만 대를 수출하는 계약을 따내기도 했다. 5,200만 대면 당시 한국의 인구보다도 많은 휴대전화 수출 계약이었다. 그러나 이러한 호황은 오래가지 않았다.

중국 정부는 휴대전화 판매에 강력한 면허정책을 사용했기 때문에, 중국 시장에서 휴대전화를 팔려면 반드시 휴대전화 판매 면허를 획득해야 한다. 그런데 중국 기업이 50% 이상 지분을 가진 경우에만 휴대전화 판매를 허용했기 때문에 현지 파트너 없이는 중국에서 휴대전화를 파는 것이 불가능했다. 이 같은 복잡한 절차 때문에 한국 중소 휴대전화 업체들은 까다로운 중국 판매 면허를 취득하기보다는 단순히 중국 판매회사에 휴대전화를 납품하는 ODM 방식으로 수출을 확대하는 전략을 썼다. 당시 세원 텔레콤이 생산해 중국에 수출한 휴대전화에는 중국 이동통신 회사인 닝보 버드Ningbo bird나 하이얼 같은 중국 상표만 부착되어 있었다. 이 때문에 중국인들은 한국 휴대전화를 쓰면서도 중국업체의 제품으로 생각할 수밖에 없었다.

그런데 2003년 휴대전화 업체가 급증해 공급이 폭증하면서 휴대전화 납품 단가가 반 토막이 나는 위기가 찾아왔다. 한국의 중소 휴대전화 수출 업체들은 턱없이 낮아진 단가를 맞추기 위해 온갖 자구노력을 기울였지만 쉽지 않았다. 특히 중국 본토에 공장을 짓기 시작한 타이완 기업들의 공세를 이겨내기가 쉽지 않았다.

중국 정부는 휴대전화 업계의 불황이라는 이 절호의 기회를 놓치지 않고 교묘하게 수입 규제를 강화하기 시작했다. 즉, 휴대전화 완제품에는 높은 관세를 물리고, 부품에는 관세를 거의 물지 않게 한 것이다. 그렇지 않아도 단가 하락에 고통받던 한국 업체들은 강화된 완제품 수입 관세를 피하기 위해 어쩔 수 없이 휴대전화 조립 공장을 중국으로 옮겨야 했다.

한국 업체들이 휴대전화 공장을 중국으로 옮기자, 중국 휴대전화 업체들이 발 빠르게 한국의 기술을 흡수해 한국 중소 업체와 비슷한 제품을 만들기 시작했다. 결국 중국 업체들의 거센 추격 앞에 2004년 한국 업체들은 잇따라 무너지고 말았고, 중국 업체들이 한국 휴대전화 업체의 생산시설을 하나둘씩 인수하기에 이르렀다. 결국 직장을 잃은 한국 업체의 직원들은 중국 업체를 기웃거리는 신세가 되고 말았다. 중국은 휴대전화 업계의 불황을 기회로 활용해, 싼값에 생산설비와 기술진을 확보할 수 있었다. 결과적으로 한국 중소 휴대전화 업체들의 몰락은 중국이 한국의 휴대전화 산업을 추격하는 기회가 된 셈이다.

혁신과 창조적 파괴를 강조한 경제학자 슘페터Schumpeter는 일찍이

"경기 변동과 불황기가 역전의 시기"임을 강조했다. 서울대 경제학부 이근 교수도 "전 세계적인 경기침체나 경기 사이클의 발생이 후발 기업에 새로운 진입과 역전을 위한 절호의 기회를 제공한다"는 사실을 보여줬다.[1] 호황기에는 기존의 승자가 더 팽창하는 시기여서 좀처럼 그 기술 격차를 줄일 수 없기에 후발 주자가 선발 주자를 따라잡는다는 것이 쉽지 않다. 그러나 불황이나 경제위기는 후발 주자에게 놀라운 추격의 기회를 제공한다. 불황기에는 투입요소 가격이 내려가 신규 진입과 투자의 비용이 낮아지기 때문에 후발 주자에게 추격의 기회가 주어지는 것이다.[2] 하지만 그런 역전의 기회가 거저 오는 것은 아니다. 그 역전에 성공하기 위해서는 더욱 치밀한 산업전략이 반드시 필요하다.

추격은 치밀한 전략의 산물이다

근대 영국이 성공할 수 있었던 가장 큰 원동력은 정부가 새로운 성장 동력 산업을 찾아 이를 적극 육성하는 '추격전략Catch-up Strategy'에 있었다. 15세기 말, 영국은 1차 상품인 양털을 수출해 모직물을 수입하는 후진적인 경제구조였다. 그런데 1489년 헨리 7세가 왕위에 오르면서, 영국은 산업화를 향한 새로운 도전을 시작하게 된다.

헨리 7세는 왕위 계승 순위에서 제외된 몰락한 가문 출신이었다. 14세 때 어머니가 자신을 버리고 재혼을 하는 바람에 그는 삼촌의 품에서 커야 했다. 여기에 장미전쟁[3]까지 일어나자 헨리 7세는 고국인 영국을 버리고 고된 망명 생활을 했다. 그러나 오랜 전쟁으로 계속된 혼란이 그를 다시 역사의 무대에 세웠다. 장미전쟁의 혼란 속에서 왕위

계승권자들이 차례로 숨지자, 헨리 7세는 랭커스터Lancaster 가家의 유일한 왕위 계승권자가 됐다. 그리고 1485년 헨리 7세는 경쟁자였던 리처드 3세를 격파하고 단숨에 영웅이 되어 왕위에 올랐다.

그러나 왕이 된 후에도 헨리 7세의 삶은 그리 평탄하지 않았다. 헨리 7세의 정통성을 인정하지 않는 세력의 끊임없는 도전을 받아야 했다. 이 때문에 그는 자신이 영국 전설상의 국왕인 아서Arthur 왕의 직계 후손이라고 주장하고, 자기 아들 이름도 아서라고 지었다. 하지만 이것만으로는 정통성 시비를 종식하는 데 한계가 있었기 때문에 헨리 7세는 영국을 부강하게 만드는 것이 자신의 유일한 생존전략이라고 생각했다. 그래서 왕위에 오르자마자 그는 강력한 부국강병책을 쓰기 시작했다.

그는 당시로서는 첨단 산업이라고 할 수 있는 모직물 공업을 발전시키기 위해 각종 산업정책을 시행했다. 우선 원료가 되는 양털 수출을 금지하고 국외 모직물 수입에 무거운 관세를 부과했다. 또한 영국의 모직물 수출에 대해서는 강력한 보조금정책을 폈으며 심지어 모직 산업에서 가장 앞서 가던 네덜란드의 숙련된 기술자를 납치하기도 했다. 그 결과 영국은 네덜란드를 누르고 세계에서 가장 강력한 모직물 제조 국가로 떠올랐다.[4]

근대 영국이 세계 최강의 제조업 지위를 확보하는 데는 영국 정부의 치밀하고 적극적인 산업전략이 큰 역할을 했다. 이렇게 확보한 제조업 강국의 지위는 나중에 영국이 산업 혁명에 가장 먼저 성공하는 데에 중요한 밑거름이 됐다.

전략적인 미래성장동력 산업육성전략은 20세기에도 세계 곳곳에서 큰 성공을 거두었다. 우리나라가 지금과 같은 반도체 강국이 된 것도 치밀한 추격전략의 결과라고 할 수 있다. 불모지나 다름없던 한국에서 전자 산업이 뿌리를 내리기 시작한 계기는 1969년 시행된 '전자공업 진흥법'이었다. 이 법안을 토대로 한국 정부는 당시에는 큰돈이었던 140억 원을 지원해 1976년까지 전자 산업부문에서 4억 달러를 수출하겠다는 계획을 세웠다. 그리고 정부 산하기관이었던 한국정밀기기센터가 직접 첨단 기술을 수입하고 국외시장을 개척했다. 결과는 대성공이었다. 1976년 한국은 애초 수출 목표보다 2.5배나 많은 10억 달러어치를 수출했다.

이 같은 성공을 발판으로 1975년에는 반도체 산업육성을 위한 6개년 계획이 수립됐다. 그리고 정부는 과감한 투자와 함께 국책연구소들을 세웠다. 민간 업체의 기술력이 거의 없었던 1980년까지 국책연구소의 활약은 절대적이었다.

1985년 당시 반도체 강국이었던 일본과는 1메가 디램에서 2년 이상 격차가 있었다. 반도체 산업처럼 기술의 세대교체가 빠른 산업에서 2년의 격차는 기업의 힘만으로는 따라잡기가 쉽지 않았다. 이에 정부는 국책연구소와 민간 기업체, 그리고 대학 연구진의 힘을 한데 모아 1메가 디램과 4메가 디램을 동시에 개발하겠다는 야심 찬 계획을 내놓았다.

정부의 과감한 투자를 통해 국책연구소인 한국전자통신연구원ETRI 주도로 삼성반도체통신, 금성반도체, 현대전자 등 민간 업체 10여 곳과 서울대학교가 공동으로 참여하는 초대형 프로젝트가 시작됐다. 그리고 연구진의 피땀 어린 노력으로 애초 목표보다 한 달 먼저 4메가 디램을 개발하는 데 성공했다. 이 같은 민관 공동 연구는 64메가 디램을 개발할 때까지 계속되어 한국을 명실공히 세계 반도체 산업의 선두주자로 우뚝 세우는 데 핵심적인 역할을 했다.

그러나 외환위기 이후 한국의 전략은 변하기 시작했다. 이제 한국에서는 정부가 새로운 미래성장동력을 발굴하고 적극 육성하는 진취적인 산업정책은 사라졌다. 특히 이명박 정부는 고환율에 의지해 기존 산업의 수출 물량을 늘리는 데만 집중하는 쉬운 길을 택했다. 그러나 이 치열한 국제사회에서 미래 산업을 적극 육성하는 정부의 추격전략이 없이 새로운 산업이 저절로 발전하기를 기대할 수는 없다. 선진국의 정부들도 강력한 산업정책을 동원해 새로운 산업의 발굴·육성에 매진하고 있기 때문이다.

선진국들이 국가의 운명을 걸고 집중적으로 육성하고 있는 제약 산업이 그 대표적인 예다. 제약 산업은 대표적인 지식 집약적 고부가가치 산업으로, 신약 하나를 만들려면 개발 기간만 10년이 넘고 투자비도 1조 원에 이른다. 개발 성공률도 극히 낮아 매우 위험도가 높지만, 일단 개발에 성공하면 엄청난 이익을 거둘 수 있다. 실제로 글로벌 제약회사들의 순이익률이 18%가 넘어 제조업을 크게 뛰어넘는다. 이 때문에 많은 선진국 정부들은 제약 산업에서 최강국이 되기 위해 온갖 지원을 아끼지 않고 있다. 미국 정부는 국립보건원National Institutes of Health, NIH을 통해 2010년에만 308억 달러, 우리 돈으로 35조 원 정도를 연구개발비로 지출했다. 미 국립보건원이 직접 신약 개발에 참여한 것도 1,500건에 이른다. 이 같은 강력한 정부의 지원 덕분에 1980년대 미국은 당시 제약 시장을 장악하고 있던 유럽을 제치고 세계 1위의 제약 강국으로 자리 잡았다.

이처럼 미국이 정부의 강력한 지원으로 제약 산업을 주도하자, 2007년 독일이 뒤늦게 반격에 나섰다. 독일은 '세계의 약국'이라는 비전을 세우고 2011년까지 8억 유로, 우리 돈으로 1조 2,000억 원 정도를 신약 개발에 지원했다. 스위스도 신약을 개발한 기업에 매출의 10~20%를 인센티브로 제공하는 등 정부가 제약 산업육성에 직접 나서고 있다. 최근에는 중국도 제12차 5개년 계획으로 신약 연구 개발 등에 약 15억 달러, 우리 돈으로 1조 7,000억 원을 투자해 신약 전쟁에 가세했다.

이처럼 경쟁국들이 자국의 미래를 위해 앞다투어 신약 개발을 지원하고 있는 이때, 우리 한국은 과연 어떠한가? 정부가 밝힌 2012년 신약 연구 개발 지원 예산은 고작 200억 원이었고, 혁신형 제약기업 육성 지원 예산은 10억 원에 불과하다. 제약 강국인 미국이나 독일까지 갈 것도 없이, 당장 중국과 비교해도 참으로 미미한 수준이다.

제약 산업만이 문제가 아니다. 선진국들은 점점 더 변화무쌍해지는 미래환경에 대비해서 국가경쟁력을 강화하기 위한 적극적인 투자에 나서고 있다. 미국은 강력한 정부지원을 통해 기초과학을 육성하고 전문 기술인력을 양성한다는 내용의 대대적인 미국 경쟁력 강화대책American Competitiveness Initiative, ACI을 수립하고, 2007년부터 10년 동안 500여 개의 첨단 연구과제에 1,360억 달러를 투입하기로 했다. 또한 5년 동안 7만 명의 수학교사와 과학교사를 재교육시키고 8년 동안 3만 명의 과학 보조교사를 채용하는 등 차세대 인재 육성에도 심혈을 기울이고 있다. 미국의 경쟁력 강화대책은 첨단 산업 경쟁력 강화와 함께 미래를 준비한다는 점에서 매우 장기적이고 미래지향적인 투자라고 할 수 있다.

　과거 한국도 강력한 산업정책을 통해 지금의 반도체 산업을 키워냈다. 한국의 조선업과 중화학 공업 역시 치밀한 산업정책의 산물이다. 그러나 최근에는 이런 산업정책에 대한 지원이 점점 약화하고 있다. 이명박 정부는 출범하자마자 정보통신부와 과학기술부를 다른 부처와 통폐합했다. 과학기술 연구에 대한 지원을 확대하고 체계화하기 위해 노력하는 여러 선진국과는 정반대의 행보다. 가까운 미래에 대붕괴로 말미암은 강력한 추격의 기회가 만들어졌을 때 한국이 치밀한 산업정책 없이 미래성장동력 산업들을 그대로 방치한다면, 한국은 앞서나가기는커녕 오히려 역전당하게 될 것이다.

문제는 시스템이다

2010년 미국 테네시Tennessee 주에 사는 랜스 크래닉Lance Cranick의 집에 불이 났다. 크래닉이 곧바로 911에 신고하자 소방관들이 출동했다. 하지만 소방관들은 소방차를 크래닉의 집 앞에 세워놓고 집이 타들어가는 2시간 동안 불구경만 했다. 애타는 집주인은 소방관들을 붙잡고 불을 꺼 달라고 애원했지만, 소방관들은 불길이 옆집으로 번지는 것만 막을 뿐 타들어 가는 크래닉의 집은 그대로 방치했다. 결국 크래닉의 집은 완전히 불타버렸고 미처 구하지 못한 애완동물 4마리가 불에 타 죽었다. 크래닉의 7세짜리 딸아이는 집으로 들어가 자신의 강아지를 구해야 한다며 울부짖었다. 이 장면은 미국의 주요 공중파를 통해 방송되어 미국인들에게 큰 충격을 줬다.

위험을 무릅쓰고 생명을 구하는 미국의 소방관들은 존경의 대상이다. 그런데 그런 소방관들이 불타는 집 앞에서 두 손 놓고 지켜만 보고 있었던 것이다. 도대체 왜 테네시 주의 소방관들은 불을 끄지 않은 것일까? 그 이유는 진 크래닉이 소방서에 연회비 75달러를 내지 않았기 때문이다.

크래닉이 사는 지역은 도심과 멀리 떨어진 시골이어서 소방서가 따로 없었다. 그래서 인근 도시에 있는 소방서에 소방업무를 위탁했는데, 이 위탁한 소방서는 철저한 시장주의 원칙을 도입했다. 1년에 75달러의 소방업무 위탁비를 내지 않는 집은 불이 나도 소방 서비스를 제공하지 않기로 한 것이다. 크래닉은 해마다 75달러의 위탁비용을 내왔지만, 공교롭게도 불이 난 2010년에는 연회비 납부를 잊었다고 한다. 그래서 소방관들에게 올해만 잊고 납부하지 않은 것이라며 일단 불부터 꺼달라고 사정해봤지만 소방관들은 현장 납부는 소용이 없다며 불 끄기를 거부했다.

이 화재 소식이 알려지자 미국인들은 분노했다. 미국 민주당 진영의 논객들은 "이것이 미국의 극단적 보수주의자들의 모임인 '티 파티Tea Party'가 만들 세상"이라며 강력하게 비판했다. 소방관이 시민의 재산을 지키는 기본적인 의무도 다하지 않았다며 불을 끄지 않은 소방관들을 비난하는 목소리도 높았다.

그러나 며칠 뒤 보수주의자들의 모임인 '티 파티'의 대대적인 반격이 일어나면서 여론은 급변했다. '티 파티'의 논객들은 "그 집을 불타게 내버려 둬라!Let the house burn!"며 연회비를 내지 않은 부주의한 집주인을 비난하고, 불을 끄지 않은 소방관들을 자본주의의 원칙을 지킨 영웅이라며 치켜세웠다. 결국 소방관들이 출동했는데도 불을 끄지 못하게 만든 나쁜 시스템에 대한 문제는 논점에서 사라지고, 소방관이 나쁜지 아니면 집주인이 나쁜지에 대한 소모적인 논쟁으로 변질되어 갔다.

그동안 이명박 정부는 대기업의 이윤이 늘어나면 기업들의 투자가 확대되어 일자리가 늘어날 것이라고 주장했다. 하지만 아무리 이윤이 늘어나도 일자리는 좀처럼 늘어나지 않았다. 결국 정부 고위관계자까지 나서서 "재벌의 배신"이라고 비난하며 재벌들을 압박했다. 그러나 아무리 위협해도 일자리는 뜻대로 늘어나지 않았다.

재벌에만 매달린 일자리 확대정책은 애초부터 잘못된 것이었다. 기업 혁신을 위한 비영리단체 가운데 가장 큰 카우프만Kauffman 재단은 미국 정부로부터 미국의 일자리와 관련한 방대한 자료를 넘겨받아 일자리 창출에 관한 집중적인 연구를 진행했다.[5] 그 결과 미국의 새로운 일자리는 대부분 신규 창업기업이 창출했고, 기존의 대기업은 대부분 일자리를 파괴해왔다는 놀라운 사실이 드러났다. 미국에서 1977년부터 2005년까지 새로 창업한 기업들은 해마다 300만 개의 일자리를 만들었다. 그에 비해 기존의 기업들은 같은 기간 동안 100만 개의 일자리를 파괴했다. 또한 기업은 처음 창업해서 5년이 되는 동안에 그 기업이 고용하는 전체 인력의 80%를 고용하고, 창업한 지 5년이 지난 뒤에 고용하는 인력은 20%에 불과한 것으로 조사됐다. 결국 정부가 진정으로 일자리를 늘리기 원했다면, 기존 대기업이 아니라 신규 창업을 돕는 데 국가의 자원을 집중했어야 했다.

1970년 스태그플레이션이 오기 전까지 미국은 번영의 길을 걷고 있었다. 하지만 그 번영을 이끌었던 원동력들이 차츰 쇠퇴하기 시작했다. 그런데 미국은 그 원동력을 되살리는 길 대신 빚을 늘려 경기를 부양하는 길을 택했다. 이렇게 잘못된 선택으로 미국 경제는 잠시 호황을 누렸지만, 그 대가로 미국의 시스템은 점점 더 병들어갔다.

1950년대와 60년대에 미국의 호황을 이끌었던 공정한 경쟁 시스템과 든든한 사회안전망, 그리고 이를 통한 활발한 계층 이동성이 모두 무너져버린 것이다. 스태그플레이션으로 경제 전체의 파이가 줄어들자 자본가들은 근로자들의 몫까지 챙겨줄 여유가 없었다. 그 결과 미국 경제의 든든한 버팀목이었던 중산층이 무너지고 빚으로 지탱하는 위태로운 상황이 됐다. 이 과정에서 미국의 GDP 대비 총부채비율은 대공황 때를 훌쩍 넘을 만큼 급속도로 늘어나고 있다. 게다가 2008년 미국의 주택 거품이 붕괴하는 과정에서 미국은 빚을 더 늘려 위기를 잠깐 지연시키는 선택을 함으로써, 빚의 규모는 감당할 수 없을 정도로 늘어났다.

위기를 불러왔던 금융 시스템을 개혁하거나 원인분석 또는 책임규명을 하는 것이 아니라, 대대적인 구제금융과 신용확대정책으로 당장 눈앞의 위기를 넘기는 데만 급급했다. 그 결과 금융위기의 주범들에게 면죄부와 함께 막대한 부를 안겨주었고, 미국은 혁신적인 구조개혁으로 경제를 다시 번영의 길로 들어서게 할 절호의 기회를 놓치고 말았다.

유럽 국가들도 빚으로 잔치를 벌이기는 마찬가지였다. 유로화 출범으로 독일과 남유럽 국가들 모두 즐거운 비명을 질렀다. 유로화를 채택한 이후 환율 리스크가 없어지자 남유럽에는 엄청난 규모의 국외자본이 몰려들었다. 이 때문에 이자율이 대폭 낮아지자 너도나도 쉽게 돈을 빌려 자산에 투자했고, 그 결과 자산가치의 폭등으로 남유럽 국가의 국민들은 풍요를 누렸다. 투자할 곳을 찾아 헤매던 독일과 오스트리아 등의 투자자들도 새로운 투자 대상이 나타나자 쾌재를 불렀다. 같은 유로화를 쓰면서 자국보다 높은 이자수익을 안겨주는 남유럽 투자에 모두들 뛰어들었다. 그 결과 빚이 눈덩이처럼 불어나면서 유럽 전체가 부유해진 것 같은 착시현상을 일으켰다. 그러나 이것은 모두 빚이 만들어낸 신기루에 불과했다.

문제는 유럽의 국가들 역시 위기를 불러온 근본 시스템을 개혁하는 데에는 관심이 없고, 그저 그때그때 발생하는 위기에 대한 대증요법만 쓰고 있다는 점이다. 빚을 부풀려온 금융 시스템을 근본적으로 뜯어고치거나 중산층 붕괴로 사라진 소비기반을 재건하려는 노력은 아직 어디에서도 보이지 않고 있다. 이제 세계적인 대붕괴가 임박한 지금, 결국 위기를 이겨내는 번영의 시스템을 가장 먼저 확립한 국가가 새로운 경제 질서를 주도하게 될 것이다.

만약 이 중대한 시점에서 우리 정부가 또다시 거품에 의지한 경기부양을 시도한다면 한국 경제는 다시는 회복하지 못할 큰 타격을 받을 것이다. 게다가 빚의 대붕괴에 이어 2020년에 시작될 인구의 대붕괴까지 겹친다면, 머지않아 몰락의 길을 걷게 될 것임은 불을 보듯 뻔하다. 그리고 그 결과는 일본의 20여 년 불황보다도 더 깊고 어두울 가능성이 크다.

그러나 다행히도 아직 우리에겐 시간이 남아 있다. 본격적으로 한국의 생산가능인구가 걷잡을 수 없이 줄어드는 2020년이 오기 전까지, 남은 시간 동안 대붕괴의 위협에서 벗어나 한국의 번영을 이끌었던 시스템을 재건해야 한다. 이를 위해서는 무엇보다도 1등만 살아남는 사회가 아니라, 모두가 1등에 도전할 수 있는 공정한 경쟁 시스템을 회복하는 일이 가장 시급하다. 아직 한국 경제를 되살릴 기회가 있을 때 경제를 다시 세우는 새로운 시스템을 만들어나가야 할 것이다.

02

300조 원을 벌어들인
영국의 비밀병기

해리 포터Harry Potter 시리즈로 유명한 조앤 K. 롤링Joanne Kathleen Rowling은 28세의 나이에 폭력을 일삼던 남편과 이혼을 하고, 갓 태어난 어린 딸과 함께 스코틀랜드의 에든버러에 사는 동생을 찾아갔다. 무일푼이었던 롤링은 그곳에서 친구에게 돈을 빌려 간신히 초라한 공공 임대아파트를 얻을 수 있었다.

1993년 영국에서 어린 딸을 키워야 했던 롤링이 일자리를 얻기란 쉬운 일이 아니었다. 결국 영국 정부가 일주일에 70파운드, 우리 돈으로 13만 원씩 주는 극빈자 생활 보조금에 의존해 생계를 이어갔다. 1990년까지 집권했던 마거릿 대처가 사회보장제도 대부분을 철폐했지만, 다행히 극빈자 생활 보조금은 남아 있었다.

최소한의 생계를 유지할 수 있게 되자 롤링은 교사자격증에 도전하면서 동시에 소설가의 꿈을 키워나갔다. 롤링은 유모차를 끌고 나와 산책을 하다가, 아기가 잠이 들면 집 근처 카페인 엘리펀트 하우스Elephant House에 들러 커피 한 잔을 시켜놓고 온종일 앉아 해리포터를 쓰기 시작했다.

1995년 롤링은 해리포터 1권을 완성해 대형 출판사 12곳에 원고를 보냈지만, 모두 거절당했다. 고생 끝에 2년 만에 겨우 '블룸즈버리Bloomsbury'라는 작은 출판사와 계약을 맺은 롤링은 해리포터 초판 500부를 찍고 그 인세로 고작 1,500파운드, 우리 돈으로 300만 원 정도를 손에 쥐었다.

이렇게 실패로 끝나는 줄 알았던 롤링에게 마법 같은 기적이 일어났다. 1997년 미국의 대형 아동 서적 전문 출판사인 '스콜라스틱Scholastic' 관계자가 찾아와, '해리 포터와 마법사의 돌'이라는 제목으로 미국판 출판 계약을 하고 10만 달러의 거금을 계약금으로 내놓았다. 이후, 본격적인 입소문이 나기 시작하면서 해리포터는 전 세계적인 인기를 누리기 시작했다.

그 결과, 해리포터는 영국에 300조 원이 넘는 천문학적인 경제적 효과를 안겼다. 한국의 한 해 전자제품 수출액의 열 배가 넘는 규모이다. 또한 롤링 자신도 1조 원이 넘는 돈을 벌어 2010년 《포브스Forbes》가 발표한 세계 여성 부자 순위 14위에 올랐다. 극빈자 보조금에 의지해 생계를 이어가던 롤링에게 실로 해리포터의 마법과 같이 놀라운 인생 역전이 일어난 것이다.

롤링은 2010년 영국의 일간지 《더 타임스The Times》에 기고한 '싱글맘의 선언'[1]에서 자신의 성공은 복지제도를 대거 철폐해왔던 보수당 정권하에서 그나마 사라지지 않고 남아 있던 영국의 극빈자 보조금제도 덕분이었다고 강조했다. 그리고 자신은 영국 복지제도의 고마움을 뼈저리게 느끼기에, 결코 조세회피 지역으로 도망가지 않고 성실하게 영국에서 세금을 낼 것이라고 선언했다.

결국 조앤 K. 롤링이라는 엄청난 작가를 발굴해낸 영국의 비밀무기는 바로 최소한의 삶을 영위할 수 있도록 도왔던 영국의 사회복지제도였다. 롤링에게 들어간 주당 13만 원의 극빈자 생활 보조금이 영국에 300조 원이 넘는 엄청난 부로 되돌아 온 것이다. 사회복지가 단순히 비용이 아니라 미래를 위한 가장 중요한 투자인 이유가 바로 여기에 있다.

사회보장제도는 비용인가 투자인가?

필자가 미국에서 객원 연구원으로 있을 때 아이들을 데리고 집 근처 놀이공원에 간 적이 있다. 그런데 놀이공원 연간 회원권 가격이 어른은 55달러, 어린이는 35달러에 불과했다. 한국에서 놀이공원에 한 번 가는 것보다 조금 비싼 정도에 불과했지만, 놀이공원 시설은 한국의 웬만한 놀이공원에 못지않았다.

그러나 막상 공원에 들어가 보니 이렇게 싼 데는 이유가 있었다. 한국과 달리, 놀이 기구를 타고 내리는 장치가 모두 수동이라 일일이 직원의 조치가 필요한데 몇몇 위험한 놀이 기구를 제외하고는 기구 하나에 배치된 직원은 단 한 명뿐이었다. 인사를 잘하는 미국인답지 않게 직원 대부분은 무뚝뚝했고 일하기가 귀찮은 듯 행동도 정말 느렸다. 이 때문에 놀이 공원이 전혀 붐비지 않았는데도 놀이 기구 하나를 타는 데만 오랜 시간이 걸렸다.

놀이공원 매점에는 10대로 보이는 어린 임시 직원들만 있었다. 매점에서 아이들 간식을 사고 신용카드를 내밀자, 직원이 신용카드 단말기를 사용할 줄 모른다며 당황했다. 놀이공원 측이 비용 절감을 위해 매점 직원을 단기 계약직으로 뽑았기 때문에, 당일 새로 채용된 직원들이 미처 카드 단말기 사용법을 익히지 못했던 것이다.

차량 내비게이션을 사기 위해 '베스트바이Best Buy'라는 미국 최대 전자제품 소매업체를 찾았을 때도 이와 비슷한 경험을 했다. 성능이 비슷해보이는 두 내비게이션의 가격이 두 배나 차이가 나기에, 점원에게 왜 이렇게 가격 차이가 크게 나는지 물었다. 점원은 당황하며 5분이 넘도록 두 제품을 이리저리 살펴보더니, 결국 다른 사람에게 물어보고 오겠다며 매장 뒤편으로 사라진 뒤 영영 돌아오지 않았다.

오바마 행정부에서 조지프 바이든Joseph Biden 부통령의 경제자문위원장을 맡았던 재러드 번스타인Jared Bernstein도 베스트바이를 방문했다가 필자와 비슷한 경험을 했다고 한다.[2] 매장을 둘러보다가 점원에게 한 오디오 기기의 작동방법을 물었지만, 매장 안에 있던 직원들이 아무도 그 방법을 몰랐다는 것이다.

이처럼 점원들이 신용카드 단말기 사용법이나 자신이 파는 제품에 대한 기본 정보조차 잘 모르게 된 이유는 무엇일까? 번스타인은 미국 서비스 업체의 낮은 임금과 불안한 고용에서 그 원인을 찾고 있다. 미국의 서비스업 종사자는 제조업 종사자보다 15~20% 적은 임금을 받고 있다. 더구나 제조업과 비교할 때, 건강보험 등 각종 복지혜택은 거의 없는 것과 다름이 없다.[3]

더구나 미국 유통업체 직원들은 아주 쉽게 해고를 당하기 때문에 직장에 대한 소속감이 없다. 2007년 봄, 베스트바이에 이어 미국 2위의 전자제품 소매업체인 서킷 시티Circuit City는 3,400명의 판매사원을 해고했다. 그리고는 훨씬 낮은 임금을 제시한 뒤 이를 받아들인 직원들만 다시 고용했다. 이처럼 걸핏하면 해고하는 직장에서 직원들의 충성심이나 소속감을 기대하는 것은 헛된 꿈에 가깝다. 임금이 낮고 직장을 잃을 가능성이 높으면 그 직장에만 특화된 기술이나 지식을 익히는 것은 시간 낭비다. 베스트바이 직원이 내비게이션의 미세한 차이점이나 오디오 기기의 조작법을 아무리 잘 익힌다 해도, 그 지식과 정보가 다른 직장을 구할 때 큰 도움이 되지 않기 때문이다.

반대로 고용이 안정된 경우에는 그 직장에서만 필요한 기술에 집중적인 투자가 가능하다. 2002년 필자가 창원에 있는 두산중공업을 취재할 때 만났던 기술 명장들이 그 대표적인 예다. 그중 이상원 기술부장은 발전소 핵심설비 국산화에 이바지하고 품질 혁신에 성공한 공로로 2011년에 동탑산업훈장을 받았다.

그는 인문계 고등학교를 졸업하고 기술연수생으로 한국중공업에 입사한 후 기업이 두산에 인수된 지금까지 33년 동안 창원 공장에서만 근무했고, 특히 25년 동안 발전소 핵심 부품인 회전날개 기술에만 매달렸다. 발전기 회전날개는 고온·고압의 증기 속에서 1초에 3,600회의 회전을 견뎌내야 하므로 만들기가 매우 까다로운 부품이었다.

하지만 이상원 기술부장과 한국중공업 기술자들의 눈물겨운 노력으로 1991년, 드디어 회전날개를 국산화하는 데 성공했다. 그리고 지금까지 회전날개에만 몰두해 스팀 회전날개 33종, 가스 회전날개 17종을 개발했다. 덕분에 그는 2003년 산업자원부에서 품질 명장에 선정됐고, 2010년에는 최고 영예인 '기장'으로 승진했다.

만일 기업이 언제든 직원을 쉽게 해고해버리는 고용환경이었다면, 이렇게 회전날개 부품 개발에만 25년의 인생을 모두 투자하는 것이 가능했을까? 공기업이었던 한국중공업의 안정된 고용환경이 아니었다면 쉽지 않은 일이었다. 이처럼 안정된 고용은 그 기업이나 산업에 특화된 기술을 개발하는 데 결정적인 역할을 한다.

제조업 경쟁력은 특정 공정에 특화된 숙련 기술자들이 오랜 세월 땀 흘리며 몸으로 터득한 미세한 감각과 손기술에서 나온다. 독일의 안정된 직장과 마이스터meister제도가 국가의 기술력을 한층 끌어올리는 큰 역할을 하는 것처럼, 한국 역시 평생직장이라는 개념이 한국의 제조업 기술력을 끌어올리는 결정적인 역할을 해왔던 것이다.

외환위기 이전의 한국은 기업이 사회보장 역할까지 하는 기업복지형 국가였다. 근로자들은 자신이 선택한 평생직장에서 자기 일을 열심히 다하기만 하면, 기업으로부터 많은 복지혜택을 받을 수 있었다. 이러한 기업과 근로자의 상호관계가 기술 축적을 가속화시켜 한국의 발전을 이끌어왔다.

그러나 외환위기 이후 근로자와 기업의 이런 관계는 깨졌다. 기업은 그동안 자신들이 성장하는 데 가장 큰 원동력이었던 근로자들과의 유대를 헌신짝처럼 버렸다. 기업들은 외환위기로 이윤이 줄어들자, 현재의 이윤을 확보하기 위해 근로자들을 대량 해고하는 길을 택했다. 그리고 근로자를 해고하기가 어렵다면 많은 기업이 한국을 떠날 것이라며 근로자들을 위협했다. 정부는 기업들의 요구를 받아들여 노사 관계의 균형을 깨고 사용자인 기업에 힘을 실어주기 시작했다. 덕분에 기업은 더 쉽게 근로자들을 해고하거나 비정규직으로 전환할 수 있었고, 이 때문에 한국에서 평생고용을 통한 기업형 복지는 사라졌다. 사회안전망이 채 갖춰지지 않은 상황에서 평생고용이 깨지자, 해고된 근로자들은 순식간에 벼랑 끝으로 내몰렸다.

이렇게 근로자와 중산층을 위기로 내몬 대가로 기업은 어떤 이득을 얻었을까? 근로자를 손쉽게 해고할 수 있게 되면 개별 기업의 입장에서는 당장 이윤을 늘릴 수 있을 것처럼 보인다. 하지만 개별 기업이 아닌 경제 전체적으로 보면, 고용 유연화가 반드시 기업에 이득만 주는 것은 아니다. 기업이 오히려 손해를 보는 상충관계trade-off가 존재하기 때문이다.

하버드 대학교의 마르가리타 에스테베즈Margarita Estevez-ave 교수는 인적자본 투자에 시장의 실패가 있기 때문에 시장에만 맡겨서는 기술축적에 과소 투자가 있을 수 있다고 경고했다.[4] 기업이 생산성을 높이려면 자신의 공정이나 생산설비에 특화된 기술을 갖춘 기술자를 많이 확보해야만 공정혁신이나 기술 개발이 가속화되어 더 높은 생산성을 확보할 수 있다. 그러나 특화된 기술은 익히는 데 큰 비용과 많은 시간이 걸리는데다 신기술이 등장할 경우 도태될 우려가 크기 때문에, 근로자들이 특정 공정에 특화된 기술에 많은 시간을 투자하는 것은 매우 비합리적인 일이다. 더구나 정리 해고로 직장을 잃게 되었을 때, 특정 공정이나 생산설비에 특화된 기술은 새 직장을 구하는 데 큰 도움이 되지 않는다. 이 때문에 고용 유연화로 해고가 잦은 경제 환경에서는 기술자들이 특화된 기술보다 보편적인 기술을 익히는 데 주력하는 경향이 있다.

또 사우로 모체티Sauro Mocetti[5]는 사회안전망과 인적자본 축적의 관계를 연구했다. 모체티는 인적자본 투자에 큰 비용과 많은 시간이 들지만, 투자하는 시점에서 그 성과가 얼마나 될지 예측하기가 쉽지 않기 때문에 상당히 높은 위험이 존재한다고 한다. 이 때문에 적절한 고용보장이나 사회안전망이 없다면 시장의 실패로 인적자본 투자가 줄어들게 된다는 것이다.

결국 근로자를 해고해 단기적으로 이윤을 올리려던 기업도 기술축적 속도의 둔화로 손해를 보고, 경제 전체의 생산성 향상도 더뎌지게 된다. 과도한 고용 유연화는 부메랑처럼 돌아와 모두를 패자敗者로 만든다.

불황 잡는 사회안전망

경제위기가 오면 많은 사람이 직장을 잃고 소비를 줄인다. 소비가 줄면 기업은 투자를 줄이고 구조조정을 강화하는 악순환을 만들어 불황이 장기화된다. 이 같은 악순환에서 사회안전망은 단순히 실업자를 돕는 것으로 그치는 것이 아니라, 경제위기 속에서도 소비를 견고하게 유지할 수 있도록 돕는다. 그리고 이는 기업의 투자를 되살리고 경기 회복을 앞당기는 중요한 역할을 한다.

이 같은 사회안전망의 역할을 바로 '경기 자동안정화 기능Automatic Stabilizer'이라고 한다. 경기불황이나 호황이 왔을 때 정부가 임의로 재정 지출이나 세율을 변경하지 않더라도 자동으로 경기 변동을 줄여주기 때문이다. 자동안정화 장치가 제 기능을 다 한다면 별도의 대규모 경기부양책이 없어도 경기불황을 더욱 쉽게 이겨낼 수 있다.

한국은 외환위기 이후 자동안정화 장치를 강화해왔다. 국회 예산정책처의 연구 결과,[6] 1998년 외환위기 당시 한국의 자동안정화 장치의 크기는 0.18이었다. 이는 잠재 GDP와 실질 GDP의 차이를 나타내는 GDP 갭Gap[7]이 1% 줄어드는 충격이 왔을 때, 자동안정화 장치가 경제에 미치는 충격을 흡수하는 정도가 0.18%라는 얘기다.

그 뒤 국민의 정부와 참여정부를 거치면서 사회보장제도가 강화되어 자동안정화 기능이 조금씩 커져갔다. 그리고 2008년 미국발 금융위기로 불황이 닥쳐오자 강화된 자동안정화 장치가 본격적으로 가동되어, 2009년부터 1년 반 동안 경제위기 때문에 추가로 늘어난 실업급여가 1조 8,000억 원에 이르렀다. 1997년 외환위기 이후 실업급여 지급대상을 조금씩 늘려왔던 덕분에 2008년 금융위기에서 실업급여가 그 위력을 발휘한 것이다. 그 결과 2009년 자동안정화 장치의 크기는 0.24로 높아졌다. 사회보장제도의 자동안정화 기능 덕분에 GDP 갭이 1% 줄어들 때마다 경제에 미치는 충격을 0.24%씩 흡수해, 외환위기 이후 강화된 사회보장제의 덕을 톡톡히 본 셈이다.

하지만 아직도 다른 OECD 국가들과 비교할 때 한국의 자동안정화 장치는 매우 미약하다. 폴 반 덴 노르트Paul van den Noord[8]가 1999년 OECD 국가들의 자동안정화 장치의 크기를 계산한 결과, OECD 평균은 무려 0.49를 기록했다. 이는 GDP 갭 변동폭의 절반을 자동안정화 장치가 흡수했다는 얘기다. 이중 덴마크는 0.85, 스웨덴은 0.79, 네덜란드는 0.76을 기록해, 유럽 복지국가들은 경기불황에 대한 자동안정화 기능이 매우 강력한 것으로 나타났다. 이 외에도 미국이 0.25, 영국은 0.50을 기록한 것으로 볼 때 한국은 전통적으로 시장을 중시해 온 영미계 국가보다도 자동안정화 기능이 미약한 것으로 나타났다.

불황이 닥치면 국가가 이 같은 경기 자동안정화 기능을 미리 갖추고 있느냐 아니냐에 따라 상황이 크게 달라진다. 자동안정화 기능이 없거나 빈약한 경우에는 결국 임의적인 경기부양책에 의존할 수밖에 없다. 그런데 정부지출을 대폭 확대하거나 세율이나 금리를 인위적으로 낮추는 이러한 임의적인 부양책에는 큰 문제가 있다.

우선 시차 문제가 심각하다. 임의적인 경기부양책은 정부가 이를 결정하고 집행하는 데만 해도 오랜 시간이 걸린다. 이 때문에 경기회복 기회를 놓치게 되어, 불황의 골이 더 깊어진 다음에야 부양책이 시행되는 경우가 많다. 이 같은 시차 때문에 임의적인 부양책을 쓸 때 경기부양책의 규모가 훨씬 더 커지고, 이러한 과잉 대응은 나중에 경제를 과열시켜 또 다른 경제 거품을 발생시킨다.

더구나 미래에 대한 불확실성 때문에 임의적 부양책은 투입한 자금에 비해 정책효과가 낮을 수밖에 없다. 임의적 부양책으로 소득이 한

228

때 늘어난 경우에는 이 소득을 소비로 연결하기가 쉽지 않기 때문이다. 이에 비해 사회보장에 따른 소득 보전은 수혜자가 정확히 언제까지 얼마가 지급되는지 예측할 수 있다. 이 때문에 자동안정화 기능은 더욱 적은 자금투입으로 경기부양이라는 정책 목표를 달성할 수 있다.

임의적 부양책의 또 다른 문제는 부양책 이후에 경기가 회복된다 해도 부양책을 다시 원상태로 되돌리기가 어렵다는 점이다. 즉, 경기 불황을 이유로 재정지출을 늘리거나 감세를 한 경우, 경기가 회복되었다고 정부가 다시 세율을 올리거나 재정지출 규모를 줄이기는 어렵기 때문에 임의적 부양으로 늘어나는 재정적자를 줄이기가 쉽지 않다. 그러나 자동안정화 장치는 경기가 회복되면 인위적인 정책 변경 없이 원상태로 되돌아가기 때문에 재정에 부담이 크지 않다.

임의적 경기부양책은 정책 효율성이 크게 떨어지는 점도 문제다. 사회안전망은 직업을 잃거나 극빈층으로 전락한 사람에게 일정한 기준으로 돈이 지급되도록 아주 세밀하게 작동된다. 그러나 거시정책에 의한 임의적 부양책은 그렇게 세밀하게 돈을 지급하기가 어렵다. 그래서 임의적 부양책을 쓸 때는 돈을 헬리콥터에서 뿌리듯 무차별적 살포에 의지할 수밖에 없다. 2008년 이뤄진 미국의 경기부양 환급Economic Stimulus Payment이 그 대표적인 예다.

2008년 2월 글로벌 금융위기로 미국의 소비가 완전히 얼어붙자, 부시 미 대통령은 경기를 부양하겠다며 미국 1,300만여 가구에 1,680억 달러의 세금을 되돌려줬다. 이때 성인 한 명이 되돌려받은 금액은 600달러였고, 자녀 한 명당 300달러가 추가됐다. 일부 부유층을 제외하고는 빈부 격차와 관계없이 사람 수대로 돈을 돌려받았다. 그러나 연소득이 3,000달러가 안 되는 극빈층은 그동안 낸 세금이 거의 없었다며 세금 환급 대상에서 제외해버렸다. 정작 가장 가난한 사람들은 부시 행정부의 지원 대상에서 빠진 것이다.

이처럼 돈을 무차별 살포하는 방식은 사회안전망을 통한 자동안정장치보다 경기부양 효과가 떨어질 수밖에 없다. 불황기에도 스스로 먹고 살 만한 중산층들은 세금을 환급받아도 앞으로 다가올 실물경기 침체에 대비해 저축으로 돌리는 경우가 많아, 정부가 경기부양을 위해 뿌린 돈이 소비로 연결되지 않기 때문이다. 직장을 잃거나 극빈층으로 추락해 당장 먹고살 돈이 절실한 사람에게 돈이 지급되는 사회안전망의 세밀한 경기부양과는 투입 대비 효과 측면에서 큰 차이가 있을 수밖에 없다.

마지막으로 임의적인 부양책은 아무래도 정치권의 영향을 받을 가능성이 높다. 그렇게 되면 의도적으로 특정 집단에 이익이 돌아가도록 시행될 우려가 크다. 특히 정치적으로 후진적인 나라일수록 특정 세력의 정치적 목적을 달성하는 데 임의적 경기부양책이 악용되기 쉽다.[9] 그래서 부패한 정권일수록 사회안전망을 강화하는 것을 지극히 꺼린다. 임의적 경기부양책을 통해 특정 계층에 이익을 주는 편이 정권 유지에 훨씬 유리하기 때문이다.

국가 경제를 지키는 파수꾼, 실업급여

실업급여를 가장 관대하게 지급하는 나라는 북유럽 국가들이다. 덴마크는 직전 직장에서 받던 급여의 90%를 최장 3년 동안 받을 수 있다. 핀란드는 17개월 동안 임금의 85%를 받고, 스웨덴은 10개월 동안 80%를 받을 수 있다.[10] 호주, 독일 등도 모두 실업급여에 매우 관대한 나라들이다. 이 나라들은 관대한 실업급여를 유지하는 동안에도 높은 성장률을 기록해왔다. 한국의 경제 관료들과 재계의 주장대로 관대한 실업급여가 근로자들을 게으르게 만들어 경제성장률을 떨어뜨린다면 이들 나라의 경제적 성공은 어떻게 설명할 수 있을까?

2003년, 필자는 핀란드의 청렴성과 국가 경쟁력에 관한 다큐멘터리를 제작하기 위해 수도인 헬싱키를 방문했다. 필자가 찾은 헬싱키의 한 구직센터에서 한 30대 중반 실업자가 구직 전문가와 상담을 하고 있었다. 건축 관련 일을 했던 이 실업자는 직업을 바꾸고 싶어했다. 건설 경기가 얼어붙으면서 자신이 종사하던 건설업에서 재취업이 쉽지 않았기 때문이다. 이 실업자는 핀란드의 실업급여제도 덕분에 전 직장에서 받던 임금의 85%를 받고 있었지만, 새 직장을 구할 수 없어서 초조해했다.

오랜 상담 끝에 헬싱키의 구직 전문가는 2003년 당시 핀란드에서 수요가 크게 늘고 있는 컴퓨터 프로그래머로의 전직轉職을 권하고, 1년 동안 교육받을 기회를 제공했다. 건설업에 종사하던 실업자는 다행히 대학교에서 프로그래밍 기초를 배웠기 때문에 재교육 기간이 단축될 수 있었다. 핀란드에서는 이처럼 실업자에 대한 생계보장뿐만 아니라 다양한 교육을 통해 재취업의 기회를 제공하고 있었다. 덕분에 핀란드 근로자들은 직장을 잃은 경우에도 재교육을 통해 생산성을 더 높여 자신의 임금을 더 높일 기회를 얻을 수 있었다.

만일 이 실업자가 한국에 있었다면 상황은 많이 달랐을 것이다. 직장을 잃으면 간신히 생계를 유지할 수준으로 실업급여가 나온다. 그나마 실업급여 기간도 다른 OECD 국가들보다 훨씬 짧다. 이 기간에 새로운 기술을 익히거나 생산성을 높여 실직 전보다 더 나은 직장에 취직하기란 거의 불가능에 가깝다. 이 때문에 한국에서 직장을 잃으면, 훨씬 더 나쁜 조건의 직장에 취직하거나 아니면 아예 취업을 포기하고 비경제활동 인구로 주저앉게 된다.

사실 한국의 실업률은 경제현실을 정확히 반영하지 못한 눈속임에 불과하다. 실업자들이 새로운 직장을 구하지 못해 아예 경제활동을 포기하는 경우가 많기 때문이다. 2009년 한국의 실업률은 3.6%였다. 하지만 같은 해 한국에서 구직활동조차 하지 않는 비경제활동 인구가 전체 인구의 34.6%나 됐다. OECD 국가들의 평균보다 5.3%p나 높은 수치다. 따라서 한국의 실업률은 OECD 평균보다 높은 비경제활동 인구 5.3%p를 더한 8.9%로 봐야 한다.[11]

만일 관대한 실업급여가 단지 노동력의 공급을 줄이는 '도덕적 해이'만 불러온다면, 유럽 복지국가의 번영을 설명할 수가 없다. 너그러운 실업급여를 제공하는 유럽의 복지국가들이 번영을 누리는 이유는, 실업급여가 기술 축적을 도와 성장을 가속화하고 경기불황이 왔을 때 수요를 지탱하도록 도와 불황의 충격을 줄이는 효과를 동시에 지니고 있기 때문이다.

이와 관련해 마레스Mares[12]와 프레스만Pressman[13]은 관대한 실업급여가 실업자들을 비경제활동자로 전락하는 것을 막는 효과가 있다고 분석했다. 실업급여는 실업자에게 생산성을 높일 수 있는 직업교육의 기회를 제공하고, 자신의 적성에 맞는 직장을 구하는 시간적 여유를 제공하기 때문이다. 또한 실업급여를 계속 받기 위해서는 구직활동과 직업훈련에 적극 참가해야 하므로, 실업급여는 근로자가 경제활동 인구로 남아 있게 하는 강력한 유인이 된다고 설명했다.

채구묵 원광대학교 교수[14]는 1인당 국민소득이 3만 달러 안팎인 19개 나라를 분석한 결과, 관대한 실업급여가 경제성장률을 높이는 효과가 있다는 연구 결과를 내놓았다. 관대한 실업급여는 일자리를 구하는 사람이 자신의 적성과 능력에 가장 잘 맞는 최적의 일자리를 찾을 가능성을 높인다. 또한, 실업자들에게 미래의 직업이 요구하는 새로운 기술을 다시 익힐 수 있는 충분한 시간을 주기 때문에 개인의 노동 생산성을 높일 기회가 된다. 이 같은 긍정적인 효과가 경제 전체의 생산성을 끌어올려 경제성장률이 높아진다는 것이다.

실업급여는 수요 측면에서도 경제성장을 지속하는 효과가 있다. 경기불황이 오면 많은 사람이 직장을 잃으므로 개인 소득이 줄어들어 경제 전체의 소비가 급격하게 줄어든다. 하지만 실업급여가 있다면 실업자들이 소득을 어느 정도 유지할 수 있으므로 소비를 덜 줄이고, 이렇게 소비가 유지되면 경기불황이 왔을 때 경기침체의 폭을 줄이고 경기회복을 앞당기는 효과가 있다. 이 때문에 케인스는 실업급여가 경제 활성화에 이바지해 오히려 실업을 감소시킬 수 있다고 보았고, 이 주장은 그 후 여러 차례 이뤄진 실증적 연구로 확인됐다. 특히 1999년 보그린과 세카레시아Bourgrine and Seccareccia[15]는 경기가 후퇴할 때 실업급여가 실업을 늘리는 것이 아니라 거꾸로 실업을 줄이는 현상을 확인했다. 즉, 관대한 실업급여로 개개인의 실업기간은 다소 늘어날 수 있지만 경제 전체적으로 소비의 급격한 감소를 막아 성장률이나 실업률에는 오히려 긍정적으로 작용하는 것이다.

실업급여는 근로자의 경제활동 참가를 늘리고 소비 감소를 막아 경제 안정에 도움이 된다. 이 때문에 스웨덴이나 호주, 덴마크, 노르웨이처럼 실업급여를 관대하게 운영한 나라들이 오히려 높은 성장률을 보였던 것이다.

한국에서는 1990년대까지 가족과 기업이 사회보장제도의 역할을 대신했다. 기업에 취직하면 평생직장이나 마찬가지였기 때문에 직장을 잃는 경우도 드물었지만, 혹 직장을 잃더라도 한국 사회의 전통적 사회안전망인 대가족제가 있었기에 당장 극빈층으로 전락하지 않았다. 그러나 지금은 사회보장제도의 역할을 하던 가족과 기업의 역할이 사라져, 직장을 잃는 한순간에 극빈층으로 전락할 수밖에 없다.

그런데 한국의 실업 관련 사회보장이라고는 근로자 스스로 낸 돈을 돌려받는 실업급여가 거의 유일하다. 그나마도 실직자들의 구직활동을 지원하기에는 형편없는 수준이다. 실업급여로 받을 수 있는 최고 수준이 직전 임금의 50%를 받는 것인데, 그나마 상한선을 하루 4만 원으로 정해놓아 4인 가족이 먹고살기에는 턱없이 부족한 수준이다. 게다가 실업급여를 받는 기간도 다른 OECD 국가보다 훨씬 짧고, 그 요건 또한 너무 까다롭다.

실업급여란 근로자와 사용자가 낸 고용보험료를 모아 두었다가 직장을 잃은 근로자에게 지급하는 제도다. 따라서 실업급여의 주인은 고용보험료를 낸 일반 근로자와 사용자라고 할 수 있다. 그런데 우리나라는 고용보험기금 운영에서 정작 기금을 낸 근로자들이 실질적으로 배제돼 있다. 고용보험기금 지출을 결정하는 고용보험위원회 위원들

가운데 근로자들의 비중은 고작 25%밖에 안 된다. 나머지 위원들은 사용자가 25%, 그리고 정부와 정부가 추천한 공익위원 50%로 구성돼 있다. 결국 위원의 50%를 장악한 정부의 마음대로 고용보험기금을 쓸 수 있다는 얘기다.

그러다 보니 정부가 고용보험기금을 마치 자신의 쌈짓돈처럼 엉뚱한 곳에 쓰는 경우도 많았다. 정부는 경기도 성남시 분당에 호화로운 직업 체험관을 짓는다며 고용보험기금에서 2,000억 원을 꺼내썼다. 또 전국에 고용지원센터를 만든다며 5,500억 원을 동원했다. 근로자들의 고용안정을 위해 그들이 땀 흘려 일한 돈으로 모은 고용보험기금을 정부가 자신들의 필요에 따라 꺼내쓴 것이다. 더구나 복지 예산으로 충당해야 할 육아휴직 수당까지 고용보험기금 실업급여 계정에서 가져다 썼다.

이렇게 정부가 실업급여 계정에서 전용한 돈이 2002년 이후 총 1조 7,000억 원이 넘었다. 근로자들이 직장을 잃을 때를 대비해야 할 실업급여기금으로 정부가 생색을 낸 것이다. 이 같은 정부의 예산 전용과 글로벌 경제위기로 2006년 5조 원이 넘었던 실업급여 적립금이 2012년 1조 원대로 줄어들어 이제 고갈 위기에 놓여 있다. 정부가 사회안전망 구축을 위해서 국가 예산을 써도 모자랄 판에 오히려 근로자들이 적립한 돈을 빼낸 것이다. 이는 정부가 얼마나 사회안전망 구축에 무관심한지를 보여주는 대표적인 사례다.

정부가 고용기금을 퍼다 쓸 때는 마구 헤펐던 것과 달리, 정작 고용기금의 가장 중요한 역할인 실업급여에 쓸 때는 매우 인색했다. 한국의 실업급여는 직전 직장에서 받던 임금의 절반밖에 되지 않는다. 실업급여를 받는 기간도 고작 90일에서 120일 수준에 불과하고, 보험 가입 기간이 짧을수록 실업급여를 받는 기간도 짧아진다. 이 때문에 임시직으로 잠깐 고용되었다가 실직하는 빈곤층에게는 고용보험이 거의 무용지물이다. 유럽의 선진국들이 고용보험료를 냈는지와 관계없이 실업자에 대한 공적인 실업부조를 하는 것과 대조적이다.

2010년 동국대 김동헌 교수가 연구한 OECD 회원국의 실업급여 관대성 조사 결과는 한국 실업급여의 현주소를 여실히 보여준다.[16] '관대성 지수'는 실직자가 실업급여를 얼마나 쉽고 포괄적으로 지원받을 수 있느냐를 보여주는 기준이다. 관대성 지수가 0에서 1 사이의 수치로, 수치가 낮을수록 실직자의 실업급여 수급이 어렵고 임금 대체율도 낮다는 뜻이다. 그런데 2008년 한국의 실업급여 관대성 지수는 고작 0.1에 불과했다. 관대성 지수가 가장 높았던 네덜란드의 0.84와는 비교조차 되지 않았다. 이 논문에서 한국은 비교 대상인 14개 나라 가운데 실업급여의 관대성에서 꼴찌를 기록했다.

최저임금이 일자리를 줄인다는 모함

한국에서 최저임금을 둘러싼 논란과 갈등은 점점 더 증폭되고 있다. 사용자인 기업 측은 최저임금을 올리면 기업 경영이 나빠져 근로자들을 해고할 수밖에 없으므로 고용이 줄어들어 오히려 근로자들이 손해를 본다고 주장한다. 하지만 최근 연구 결과들로 최저임금 인상이 고용을 줄인다는 주장은 설득력을 잃고 있다. 최저임금 인상 이후 일자리가 줄어들지 않았다는 저명한 경제학자들의 실증적인 연구 결과가 속속 보고되고 있기 때문이다.

처음 이 같은 논란의 포문을 연 것은 버클리 대학교의 데이비드 카드David Card 교수와 프린스턴 대학교의 앨런 B. 크루거Alan B. Krueger 교수였다. 그들은 1997년 『신화와 측정Myth and Measurement』[17]이라는 책을 통해 최저임금과 일자리에 대한 종전 경제학 이론을 뒤집는 결과를 보여줬다.

미국에는 연방법에 따라 미국 전체에 적용되는 최저임금이 있고, 이와는 별도로 각 주별로 적용되는 최저임금이 있는데, 이 주별 최저임금은 최소한 연방에서 규정하는 최저임금보다는 높아야 한다. 이렇게 미국은 주마다 적용되는 최저임금이 다르므로, 최저임금 인상의 효과를 연구할 좋은 기회를 제공한다.

카드와 크루거는 1992년에 뉴저지New Jersey 주가 최저임금을 4.25달러에서 5.05달러로 올린 반면, 바로 옆에 있는 펜실베이니아Pennsylvania 주는 4.25달러의 최저임금을 그대로 유지한 사례에 주목했다. 만일 최저임금 인상이 일자리를 줄인다는 주장이 맞는다면, 펜실베이니아 주보다 뉴저지 주의 고용이 줄어들었어야 한다. 그러나 놀랍게도 정반대의 현상이 일어났다. 카드와 크루거는 최저임금 인상 전후에 뉴저지와 펜실베이니아 주 경계선을 따라 들어선 저임금 패스트푸드 체인점의 고용이 어떻게 변했는지 조사했다. 맥도널드나 버거킹 같은 패스트푸드 체인점은 미국에서 최저임금이 적용되는 전형적인 직장이기 때문이다. 그런데 최저임금을 올린 뉴저지의 체인점이 펜실베이니아 체인점보다 고용을 더 늘린 것으로 나타났다. '최저임금이 오르면 고용을 줄인다'는 지금까지의 경제학 통념을 완전히 뒤집는 결과였다.

이들은 또 텍사스 주를 대상으로 비슷한 연구를 진행했다. 1992년

미 연방정부가 최저임금을 올린 이후 텍사스 식당들의 고용이 어떻게 변했는지 조사한 결과, 원래 최저임금보다 임금이 높았던 식당은 고용에 영향이 없었지만, 최저임금 수준으로 직원을 고용하던 식당은 오히려 고용을 늘린 것으로 조사됐다.

왜 이런 일이 일어났을까? 카드와 크루거는 최저임금이 높아지면 근로자들이 더욱 안정적으로 일할 수 있게 되어 더 열심히 일할 동기를 가질 것이라고 분석했다. 최저임금이 올라가면 근로자들의 결근이 줄고 직장에 대한 충성도가 높아져 이직률이 낮아진다는 것이다. 이에 따라 신규 채용에 따른 훈련비용이 줄어들어 오히려 인건비가 감소하는 효과가 있다. 또한 전체 일자리 가운데 최저임금 적용 대상이 되는 일자리 비중이 워낙 작아서 최저임금이 일자리 개수에 영향을 미친다 해도 그 영향은 미미하다. 특히 전체 매출원가에서 볼 때 최저임금 인상이 차지하는 비중이 낮다 보니, 최저임금이 높아졌다고 근로자를 해고하거나 가격을 올리기보다는 기업이 최저임금 인상을 비용으로 흡수하는 경우가 더 많다는 것이다.[18]

이처럼 최저임금에 대한 기존 이론에 정면으로 도전하는 연구 결과가 나오자 경제학계가 발칵 뒤집혔다. 경제학의 이론적인 추론과 실증적 연구의 결과가 매우 달랐기 때문이다. 특히 최저임금 인상이 일자리를 줄인다는 이론적 설명에 만족했던 미국의 경영자들이 거세게 반발했다.

이 같은 반발에도 카드와 크루거는 자신들의 결론에서 한 걸음도 물러서지 않았다. 그 뒤 이들의 결론을 보강하는 새로운 연구들이 속속 등장했다. 특히 론 베이먼Ron Baiman 등이 주도한 일리노이 대학교

University of Illinois와 시카고 대학교The University of Chicago의 공동 연구[19]는 최저임금이 오르면 미숙련 노동자가 쫓겨나고 숙련 노동자만 고용될 것이라는 경제학 이론도 사실과 다름을 밝혔다. 또한 최저임금을 올린 미국의 11개 주와 워싱턴 DC의 기업 경쟁력을 조사한 결과, 최저임금이 높은 주의 기업들이 최저임금이 낮은 주의 기업보다 경쟁력 측면에서 밀리지 않음을 확인했다. 주로 최저임금이 적용되는 패스트푸드 업계나 마트 등의 소매업계는 다른 주와 경쟁을 하지 않았다. 이에 반해 다른 주나 국외 업체와 경쟁해야 하는 제조업 종사자들의 임금은 이미 정부가 정한 최저임금보다 훨씬 높았기 때문에 최저임금 인상에 영향을 받지 않았던 것이다.

그 뒤에도 쉐퍼와 니슨Shaefer and Nissen, 울프슨Wolfson[20] 등 많은 경제학자의 연구를 통해, 최저임금이 고용을 줄이거나 경쟁력을 약화시킨다는 기존 경제학의 이론은 신화에 불과했음이 실증적으로 밝혀졌다. 심지어 프리드먼의 신봉자인 벤 버냉키 FRB 의장[21]조차 플로리다 주의 한 하원의원에게 보낸 문서에서 "최저임금 인상이 고용을 줄인다는 주장에 대해 경제학자들은 동의하지 않는다"고 언급할 정도로 최저임금에 대한 그릇된 신화는 이미 깨진 상태다.

시카고 연방준비은행의 경제학자들은 여기서 한발 더 나아가, 최저임금 인상이 경기를 빠르게 회복하는 데 도움이 된다는 사실을 발견했다.[22] 최근 23년 동안 미국의 가계 지출 데이터를 연구한 결과, 최저임금이 오르면 소비 지출이 많이 늘어나는 것으로 나타났다. 시간당 최저임금이 1달러 늘어나면 해당 근로자 가정의 분기당 지출이 800달러 이상 늘어나는 효과를 가져와 소비를 증대시킨다는 것이다.

미국의 경제정책연구소EPI의 카이 필리언Kai Filion[23]은 2008년부터 2010년까지 세 차례에 걸친 최저임금 인상으로 230만 세대의 가계 소득이 늘어나, 미국에서 104억 달러의 소비지출이 늘어날 것이라는 분석을 내놓았다. 최저임금 인상이 수백만 가정의 지출을 대폭 증가시키면 소비가 늘어나고 투자가 활성화되어 다른 노동자들을 위한 일자리 창출로 이어진다는 것이다.

이러한 여러 연구를 통해 최근 미국 경제학계에서는 최저임금 상승이 고용에 미치는 부정적인 영향은 미미하고, 오히려 최저임금의 긍정적인 효과가 이를 압도한다는 생각이 점점 더 확산되고 있다. 이에 따라 최저임금 인상을 지지하는 미국 경제학자들이 점점 늘어나고 있다.

1995년, 클린턴 대통령이 향후 2년 동안 시간당 최저임금을 21% 올리는 인상안을 내놓자 101명의 경제학자가 이 최저임금 인상안을 지지하는 공동성명을 발표했다. 성명을 발표한 학자 중에는 예일 대학교 Yale University의 제임스 토빈James Tobin 교수와 펜실베이니아 대학교University of Pennsylvania의 로렌스 클라인Lawrence Klein, 스탠퍼드 대학교의 케네스 애로 Kenneth Arrow 교수 등 노벨 경제학상 수상자 3명이 포함돼 있었다. 성명에 참여한 경제학자들은 "적절한 최저임금 인상은 괜찮다는 것이 학계의 공통된 판단"이라며, 최저임금이 일자리를 줄이고 경기를 위축시킬 것이라는 재계의 비판을 일축했다.

2006년, 미국 민주당이 최저임금을 대폭 올리겠다는 청사진을 내놓았을 때에는 650명이 넘는 경제학자가 최저임금 인상 지지성명에 참여했다. 성명에 참여한 노벨상 수상자도 5명으로 늘어났다. 최저임금 인상이 고용에 미치는 악영향은 미미하지만, 빈곤 퇴치에는 중요한 역

할을 한다는 것이 이들의 공통된 주장이었다.[24]

이 같은 연구 결과에 기초해 오바마 행정부는 5달러 15센트에 불과했던 미국의 최저임금을 2007년부터 단계적으로 인상해 2009년에는 7달러 25센트로 올렸다. 3년 만에 41%나 올린 것이다. 미국의 재계와 공화당은 오바마 행정부의 최저임금 인상을 놓고 일자리가 많이 줄어들 것이라며 연일 비판했다. 그러나 그들의 주장을 뒷받침할 만한 증거는 아직 나오지 않았다.

이제는 경제학원론 교과서조차 바뀌고 있다. 미국에서 최소한 200만 명 이상이 읽은 『경제원론』의 저자로 유명한 앨런 블라인더Alan Blinder[25]는 1979년 처음 쓴 『경제원론』에서 "최저임금 인상은 반드시 실업률을 높인다"고 기술했다. 하지만 2006년 출판한 같은 책의 10판에서는 "1990년대부터 놀라운 연구들이 나오면서, 최저임금 인상이 일자리를 줄인다는 믿음에 중대한 의문을 제기했다"고 교과서 내용을 바꾸었다.[26]

최저임금제를 성공적으로 도입한 나라 가운데 하나가 영국이다. 영국은 원래 최저임금제가 없었다. 1970년대까지는 강력한 노조 덕분에 최저임금제에 대한 필요성이 높지 않았기 때문이다. 하지만 1980년대부터 시작된 신자유주의 노선으로 많은 노조가 해체되거나 노사협상이 중단되면서 상황이 달라졌다. 많은 근로자의 임금이 최저생계비 수준 이하로 떨어지면서 최저임금제를 요구하는 목소리가 점점 커졌다.

결국 토니 블레어Tony Blair 총리가 집권하면서, 1998년 최저임금법이 제정되고 1999년부터 최저임금제가 시행됐다. 최저임금의 인상 여부는 최저임금위원회The Low Pay Commission가 결정하고, 해마다 10월 1일부터 적용하기로 했다. 처음 책정된 최저임금은 21세 이상 성인 근로자의 경우 시간당 3.6파운드에 불과했지만, 해마다 최저임금을 올려 2010년에는 5.93파운드로 높아졌다.

보수당과 재계는 최저임금제 시행으로 일자리가 많이 줄어들 것이라며 시행 초기부터 극렬히 반대했다. 그러나 2010년 3월, 영국의 최저임금위원회는 최저임금 인상에도 불구하고 실업률이 높아지는 현상은 일어나지 않았다는 내용의 보고서를 영국 의회에 제출했다. 그리고 최저임금 인상이 영국의 고질적인 소득분배 문제를 개선하는 데 도움이 됐다고 선언했다.

실제로 최저임금이 상대적으로 많이 오른 2004년과 2005년에 영국의 일자리 수가 가장 많이 늘어났고, 최저임금이 가장 크게 오른 2009년에는 실업률이 낮아졌다. 정책 전문가들 모임인 영국 정치연구학회UK Political Studies Association의 회원들은 지난 30년 동안 최저임금정책이 수많은 정부정책 중에 가장 성공한 정책이라고 평가했다.[27]

이처럼 그동안 최저임금을 등한시해왔던 미국과 영국 등 영미권 국가들조차 최저임금에 대한 시각이 근본적으로 바뀌고 있다. 그런데도 한국은 아직도 최저임금을 놓고 노사가 극한 대립만 벌이고 있다. 만일 한국만 최저임금에 대한 낡은 편견에 사로잡혀 변화하는 시대에 뒤처진다면 결국 세계 경제의 낙오자가 될 수밖에 없다.

03

공정한 기회가
대붕괴를 돌파하는 열쇠다

1937년 뉴욕의 빈민촌인 할렘Harlem 가에서 자메이카Jamaica 이민 출신의 한 흑인 소년이 태어났다. 학비는커녕 당장 먹고살 돈도 부족했던 이 소년은 열여섯 살이 되는 해부터 시간당 90센트를 받고 인근에 있던 콜라 공장에서 아르바이트했다. 백인 소년들에게는 기계를 닦는 편한 일을 줬지만, 이 흑인 소년에게는 공장 바닥을 닦는 힘든 대걸레 작업을 맡겼다. 그런데 공장 일을 시작한 지 얼마 되지 않았을 때, 콜라 상자 수십 개가 넘어져 깨지면서 공장 안이 난장판이 되는 사고가 일어났다. 깨진 유리조각이 공장 바닥을 가득 뒤덮었지만 다칠까 두려워 아무도 선뜻 치우려고 나서지 않았다. 그때, 이 흑인 소년은 누가 시키지도 않는데 묵묵히 유리를 줍고 바닥을 청소하기 시작했다. 이를 눈여겨보았던 공장장은 이듬해 그의 작업을 콜라 담는 일로 바꾸고 시급도 크게 올려줬다.

소년은 이렇게 힘겹게 일해서 모은 돈으로 뉴욕 시립대에 진학했다. 뉴욕 시립대는 노벨상 수상자를 8명이나 배출할 만큼 우수한 학교이면서, 뉴욕시의 든든한 후원을 받아 학비 또한 매우 저렴했다. 이 때문에 가난하지만 똑똑한 학생들이 대거 몰려들면서 뉴욕 시립대는 '빈자貧者의 하버드'라고 불렸다. 소년은 여기서 학군단 ROTC 장교로 임관한 뒤 베트남전을 거쳐 1989년 4성 장군이 되고, 1991년에는 걸프전을 승리로 이끌어 미국의 영웅이 됐다. 이 소년이 바로 미국에서 흑인 최초로 합동참모본부 의장이 된 콜린 L. 파월Colin Luther Powell이다.

그의 성공 뒤에는 놀라운 열정과 노력이 있었다. 하지만 1950년대 미국의 대대적인 공립교육 투자가 없었다면, 그가 대학 교육까지 마치고 ROTC로 임관해 자신의 능력을 발휘하기란 쉽지 않았을 것이다. 1950년대 미국은 학비가 싼 공립대학을 대거 설립해, 가난한 학생일지라도 공부할 의지와 능력만 있다면 누구나 대학 교육을 받을 수 있었다. 하지만 지금은 이 같은 지원이 거의 사라져, 미국의 가난한 학생들이 대학에 진학할 기회가 많이 줄어들었다. 거의 공짜나 다름없는 학비로 '빈자의 하버드'라고 불렸던 뉴욕 시립대의 등록금조차 2012년에는 한 학기에 5,130달러, 우리 돈으로 580만 원 정도로 높아졌다. 게다가 앞으로 4년 동안 학비를 23.4%나 더 끌어올리겠다는 계획이다. 이제 더는 미국의 빈민가에서 콜린 파월 같은 뛰어난 인재를 발굴하기가 쉽지 않게 됐다.

가난의 대물림, 아메리칸 드림은 끝났다

미국의 교육운동가인 루비 K. 페인Ruby K. Payne 교수는 자신의 저서 『계층 이동의 사다리A Framework for Understanding Poverty』[1]에서 빈곤층과 부유층을 구분하는 것은 단지 돈뿐만이 아니라 말과 생각이라고 했다. 특정 계층 안에서만 적용되는 암묵적인 신호와 불문율이 있다는 것이다. 일례로, 식사를 잘 마친 다음 상대방에게 묻는 말이 사회 계층에 따라 다르다고 한다. 빈곤층은 '배부르게' 먹었는지를 묻는 반면에 중산층은 '맛있게' 먹었는지를 묻고, 부유층은 음식이 '멋있게' 차려졌는지 또는 분위기가 좋았는지를 물어본다고 한다. 계층에 따라 옷을 고르는 기준도 달라서, 빈곤층은 '나를 표현하는 개인의 스타일'이 중요하지만, 중산층은 '품질과 브랜드'를 따지고 부유층은 '예술성'을 중시해 디자이너를 먼저 살핀다고 한다. 이렇게 빈곤층과 중산층, 그리고 부유층의 생각과 말이 은연중에 서로 달라질 만큼 미국에서는 계층의 차이가 심각하다는 것이다.

아메리칸 대학교American University의 톰 헤르츠Tom Hertz 교수[2]는 미국 내 계층 간 이동성의 변화를 연구하기 위해 매우 오랜 시간에 걸쳐 조사했다. 헤르츠 교수는 1968년 미국에서 태어난 어린이 4,000명의 부모 수입을 파악해 둔 다음, 이 어린이들이 성인이 된 1995년부터 4년마다 한 번씩 소득을 비교분석했다.

그 결과, 하위 20%의 빈곤층 가정에서 태어난 어린이가 커서 상위 5% 부유층에 진입할 수 있는 확률은 1.1%밖에 되지 않는 것으로 나타났다. 중류층 가정에서 태어난 어린이들이 상류층에 들어갈 확률은 1.8%로 빈곤층과 큰 차이가 없었다. 그러나 상위 20% 안에 드는 부유한 가정에서 태어난 어린이는 부유층이 될 확률이 22%나 됐다. 하위 20%의 빈곤층에서 태어난 어린이의 절반에 가까운 42%는 성인이 됐을 때 부모처럼 다시 빈곤층이 됐다. 부모의 부와 가난이 자녀에게 고스란히 대물림되고 있는 것이다. 기회의 나라로 생각했던 미국에서도 이제 더는 성공에 대한 희망을 품기 어렵게 됐다. 이는 빈부 격차가 커진 것보다 더 큰 문제다. 지금은 비록 가난하지만 누구나 성공할 기회가 있다는 아메리칸 드림American Dream이 뿌리째 흔들리고 있기 때문이다.

이런 미국과 대비되는 나라가 바로 유럽의 복지국가들이다. 유럽의 복지국가에서는 가난한 부모에게 태어났어도 부자가 되는 길이 넓게 열려 있다. 국가 간 비교에서 부와 가난의 대물림 현상을 연구하기 위해 가장 많이 쓰는 지표는 '세대 간 소득 탄력성'이다. 예를 들어 세대 간 소득 탄력성이 0.5라는 것은 부모의 소득이 100% 더 많을 때 그 자녀의 소득이 50% 더 높아진다는 것을 뜻한다. 즉, 세대 간 소득 탄력성이 1에 가까울수록 부모의 부가 자식에게 대물림되는 정도가 커지고, 세대 간 소득 탄력성이 0에 가까울수록 부모의 소득이 자식에 미치는 영향이 줄어들어 자신의 노력만으로 부의 역전을 이루어내는 것이 훨씬 쉬운 사회가 된다.

미국 등 9개 나라에 관한 연구 결과,[3] 미국의 세대 간 소득 탄력성은 0.47을 기록했다. 즉, 미국에서는 부모의 소득이 100% 더 높은 가정에서 자란 자녀의 소득이 47%나 더 높았다는 얘기다. 영국은 0.50을 기록해 조사대상인 나라 중 부의 대물림 정도가 가장 높았다. 반면, 북구 유럽의 복지국가들은 모두 세대 간 소득탄력성이 매우 낮았다. 덴마크가 0.15를 기록했고, 그다음으로 노르웨이가 0.17, 핀란드가 0.18을 기록했다. 부와 가난의 대물림이 거의 없는 이들 나라에서는 가난한 가정에서 태어나도 자신의 노력으로 얼마든지 부자가 될 기회가 있다는 것을 의미한다.

이처럼 나라마다 부의 대물림 정도가 다른 것은 결국 가난한 가정에서 태어난 사람들이 가난해지는 것은 그들만의 책임이 아니라는 것을 의미한다. 역전이 활발한 유럽의 복지국가에서 확인할 수 있듯이, 경제구조만 뒷받침된다면 가난한 가정에서 태어난 사람도 얼마든지 자신의 능력을 계발해 부자가 될 수 있다. 그래서 복지국가일수록 더 많은 인재 풀을 가지게 되어 뛰어난 인재를 발굴할 확률이 더 높아진다. 서울대학교 한국 인적자원연구센터가 발표한 인적자원개발 경쟁력 순위에서 스웨덴, 핀란드, 노르웨이, 덴마크 등 북유럽 국가 4개국이 모두 10위 안에 들어간 것이 바로 그 증거다.

기회의 땅만이 번영을 누린다

미국 교육청이 1988년 미국의 8학년 학생들(한국의 중학교 2학년)을 대상으로 그들 부모의 소득을 빈곤층, 중산층, 부유층으로 나눴다. 그리고 학업 성취도를 하위권, 중위권, 상위권으로 분류하고 그 학생들이 12년 뒤에 대학을 졸업했는지를 추적 조사했다.

그 결과, 부유층에서 공부를 잘했던 상위권 학생은 74%가 대학을 졸업했다. 부유층 부모를 둔 하위권 학생들도 무려 30%나 대학을 졸업했다. 그러나 빈곤층 학생 가운데 학업 성취도가 상위권이었던 학생은 고작 29%만 대학을 졸업했다. 결국 가난하지만 열심히 공부했던 학생이 게으른 부자 학생들보다 대학을 졸업하기가 더 어렵다는 것이 밝혀졌다.[4]

이는 국가 경제적으로 볼 때 매우 비효율적이라고 할 수 있다. 더 성실하고 똑똑한 학생이 단지 가난한 가정에서 태어났다는 이유만으로 자신의 능력을 발휘하지 못한 결과이기 때문이다. 이런 현상이 누적되면 효율적인 인적자원 개발에 실패해 그 나라의 잠재 성장률까지 떨어뜨린다.

그러나 시장을 맹신하는 신자유주의 경제학에서는 이 같은 교육의 불평등 문제는 애초에 존재하지 않는다고 본다. 똑똑하지만 가난한 학생은 자신의 능력을 담보로 자본시장에서 얼마든지 대출을 받을 수 있을 만큼 자본시장이 완전하므로, 부의 차이로 말미암은 교육의 불평등은 존재하지 않는다는 것이다.

그러나 갤로어와 제이라Galor and Zeira, 바네르지와 뉴먼Banerjee and

Newman[5] 등 많은 경제학자의 연구는 다른 결론을 내린다. 이들은 현실적으로 학생들이 자본시장에서 자신의 잠재적 능력을 담보로 돈을 빌리는 것은 불가능하다고 지적한다. 이 때문에 저소득층의 자녀가 아무리 성실하고 똑똑하다고 해도, 시장경제에만 맡길 경우 적정 수준의 교육 투자를 받기가 어렵다고 결론 내렸다.

이들은 또 저소득층이 적정 수준의 교육 투자를 받지 못할 경우, 경제 전체의 인적 자원 투자가 줄어든다고 경고하고 있다. 즉, 소득분배의 불평등이 교육의 불평등을 낳고, 이는 인적자본에 대한 과소 투자를 불러와 그 나라 전체의 경제성장률을 낮춘다는 것이다.

페르난데스와 로거슨Fernandez and Rogerson[6]의 연구는 한발 더 나아가, 미국이 보편적인 교육을 시행하면 얼마나 경제성장률이 높아질 수 있는지를 연구했다. 그 결과 학자금 이용을 완벽히 평등하게 할 경우, 미국의 장기균형 GDP가 3.2% 증가한다는 연구 결과를 내놓았다. 그 밖에도 많은 경제학자가 실증적인 연구를 통해 빈부 격차 없이 보편적인 교육을 시행하면 경제성장률을 큰 폭으로 높일 수 있다고 결론 내렸다.

그렇다면 우리나라는 어떠한가? 한국은 과연 기회의 땅이라고 할 수 있을까? 1960년대 고성장을 시작한 이후 최근까지 한국은 놀라운 계층 이동성을 가지고 있었다. 아무리 가난한 가정에서 태어났어도 자신의 부모와 다른 삶을 살 수 있는 역전의 기회가 주어졌고, 이 같은 계층 이동성은 한국을 더욱 빠르게 발전시켰다. 많은 한국인이 자신의 꿈을 펼칠 기회를 갖고 새로운 일에 거침없이 도전했고, 이는 역동적인 한국을 만드는 데 가장 큰 밑거름이 됐다.

그러나 이 같은 한국의 발전 원동력이 이제 급속도로 사라지고 있다. 한국보건사회연구원 강신욱 연구위원[7]이 1990년부터 2008년까지 한국인의 소득 이동성을 조사하기 위해, 2인 이상 도시근로자 가구를 시장 소득 기준으로 10분위로 나눈 다음, 다음 해 소득이 얼마나 변했는가를 살펴봤다. 그 결과 소득이 2단계 이상 변한 가구가 1991년 30.6%를 기록한 이후 계속 줄어들어, 2007년에는 처음으로 20% 아래로 떨어졌고 2008년에는 17.8%를 기록했다. 특히 빈곤층이 더 잘 사는 길은 점점 더 봉쇄된 것으로 나타났다. 1990년부터 1997년까지 빈곤층이 더 잘 사는 계층으로 올라간 경우는 43.6%나 되었지만, 2003년부터 2008년까지 빈곤에서 탈출한 사람은 고작 31.1%에 불과했다. 같은 기간 동안 상위층이었던 사람이 중위나 하위 계층으로 하락한 경우의 비율도 26%에서 21.9%로 줄어들었다.

한국은 이제 자신이 한 번 속한 계층에서 벗어나기가 점점 더 어려운 사회가 되어가는 것이다. 특히 영미식 경제구조로 급격히 전환하면서 이 같은 계층 고착화 현상은 점점 더 강화되고 있다. 영미식 경쟁 시스템은 씨앗을 뿌린 후 어린 싹일 때부터 무자비하게 솎아내어, 될 성부른 나무에만 영양분을 주는 시스템이다. 이러한 시스템은 다양한 도전으로 서로 다른 기회를 찾도록 해 새로운 산업이 태동하기에 좋은 환경이 될 수도 있다.

그러나 이 같은 장점이 발휘되려면 누구에게나 그 기회가 주어지는 공정한 경쟁 시스템이 확립되어야 한다. 약자에게 도전할 기회조차 주어지지 않는다면, 영미식 경쟁 시스템은 신생 기업과 소외된 사람들의 새로운 도전을 막아, 이미 시장을 장악한 기업과 부유층만 보호하는 역할을 한다.

한국의 부유층 상당수는 1960년대부터 활발한 계층 이동을 통해 부자가 된 사람들이다. 그런데 부자가 된 지금, 그들은 자신들이 걸어 올라온 계층 이동의 사다리를 걷어차고 있다. 사람이 재산이고 국력인 우리 한국에서 이 계층 이동의 사다리가 사라지면 한국 경제 전체가 활력을 잃고 사그라지게 될 것이다. 한국의 미래를 위해서 꿈을 잃어가는 한국의 청년들에게 이제 다시 희망의 사다리를 놓아야 한다.

어떻게 계층 이동의 사다리를 놓을 것인가?

핀란드는 교육 분야에서 한국의 최대 라이벌이다. 2009년 만 15세 이상의 학생들을 대상으로 학력과 학습배경을 평가하는 OECD 국제학업성취도평가Program for International Student Assessment, PISA에서 한국은 수학 1등, 과학 2등이라는 놀라운 성적을 냈다. 그런데 과학 1등과 수학 2등으로 한국과 어깨를 나란히 한 나라가 바로 핀란드였다.[8]

성적에서는 두 나라가 엇비슷하게 뛰어난 결과를 냈지만, 그 성과를 이룬 방법에서는 큰 차이가 있었다. 핀란드 학생들은 정규수업 외에 고작 1주일 평균 7시간을 공부하고 있지만, 한국은 핀란드 학생들의 세 배인 무려 20시간을 공부하고 있다.[9] 특히 가장 큰 차이가 나는 것은 바로 보충교육이었다. 핀란드 학생들은 학교 보충교육을 1주일에 10분 정도 하지만, 한국 학생들은 5시간 가까이 하고 있다. 또한 핀란드 학생들이 받는 학원 수업이 20분 정도인데 반해, 한국 학생들은 4시간에 가까운 학원 수업을 추가로 받는다.

학부모들의 교육에 대한 투자 금액을 비교해도 핀란드와 한국은 매우 큰 차이가 난다. 한국은 사교육비 지출이 GDP 대비 2.9%로, 인구 2,000만 명 이상인 OECD 국가 가운데 1위를 차지했다. 사교육비 부담이 GDP의 1.89%로 2위를 기록한 미국을 가뿐하게 따돌린 것이다.[10]

그런데 한국에서 사교육비 지출은 부유층에 집중돼 있다. 2010년 도시 근로자 가운데 하위 20%인 사람들은 전체 생활비의 40%를 의료비로 쓰고 있으며, 사교육비로는 생활비의 단 6%만 지출했다. 그들은 교육에 투자하고 싶어도 투자할 여력이 없기 때문이다.[11] 반면, 소득 순위가 상위 20~40% 안에 드는 사람들은 생활비의 28%를, 소득 상위 20%인 사람들은 전체 생활비의 31%를 사교육비로 썼다. 이렇게 소득이 늘어날수록 사교육비의 비중이 높아지므로, 실제 교육비 지출 금액은 훨씬 더 큰 차이가 난다.

이처럼 한국에서 사교육에 대한 의존이 심해지면서, 교육을 통한 부와 가난의 대물림 현상은 더욱 가속화하고 있다. 한국개발연구원KDI의 김희삼 부연구위원은 한국에서 부의 대물림 원인의 절반은 교육에 의한 것이라는 연구 결과를 내놓았다. 특히 딸은 그 영향이 더욱 커서 부의 대물림 3분의 2가 교육에 의한 것으로 나타났다. 결국 가난한 부모를 둔 어린이들은 자신을 발전시킬 기회조차 얻지 못하는 사회가 된 것이다.

이에 비해 핀란드의 사교육비 비중은 전체 GDP의 0.1%밖에 되지 않았다. 핀란드의 공교육비 비중은 GDP 대비 5.9%로, 한국의 4.3%보다 높았다. 이렇게 공교육비 지출 비중이 높은 핀란드에서는 수업료는 물론, 부가적인 비용도 거의 들지 않는다. 급식비와 학용품비, 실험 실습 비용 등 교육에 드는 모든 경비를 국가와 지방자치단체가 부담하고 있기 때문이다. 따라서 공교육 중심인 핀란드에서는 빈부 격차가 학생들의 학업 성취도에 미치는 영향이 매우 적을 수밖에 없다.

단 한 명도 버릴 인재가 없다는 절박함으로 모든 국민을 소중한 인재로 양성하겠다는 교육정책은 핀란드 경제의 계층 이동성도 확대했다. 미국의 보스턴 대학교Boston University 경제학부의 페칼라Pekkala 교수와 루카스Lucas 교수[12]는 1950년부터 1999년까지 핀란드 남녀 25만 명을 조사한 결과, 핀란드의 교육 기회 확대가 부와 가난의 대물림을 완화하는 데 효과가 있었음을 확인했다.

그런 교육정책 덕분에 핀란드의 자원과 인구가 부족한 치명적인 약점이 있음에도, 주변 강대국들의 틈바구니에서 굳건히 버티고 있는 것이다. 인재가 한 명이라도 아쉽기는 한국도 마찬가지다. 사교육에 의존한 현재의 왜곡된 교육 시스템으로 더는 한국의 숨어 있는 인재들을 외면해서는 안 된다.

재벌 특혜, 상위 1%마저 도전정신을 잃게 하다

2012년은 이명박 정부가 재벌과의 전쟁을 벌였던 한 해였다. 그런데 전쟁의 대상은 한국 재벌들이 진출한 그 많은 업종 중에 하필 '빵'이었다. 이명박 대통령은 1월에 열린 수석비서관 회의에서 "대기업들이 소상공인들의 생업과 관련한 업종에까지 사업영역을 넓히는 것을 자제해야 한다"며 재벌들의 제빵업계 진출에 대해 포문을 열었다. 그러자 다음날 재벌가의 딸들이 대표이사로 있는 계열사들이 잇따라 제빵사업 포기를 선언했지만, 결과적으로는 생색내기에 그쳤다.

이에 대해 영국의 유력 일간지인 《파이낸셜 타임스》[13]는 한국의 정치인들이 선거철에 표를 얻기 위해 재벌 공격에 나선 것이라고 꼬집었다. 그리고 재벌에 대한 한국 정부의 비판은 말로만 그럴듯할 뿐, 여전히 영세 자영업의 구조조정과 실질적인 사회안전망 제공이라는 근본 문제를 회피하고 있다고 비판했다. 또한, 한국 재벌의 근본적인 문제는 빵 사업에 진출한 것이 아니라, 재벌이 일본이나 독일식의 소규모 전문 중소기업의 성장을 방해하고 있는 것이라고 강조했다. 한국에서 혁신적인 중소기업이 나타나면 재벌이 이를 인수해 회사 직원과 자산을 빼앗아 중소기업의 성장을 막고, 재벌들은 여전히 중요한 기술 부품을 일본에 의존하는 경제구조를 만들어왔다는 것이다. 한국의 정치인들은 이런 문제를 해결할 생각이 없으므로, 재벌이 제빵 사업에서 철수한다고 하더라도 재벌 문제가 해결됐다고 믿는 한국인은 거의 없을 것이라고 지적했다. 이명박 정부가 한국 재벌의 근본적인 문제를 도외시한 채, 빵 문제로 국한해 이를 해결한 척 해봤자 아무 소용이 없다는 것이다.

그렇다면 제빵업계 같은 분야에 도전하는 재벌들의 근본적인 문제는 도대체 어디서 시작된 것일까? 일부 재벌들이 성장 과정에서 정당하지 않은 방법을 쓰기도 했지만, 1970년대 한국의 재벌들은 강력한 도전정신을 가진 혁신적인 집단이었다. 특히 한국 경제가 매우 어려운 상황이었음에도, 온갖 악조건을 딛고 성공한 저력을 가지고 있다. 그런데 이명박 정부는 그런 강력한 재벌을 보호의 대상으로 전락시켰다. 대통령이 되자마자 '친기업정책'을 내세우며 재벌에 온갖 특혜를 제공했다. 온갖 풍파를 이겨내며 강인하게 성장해 온 재벌을 한순간에 온실 속의 화초로 전락시킨 것이다. 편하게 앉아 손쉽게 살 수 있는 온실이 생겼는데, 어느 누가 스스로 온실 밖으로 뛰쳐나가 악조건 속에서 싸우는 어려운 길을 택하겠는가?

재벌에게 편안히 돈을 벌 수 있는 경제구조를 만들어주면, 재벌은 혁신적인 도전을 할 이유가 없어진다. 정부가 혁신적인 중소기업을 무너뜨리는 재벌의 불공정 거래를 눈감아주면, 재벌은 당연히 미래에 경쟁상대가 될지도 모르는 중소기업의 싹을 제거하려 할 것이다. 재벌의 문어발식 확장을 막는 출자총액 제한제도를 완화하면, 새로운 분야를 개척하는 대신 중소기업의 발목을 잡거나 동네 상권을 위협하는 것이 더 손쉽게 이윤을 늘릴 수 있는 합리적인 선택이다.

이처럼 재벌이 경제의 파이를 늘리는 새로운 도전보다 주어진 파이를 나누어 먹는 데만 집착하면, 한국의 경제성장에도 치명적인 결과를 가져온다. 재벌은 새로운 사업을 시작할 수 있는 자원을 거의 독식하고 있는데다가 사업 실패에 따른 리스크도 훨씬 낮으므로 새로운 도전에 대한 부담도 적다. 그러한 재벌이 새로운 도전에 나서지 않고 기존의 파이를 갉아 먹기 시작하면, 한국 경제 전체의 파이는 줄어들 수밖에 없다.

이런 강력한 재벌들을 보호의 대상으로 전락시킨 경제정책 덕분에 재벌들은 혁신적인 새로운 미래 산업보다는 국외 유명 브랜드를 그대로 수입하거나 모방하는 안전하고 편한 투자에 몰두하고 있는 것이다. 이미 한국의 모든 자원을 독식한 강력한 한국의 재벌들에 정부가 과도한 보호장치를 제공하는 것이야말로, 그들을 게으르고 나약하게 만드는 지름길이다.

재벌이 새로운 도전을 하지 않고도 손쉽게 돈을 벌 수 있는 시스템을 정부가 만들어주고 나서 재벌의 제빵 산업 진출만 비난하는 것은 누워서 침 뱉기와 다름없다. 경제 시스템의 최강자인 재벌을 보호하는 정책은 실제로 재벌을 더욱 나약하게 만들고, 한국 경제 전체의 성장과 활력까지 떨어뜨리는 길이다. 한국 경제를 지탱하는 강한 재벌을 만들고 싶다면, 그에 걸맞은 경쟁환경을 조성해야 한다. 지금처럼 재벌에 쉽게 장사하는 길을 모조리 허용한다면, 한국 경제의 앞날도 더욱 위태로워질 수밖에 없다.

일등만 살아남는 경제는 위험하다

2011년 4월, 영국 런던에서 평창 올림픽 유치 활동을 하고 돌아온 이건희 삼성회장이 공항에서 기자들 앞에 섰다. 경영 일선에 복귀한 지 1년 만이었다. 기자들이 소회를 묻자 이건희 회장은 "제대로 된 물건을 세계 시장에 내놓아 그것을 1등으로 만들어야 한다"고 강조했다. 이건희 회장의 1등을 향한 열망은 어제오늘 일이 아니다. 1등이 아니면 살아남지 못한다는 강박관념은 한국 기업들을 무한 경쟁으로 내몰았고, 그 덕분에 한국의 재벌들은 빠른 성장을 해왔다.

어떤 분야에서건 1등을 하는 것은 경쟁에서 살아남는 가장 좋은 방법이다. 그러나 기업이 1등을 하는 것과 한 경제 안에서 1등만이 살아남는 것은 아주 다르다. 개별 기업은 1등을 해야 성공하지만, 1등 기업만 있는 경제는 오히려 위험하다. 최근 급변하는 경제 환경이 '적자생존適者生存의 법칙'을 인정하지 않기 때문이다. 온갖 경쟁을 뚫고 얻어낸 세계 1위의 지위조차 어느 한순간에 무너져버릴 수 있는 것이 작금의 경제상황이다.

세계 최대 게임기 생산업체였던 닌텐도의 몰락이 그 대표적인 예다. 닌텐도는 2009년 영업이익 5,300억 엔, 우리 돈으로 7조 원이 넘는 경이적인 기록을 냈다. 특히 매출액 대비 영업이익률이 36.8%나 될 정도로 엄청난 수익률을 자랑했다. 영업이익률이 5%대에 불과한 한국 기업들과는 비교도 되지 않았다. 직원 1인당 매출은 10억 엔, 우리 돈으로 140억 원에 육박해 도요타의 다섯 배를 넘었다. 당시 닌텐도는 그야말로 '꿈의 기업'이었다.

하지만 경제 환경이 급변하면서 1등 닌텐도는 순식간에 무너져내렸다. 이러한 경이적인 성과를 낸 지 고작 2년 뒤인 2011년에 한 해 동안 650억 엔, 우리 돈으로 1조 원에 육박하는 순손실을 본 것이다. 그런데 이 세계 최고의 게임기 회사 닌텐도를 무너뜨린 것은 경쟁 게임기 회사가 아니었다. 바로 스마트폰이었다. 게임을 사기 위해 번거롭게 매장을 찾아가거나 인터넷 주문을 해야 하는 닌텐도와는 달리, 스마트폰은 몇 번의 터치만으로 금세 원하는 게임을 살 수 있었다. 또한, 스마트폰용 게임은 대리점이 필요 없고 유통 구조도 단순해 닌텐도용 게임보다 훨씬 싸게 살 수 있었다. 이런 스마트폰용 게임들이 쏟아져나오자, 소비자들은 순식간에 닌텐도 게임기에서 돌아서 버린 것이다.

닌텐도는 다른 게임기 회사와의 경쟁에서 수많은 고비를 넘기며 경쟁에서 승리한 1등 게임기 업체였다. 하지만 새로운 스마트폰 환경하에서는 과거 게임기 산업에서의 1등이라는 강력한 지위가 아무런 도움이 되지 않았다. 패러다임이 완전히 바뀌어버리는 환경의 급격한 변화는 부동의 1등조차 순식간에 무너뜨릴 수 있었다.

그런데도 경제 진화론을 잘못 이해한 일부 경제학자들은 적자생존을 내세우며 1등이 독식하는 경제를 정당화한다. 1등만 잘 되면 한국 경제 전체의 경쟁력이 높아질 것이라고 일반 국민을 현혹하고 있다. 그러나 이는 경제진화론을 잘못 이해하고 있는 것이다. 경제진화론에서는 어떠한 환경에서도 항상 우월한 절대적 적자는 존재하지 않는다. 단지 지금 현재 주어진 환경에 유리한 적자만 있을 뿐이다.

환경이 변하면 새로운 환경에 따라 적자도 달라진다. 이 때문에 기존 경제환경에서의 1등이 미래에도 1등이 되라는 법은 없다. 지금처럼 패러다임이 급변하는 경제 환경에서는 환경의 변화에 따라 요구하는 특성도 예측할 수 없을 만큼 빠르게 변한다. 그래서 경제환경이 달라지면 과거의 2등, 3등이 가졌던 특성이 1등의 특성이 되기도 한다.

이 때문에 1등만 살아남는 경제는 위험하다. 생태계에서 종種의 다양성이 중요하듯, 한 국가 경제 내에서도 다양한 특성이 있는 경제 주체들이 공존하며 활동할수록 변화에 민감하고 활력이 넘치는 경제가 된다. 1등이 독식하는 경제보다 다양한 2등, 3등이 살아남은 경제가 더 큰 잠재력과 변화에 대한 적응력을 가진다.

04

대붕괴 시대,
생존을 위한 투자 원칙

풍요의 시대였던 1960년대 미국, 대표적인 자동차 회사인 GM은 해마다 판매량이 늘어나며 승승장구하고 있었다. 국내시장 점유율이 해마다 50%를 넘었고, 항상 대규모 흑자를 냈다. 당시 GM을 대표하는 차들은 8기통에 200마력이 넘는 대형 엔진을 달고 있는 고급 대형차들이었다.

하지만 1970년대 1차 석유 파동이 일어나자 상황이 크게 달라졌다. 유가가 오르면서 미국인들은 조금씩 소형차로 눈을 돌리기 시작했다. GM 주변에서는 이제 소형차를 만들어야 할 때라는 의견이 나오기 시작했지만, GM은 '소형차로는 이익을 낼 수 없다'는 논리로 소형차를 외면했다.

게다가 자신의 판매망을 일본 자동차 판매회사에 빌려주어 일본 소형차를 팔도록 했다. 자신들은 소형차를 거의 만들지 않으므로 수수료 수입이라도 올리자는 계산이었다. 일본 기업들은 치밀한 전략으로 이 절호의 기회를 놓치지 않았다. 일본 회사는 뛰어난 연비를 무기로 특정 지역시장을 집중 공략한 다음 미국 전체로 확산하는 전략을 썼고, 마침내 미국 시장 전체를 공략하기 시작했다.

1980년대에는 일본의 무서운 추격이 시작되었지만, GM의 경영진은 시대의 변화를 외면하고 여전히 기존의 대형차만을 고집했다. 보다 못한 미 연방정부가 연비 기준을 강화하자 GM은 더 좋은 연비를 가진 차를 개발하는 것이 아니라, 연비 기준을 낮추도록 연방정부에 로비를 했다. 결국 오만함으로 변화를 거부하던 GM은 서서히 몰락의 길을 걷다가, 마침내 2009년 6월 뉴욕 법원에 파산보호신청을 했다. 무려 101년이나 된 세계 최고의 기업이 부실기업으로 전락하는 순간이었다. 시대의 변화에 적응하지 못하면 제아무리 세계 최강자라도 결국 파멸의 길을 걸을 수밖에 없다.

현재 세계 경제는 60년에 걸친 슈퍼사이클을 마무리하면서 부채가 무너져내리는 대붕괴 단계를 앞두고 있다. 높은 경제성장률을 누리며 자산 가격이 끝없이 급등하던 시대는 이제 막을 내리고, 더 낮은 성장률과 자산 가격 하락에 시달릴 새로운 대붕괴의 시대가 도래한 것이다. 완벽히 달라진 세상에서 과거의 영화榮華에만 집착해 새로운 변화를 받아들이지 못한다면, 그 경제는 몰락과 파멸의 길을 걷게 될 것임이 자명하다.

이제 새로운 패러다임에 맞추어 적응하고 오히려 이를 기회로 삼아 새로운 시스템을 구축하는 데 성공한다면, 대붕괴가 마무리되고 세계 경제가 다시 제 궤도를 찾기 시작할 때 놀라운 역전과 추격의 기회를 제공할 수 있다.

대붕괴 시대의 자산 가격은 어떻게 변할 것인가?

2009년 서울, 파푸아뉴기니에서 온 앵무새 '딸기'가 노련한 투자자 10명과 주식 투자 대결을 벌였다. 앵무새는 매주 두세 번씩 우량회사 이름이 쓰인 종이를 물어오는 방식으로 투자종목을 선택했고, 투자자 10명은 한 달 동안 마음껏 주식을 사고팔았다. 그 투자 대결의 결과는 앵무새의 압승으로 끝났다. 앵무새는 한 달 동안 열한 번 거래해서 13.6%의 수익률을 기록했지만, 투자자 10명의 수익률은 고작 −1.3%에 불과했다.

주가 하락기였던 2000년 7월, 미국 월스트리트에서는 10개월 동안 원숭이와 펀드 매니저, 개인 투자자가 투자 수익률을 겨루는 투자 대회가 열렸다. 이 대회에서 원숭이는 −2.7%의 수익률을 거두었고, 펀드매니저는 −13.4%, 개인 투자자는 −28.6%로, 결과는 원숭이의 대승으로 끝났다.

많은 경제 전문가들이 해마다 앞으로 주가가 얼마가 된다든지, 아니면 부동산 가격이 얼마나 오를 것이라든지 하는 갖가지 전망을 내놓는다. 이들 전문가는 미래를 점치기 위해 온갖 복잡한 이론과 모델을 끼워 맞춘다. 그러나 아무리 복잡하고 정교한 모델을 사용해도, 이들의 예측대로 들어맞을 확률은 앵무새가 주가를 맞출 확률과 별 차이가 없다.

복잡계 경제학에서는 주가에 대한 정확한 전망이 애초부터 불가능하다고 본다. 2장에서 설명한 '모래알을 떨어뜨리는 실험'으로 돌아가 보자. 모래알을 한 알 한 알 떨어뜨리다 보면 모래산이 생기고, 산사태가 일어나기 쉬운 어떤 순간, 즉 임계상태에 들어간다. 이 경우 어떤 모래알 한 알이 곧 산사태를 만들게 될 것은 분명하지만 정확히 몇 번째 떨어지는 모래알이 산사태를 만들지, 또 얼마나 큰 산사태를 만들지는 도저히 예측할 수 없다.

대신 복잡계 경제학은 현재 경제상황이 위기를 불러오기 쉬운 임계상태에 빠져 있는지를 추정하고, 경제의 불안정성을 가중시킨 원인을 파악하는 데 도움이 될 수 있다. 그리고 이를 통해 불안정성을 해소하는 정책적 대응방안을 모색하거나, 위기가 왔을 때 그 피해를 최소화할 수 있는 시스템을 도입하는 데 그 이론적 배경을 제공할 수 있다.

또한, 복잡계 경제학은 주류 경제학과 달리 경제 변수가 특정한 균형으로 수렴收斂한다고 보지 않고 발산發散한다고 보기 때문에, 글로벌 금융위기와 같은 큰 충격이 일어난 뒤 경제가 자동으로 원래 상태로 돌아오는 것이 아니라 위기 이전과는 다른 새로운 방향으로 나아가게 된다고 본다. 경제위기가 진행되는 방향도 미리 정해져 있는 것이 아니라, 복잡한 상호작용에 따라 그 결과가 크게 달라진다고 본다. 예를 들어 대붕괴의 여파로 경제위기가 왔을 경우, 초기 정책 대응의 미세한 차이가 나중에 매우 다른 결과를 가져올 수 있다.

2008년 미국 주택시장 거품 붕괴 이후 위기가 유럽으로 번지면서 세계 곳곳에서 위기가 반복적으로 발생하고 있다. 그리고 위기가 닥칠 때마다 미국을 포함한 세계 각국의 정부는 대규모 양적 완화와 저금리 정책으로 대응하고 있다. 그 결과 주가가 오르고 시중 금리가 안정세를 보이면, 정부의 성공적 대응으로 위기를 극복했다고 착각하기 쉽다.

하지만 위기가 올 때마다 양적 완화와 같은 대증요법을 반복한다면 빚더미로 유지되는 거품 경제를 잠시 유지할 수는 있다. 하지만, 모든 정책수단이 소진되는 최후의 게임이 시작되면 그동안 쌓아온 빚더미가 한꺼번에 무너지는 강력한 충격을 피할 수 없다. 이는 옐로스톤 국립공원이 인위적으로 반복해서 산불을 잡는 바람에 숲을 산불이 나기 쉬운 불안정한 상태로 몰아가, 결국 1988년 엄청난 초대형 산불이 일어난 것과 같은 이치다.

이미 빚더미의 대붕괴가 눈앞에 다가와 있는 지금, 우리에게 최선의 상황은 더는 빚더미를 부풀리지 않는 수준에서 양적 완화와 저금리정책을 써나가면서 서서히 빚을 줄여나가는 것이다. 이 경우에는 경제가 일순간에 붕괴하는 대공황은 나타나지 않겠지만, 3, 4년 정도의 짧은 주기로 금융위기가 반복될 것이다. 이는 스위스와 같은 산악 국가들이 대규모 산사태를 막기 위해 대포를 쏘거나 폭약을 터뜨리는 등 인공 눈사태를 주기적으로 만드는 것과 마찬가지로, 세계 경제가 대공황이라는 위기로 빠지는 것을 막는 길이 될 것이다.

하지만 둘 중 어떤 경로를 택하든지, 일단 대붕괴가 시작된 이후에는 경제성장률과 자산 가격의 하락이 불가피하다. 특히 주식시장보다 부동산 시장의 불황이 더 깊고 오랫동안 계속될 가능성이 크다. 케네스 로고프와 카르멘 라인하트의 연구 결과, 지금까지 역대 금융위기에서 주식 가격은 평균 3년 반 동안 하락했지만, 주택 가격의 하락세는 평균 6년 동안 계속된 것으로 나타났다.

한국도 예외가 아니어서, 이번 집값 하락은 상당기간 계속될 것으로 보인다. 만일 지금까지 역대 금융위기의 평균 수준인 6년 뒤에 집값의 회복세가 시작된다고 해도 생산가능인구의 비중이 급속도로 줄어드는 2020년 이후가 되면 또다시 집값이 추세하락을 시작할 것이다. 그리고 인구 구조 때문에 시작되는 집값 하락세는 역대 금융위기 평균인 6년보다 훨씬 더 길고 깊은 불황의 상징이다.

이처럼 추세적인 하락세를 보일 부동산 시장과는 달리, 주가는 앞으로 잦은 변동을 일으키며 급등락을 거듭할 가능성이 크다. 빚의 누적으로 불안정성이 극대화된 임계상태에서는 금융위기가 짧은 주기로 반복될 가능성이 크고, 그때마다 주가가 급락했다가 부양책이나 양적완화정책이 나온 뒤 다시 주가가 회복하는 장세가 될 것이다. 그러나 이런 장세가 반복될 때마다 시장의 불안정성은 더욱 증폭될 것이다.

우리나라는 특히 국민연금과 각종 연기금이 주가에 큰 영향을 미치게 될 것이다. 2012년 4월 말 기준으로 국민연금 적립금은 370조 원에 이르는데, 국민연금 관리공단은 이 적립금 가운데 30%를 주식에 투자한다는 계획을 하고 있다. 이에 따라 2011년 말 기준으로 89조 원이었던 국민연금의 주식 투자 금액은 2017년까지 189조 원으로 늘어날 전망이다. 이 가운데 국내 주식시장 투자 목표는 140조 원 정도로, 2012년 8월 현재 코스피 시장 전체의 시가 총액인 1,000조 원의 14% 수준이다.

이처럼 거대한 국민연금의 존재는 앞으로 한국의 주가 변동성에 큰 영향을 미칠 것이다. 국외 투기세력이 보기에 국민연금처럼 쉬운 먹잇감이 없다. 국민연금은 주가가 올라갈 때 든든한 수요 기반이 되고, 거꾸로 주가가 내리면 어김없이 구원투수로 등장해 주가를 떠받칠 것이다. 따라서 국외 투자자들은 주가가 꺾여서 급락할 때도 다른 나라보다 비교적 더 비싼 값에 주식을 떠넘기고 한국을 떠날 수 있다. 더구나 국민연금의 투자 내역과 자금규모는 완전히 공개되어 있기 때문에, 국외 투자자로서는 마치 포커게임을 할 때 상대방의 패를 보고 치는 것처럼 손쉽게 투자 게임을 할 수 있다.

이 때문에 국외 투자자로서는 의도적으로 한국의 주가를 끌어올렸다가 보유했던 주식을 연기금에 떠넘기며 주식을 팔고 나가는 투자 방식을 무한히 반복하는 전략을 쓸 수 있다. 따라서 국외 투자자가 연기금이 시장을 반복적으로 떠받친다는 것을 믿고 한국을 투기 대상으로 삼는다면, 변동성을 낮추기 위한 국민연금의 주식 투자가 오히려 장기적으로는 한국 주식시장의 불안정성을 더 높일 우려가 크다. 시장 규모를 훨씬 넘어서는 거대한 국민연금의 존재로 앞으로 한국의 주식시장은 국외 투자자의 캐시카우Cash Cow(확실한 수익 창출원) 역할을 해줄

가능성이 크다. 더구나 이런 변동성의 증가는 결국 불안정한 혼돈의 에너지를 증폭시켜, 더욱 강력한 금융위기를 불러올 수 있다.

더구나 고령화로 국민연금 적립금이 줄어드는 시기가 오면 국민연금의 과도한 주식 투자는 더욱 위험해진다. 연금을 지급하기 위해서는 주식을 팔아야 하는데, 국민연금처럼 전체 주식시장에서 차지하는 비중이 큰 경우는 주식을 팔 때 주식시장 전체가 급락할 것이기 때문이다. 결국 대붕괴가 본격적으로 도래하기 전에 연기금의 투자 원칙을 재정립하고 각종 리스크에 대한 대대적인 재검토를 해야 한다.

2020년 이후, 두 번째 충격이 한국을 강타한다

필자가 경제학부에서 석사과정을 하고 있던 1995년, 한국 경제학계에 큰 충격을 준 논문이 하나 나왔다. 앨윈 영Alwyn Young[1]이 1966년부터 1990년까지 동아시아 신흥국에 대한 총요소생산성Total Factor Productivity, TFP[2]을 측정한 결과에 관한 것으로, 그가 발표한 바로는 고도성장기 한국의 생산성은 고작 연평균 1.7% 늘어나는 데 그쳤던 것으로 나타났다. 다른 동아시아 국가들의 생산성 향상도 연평균 0.2%에서 2.0% 수준에 불과했다. 이 같은 연구 결과를 토대로 노벨 경제학상 수상자인 폴 크루그먼Paul Krugman은 한국을 비롯한 동아시아 경제성장은 모두 노동을 추가로 투입한 땀의 결과라며, 아시아 경제성장은 허상에 불과하다는 내용의 논문을 내놓았다. 이 두 논문은 당시 한국의 경제학계를 발칵 뒤집어놓았다. 연평균 8%가 넘는 고도성장을 해낸 한국의 기적이 그저 인구가 늘어나면서 더 많은 노동력이 투입된 결과에 불과하다는 연구 결과는 한국의 자존심에 큰 상처를 입혔다.

이후, 동아시아 각국에서 앨윈 영의 연구를 반박하기 위한 수많은 연구가 뒤따랐지만 결과는 참담했다. 아무도 앨윈 영의 연구 결과를 뒤집지 못했다. 동아시아 고도성장의 비밀은 결국 베이비붐으로 젊은 층 인구가 많이 증가한 덕분이었던 것으로 판명이 난 셈이다. 이 같은 연구 발표 이후 1998년 실제로 동아시아에 경제위기까지 터지자, 폴 크루그먼은 미래를 예견했다며 큰 명성을 얻었다.

하지만 노동력 투입에 의존해 경제성장을 이룬 나라는 동아시아만이 아니다. 정보통신 혁명으로 고도성장을 누렸다는 1990년대 미국의 총요소생산성 증가율은 한국보다도 훨씬 낮은 연평균 1% 수준에 불과했다. 결국 동아시아와 마찬가지로 미국도 노동의 추가 투입이 없었다면 고도성장이 불가능했다는 얘기다. 이처럼 한국뿐만 아니라 많은 나라의 경제성장이 노동력 증가에 의존하고 있다.

노동력 증가에 가장 중요한 역할을 하는 인구는 15세부터 64세까지에 해당하는 생산가능인구이다. 그런데 이 생산가능인구가 전체 한국 인구에서 차지하는 비중이 1966년 53%에서 2012년 73%로 급격히 높아졌다.[3] 4인 가구 하나를 예로 들어보자. 예전에는 4명의 가족 구성원 중에 2명이 돈을 벌어 4명이 먹고 살았는데, 가족 중 한 명이 더 취직해서 3명이 돈을 벌어 4명이 먹고 살게 되었다면 가족 구성원 1인당 소득은 많이 늘어난다. 이처럼 생산가능인구의 비중이 높아지면 가족 중 일을 해 돈을 버는 사람이 늘어나므로 1인당 GDP도 덩달아 올라간다.

그런데 이렇게 중요한 생산가능인구의 비중이 2012년 73%를 정점으로 2013년부터 서서히 줄어든다. 일단 2020년까지는 생산가능인구 비중이 71%로 떨어지면서 비교적 완만한 하락세를 보일 것으로 예상한다. 하지만 2020년부터는 전 세계에서 유례가 없을 정도로 빠르게 생산가능인구 비중이 낮아져, 2060년에는 생산가능 인구가 전체 인구에서 차지하는 비중이 절반 이하인 49.7%로 뚝 떨어질 것으로 보인다. 이렇게 생산가능인구의 비중이 줄어들면 노동력이 줄어드는 것뿐만 아니라 소비시장도 축소될 수밖에 없다. 이에 따라 잠재 성장률이 2%p 줄어들면서 2031년 이후 한국의 잠재 성장률은 1.0%로 낮아져, OECD 회원국 중에서 룩셈부르크의 0.6%를 제외하고 가장 낮은 수준으로 추락할 것으로 전망된다.

더 큰 문제는 생산가능인구가 줄어든 나라들은 예외 없이 심각한 금융위기를 겪었다는 점이다. 스페인은 2005년 생산가능인구의 비중이 68.7%로 최고점에 이른 이후 2008년 부동산 거품이 붕괴했고, 미국도 2005년 생산가능인구 비중이 69.7%로 최고점을 기록한 이후 2008년 주택시장 거품이 붕괴했다. 아일랜드 또한 2005년 생산가능인구 비중이 68.4%로 최고점을 기록한 이후 2009년 금융위기를 맞았다. 선진국 중에서 가장 먼저 생산가능인구 비중이 줄어든 일본도 1990년 69.7%를 기록한 것과 동시에, 주택시장 거품이 붕괴하면서 장기 침체를 겪고 있다.[4]

이처럼 생산가능 인구가 줄어들면 대부분의 나라에서 자산 가격이 계속 하락하는 현상을 보였다. 한때 38,915포인트까지 올랐던 일본 닛케이 지수는 1990년 이후 추세적인 하락세를 보이면서, 2012년 상반기에 8,000포인트 대까지 떨어졌다.

일본의 집값은 1990년 시작된 주가폭락에도 2년 동안 30% 가까이 더 올라 일본인들에게 잠시나마 부동산 불패의 착각을 일으켰다. 하지만 1992년 들어 땅값이 4.6% 떨어지기 시작하면서 부동산 가격 폭락이 시작되어, 2002년에는 무려 55%나 떨어진 뒤 아직도 회복되지 않고 있다. 집값 폭락 이후 일본은 온갖 수단을 동원해 부양책을 써봤지만 반짝 회복세만 보였을 뿐 어떤 방법으로도 집값의 대세 하락을 막지 못했다.

일본에서 20년에 걸친 집값과 주가의 대세 하락은 바로 인구 구조에서 비롯됐다. 2011년 기준으로 일본의 실소득 대비 가계 저축률은 고작 2.9%에 불과하다. 하지만 세계에서 가장 알뜰하고 저축을 잘하는 일본인들의 성향이 바뀐 것은 아니었다. 일본의 근로소득자들은 여전히 24% 정도의 높은 가계 저축률을 유지하고 있다. 그런데도 일본 경제 전체의 저축률이 낮아진 이유는 일본의 노년층이 생계를 유지하기 위해 젊었을 때 모아뒀던 돈을 쓰고 있기 때문이다. 일본의 60세에서 69세까지 노년층은 해마다 자기 소득의 1.5배를 쓰고 있다. 따라서 노년층이 부족한 생활비를 마련하기 위해서는 예금에서 돈을 찾거나, 갖고 있던 주식이나 부동산을 처분해야 한다. 결국 노년층 인구 비중이 커질수록 보유하고 있는 자산을 내다 파는 경우가 늘어나 자산 가격이 계속 하락할 가능성이 커지는 것이다.

한국의 실소득 대비 가계 저축률은 2011년 기준 고작 3.1%로 일본의 2.9%에 육박할 정도로 낮은 수준이다. 하지만 일본과 한국, 두 나라의 저축률은 숫자만 비슷할 뿐 질적으로는 아주 다르다. 일본은 근로인구의 저축률은 여전히 높은 반면, 한국은 근로인구의 저축률마저 매우 저조한 수준이기 때문이다. 결국 이대로 한국의 근로인구가 은퇴하면 저축이 거의 없어 심각한 생활고에 시달릴 것이고, 이는 소비를 더욱 위축시키고 자본 축적을 줄여 한국 경제에 큰 충격을 줄 것이다.

그러므로 정부는 부동산 가격 하락이라는 눈에 보이는 증상만 막고자 임시적인 대증요법을 쓸 것이 아니라, 지금 당장 한국 경제의 미래를 바꾸는 정책적 대전환을 시작해야 한다. 만일 이번 기회를 놓친다면 한국 경제는 자산 가격과 경제성장률이 모두 급격하게 줄어드는 대붕괴현상의 한복판에 설 것이다. 지금 한국은 20년에 걸쳐 일어난 일본 경제의 붕괴를 목도하고도 대붕괴를 향해 그대로 돌진하고 있는 우를 범하고 있다. 이제 시간이 얼마 남지 않은 지금, 우리의 모든 지혜를 모아 대붕괴와 싸워야 한다.

대붕괴 시대, 어떻게 투자해야 하는가?

대붕괴 시대는 자산 가격에 대한 고정관념이 완전히 무너지는 시대가될 것이다. 이런 시대에 주식이든 부동산이든 사놓고 기다리면 무조건 오를 것이라는 기대는 매우 위험하다. 또한 과거에 높은 수익률을 올렸던 금융 상품들이 이제는 위험한 상품이 될 수도 있음을 유의해야 한다. 이런 상황에서 금융회사 창구직원의 말만 믿고 투자를 결정해서는 안 된다. 창구직원은 보수적인 금융회사의 업무 특성상 과거의실적을 바탕으로 판단할 뿐, 미래를 예측해서 고객에게 상품을 권하기는 쉽지 않다. 더구나 금융회사 직원과 고객의 이해관계는 서로 다르다. 고객은 당연히 더 많은 수익을 올리고 싶어하지만, 금융회사 직원은 자신이 챙기는 수수료가 높거나 인사고과에 보탬이 되는 상품을 추천할 수밖에 없다. 이렇듯 투자자와 금융회사 직원 간에는 일종의 본인-대리인 문제Principal-agent Problem[5]가 발생한다. 그렇다면 대붕괴 시대에도 살아남을 수 있는 투자 생존전략은 무엇일까?

① 주식 투자, 대붕괴의 키워드는 '변동성'이다

대붕괴 시대에는 지금까지 누렸던 대세 상승장이 이어지기 어려우므로 주식 투자자 대부분에게는 매우 힘든 시기가 될 것이다. 특히 2020년 이후 생산가능인구가 줄어들기 시작하면, 주가가 등락을 거듭하더라도 서서히 하락하는 약세장이 계속될 수밖에 없다.

우리 주식시장에 국민연금이라는 '연못 속의 고래'가 없다면, 대붕괴와 인구감소가 시작되는 한국에서 장기적인 추세 하락장은 피할 수 없는 결과임이 분명하다. 하지만 이미 앞서 설명한 것처럼 거대한 자산을 가진 국민연금의 대규모 주식 투자는 국내 주가에 큰 변수가 될 것이다. 더구나 이를 잘 알고 있는 국외 투기자본이 국민연금을 현금인출기로 이용해 한국 주식시장에서 치고 빠지는 전략을 반복한다면, 앞으로도 한국의 주가는 크게 요동칠 수밖에 없다.

이처럼 변동성이 큰 시장에서 만일 당신이 주가의 변화를 선도하는 흐름에 빠르게 대응할 수 있다면 주식 투자로 돈을 벌 기회는 계속될 것이다. 하지만 일반적인 투자자는 이런 변동성에 대응하기가 매우 어려우므로, 대붕괴 시대가 계속되는 동안에는 현금 비중을 이전보다 높여놓는 편이 유리할 것이다. 현금 비중을 높여두는 것은 일반 투자자들이 변동성에 대응하는 효과적인 전략이기 때문이다.

주류 경제학에서는 주식시장의 주가가 언제나 본질 가치를 반영한다고 간주한다. 또한 아주 잠시 주가가 본질 가치에서 벗어난다 하더라도 장기적으로는 다시 본질 가치에 수렴한다고 믿는다. 이는 주식 투자자들이 서로 영향을 주고받지 않고 독립적으로 판단하고 매수한다고 가정하기 때문이다.

하지만 실제 주식시장에서 주가는 투자자들 간의 복잡한 '양의 되먹임Positive Feedback'을 주고받으면서 변화한다. 즉, 투자자 대부분은 선도 투자자를 끊임없이 관찰하고 그들의 투자에 따라 영향을 받으며 자신의 전략을 수정한다. 이 때문에 선도 투자자들은 언제나 유리한 위치에서 투자할 수 있을 뿐만 아니라, 주가는 본질 가치로 꼬박꼬박 수렴하기보다는 오히려 장기적으로 큰 격차를 보이며 발산한다. 만일 당신이 양의 되먹임의 고리에서 최정상에 서지 못한다면, 앞으로 다가올 변동성 장세에서 주식 투자에 성공하기는 하늘의 별을 따기만큼 어렵다. 현실의 가혹한 투자 환경에서 '주가는 언제나 본질 가치로 수렴한다'는 주류 경제학만 믿었다가는 패가망신하기 십상이다.

② 부동산 투자, 가파르게 오른 만큼 골도 깊다

대붕괴 시대에는 빚을 지고 집이나 주식을 사들여 자산 가격 거품을 떠받칠 사람이 없다. 이미 대부분의 가계가 집을 사느라 막대한 빚을 떠안고 있는 만큼 다시 집값 상승세가 돌아오기는 쉽지 않다. 하지만 여기에 주요 변수는 바로 시장을 왜곡해서라도 집값을 떠받치려는 정부의 인위적인 정책이다. 정부가 무리해서라도 부동산 가격을 끌어올리려 한다면, 아직은 집값을 끌어올릴 수 있는 수단이 남아 있다는 뜻이다. 그러나 설령 정부가 반反시장적인 부동산 부양책을 쓴다고 해도 집값 상승은 3~4년 정도의 단기적인 회복에 그칠 것이다.

이미 경고했듯이 2020년 이후에는 한국에서 생산가능인구의 급격한 감소현상이 나타나는 '2차 충격'이 찾아온다. 이처럼 인구가 점차 줄어들 때 집값이 오르기란 매우 어려운 일이다. 물론 부동산 시장 전문가라고 자처하는 사람들은 앞으로 1인 가구가 급증하기 때문에 인구가 줄어도 집값은 다시 오를 것이라고 주장한다. 하지만 이는 부동산 시장에 종사하는 이들의 바람일 뿐, 실현되기 어렵다. 1인 가구가 원하는 주거형태는 기존의 것과 많이 다를 것이기 때문이다.

이런 상황에서 정부가 무리한 부동산 부양책으로 일반 서민들이 더 큰 빚을 지고 집을 사도록 유도하는 것은, 사실상 그들의 희생을 바탕으로 일시적으로라도 집값을 끌어올리겠다는 매우 위험한 발상이다. 부동산 가격을 끌어올리려고 다주택자에게 과도한 세제혜택을 주는 것 또한 조세 형평성만 악화시킬 뿐, 장기적으로 집값을 끌어올릴 수는 없다.

앞으로 한국의 출산율이 다시 증가하거나 이민이 급증하지 않는 한, 투기 목적으로 집을 사는 것은 중장기적으로 큰 실익이 없을 것이다. 다만 정부가 물가 급등을 유도할 때 부동산의 명목가치가 오를 수 있겠지만, 이는 정상적인 현대 정부에선 쉽지 않은 선택이다.

③ 펀드 투자, 재산 증식 수단이 될 수 있을까?

2012년 8월 현재 한국의 주식형 펀드 설정액은 100조 원 정도다. 2008년 8월 144조 원을 기록한 이후, 펀드 설정액은 그 규모가 서서히 줄어들었다. 하지만 펀드는 여전히 재산을 증식하려는 사람들의 가장 중요한 투자 수단 중 하나로 자리 잡고 있다.

이렇게 펀드 투자를 하는 이유는 주식에 직접 투자하기는 부담스럽고 전문가의 도움을 받는 편이 더 유리할 것이라는 생각 때문일 것이다. 하지만 전문가들이 운용한다는 펀드 수익률이 코스피 지수보다 높기는 쉽지 않다. 실제로 주식형 펀드의 평균 수익률은 코스피 지수와 비슷하거나 오히려 더 못한 경우가 많다.

왜 전문가들이 운용한다는 주식형 펀드의 수익률이 이렇게 시장 수익률 수준밖에 안 되는 것일까? 주식 투자에서 가장 중요한 것은 주식을 사고파는 시점인데, 이는 펀드 매니저가 아닌 펀드 가입자가 직접 결정한다. 펀드로 돈이 들어와야 주식을 살 수 있고 펀드에서 돈이 빠져나가면 어쩔 수 없이 주식을 팔아야 한다. 이 같은 제약 때문에 펀드 매니저가 시장을 훨씬 더 잘 안다 하더라도 제 실력을 발휘하기는 쉽지 않다.

자산운용사와 증권사가 떼어가는 수탁보수와 각종 수수료도 큰 부담이다. 자산운용사 간의 경쟁을 통해 수탁보수가 많이 낮아졌다고는 하지만, 여전히 펀드 순자산의 1.5%를 매년 수탁보수로 내야 한다. 주가의 대세 상승기에는 이 정도 수수료가 별문제 아니었지만, 지금처럼 큰 흐름 없이 주가의 변동성만 커진 상황에서는 큰 부담이 될 수밖에 없다.

또 매매·중개 수수료와 같이 숨어 있는 비용도 큰 문제다. 펀드를 운용하는 자산운용사는 보통 계열사인 증권사를 통해 주식을 사고팔고, 이에 따른 매매 수수료를 증권사에 지급하고 있다. 그런데 자산운용사가 주식을 더 자주 사고팔수록 계열사인 증권사는 더 많은 수수료 수입을 얻는다. 따라서 자산운용사의 펀드 매니저들은 더 자주 주식을 사고팔려는 경향이 있으며, 이처럼 잦은 매매는 높은 매매 수수료 부담으로 이어져 결국 펀드의 수익률을 떨어뜨린다.

물론 몇몇 펀드는 시장 수익률을 훌쩍 넘어서기도 하지만, 이런 펀드를 찾아내는 것은 직접 투자로 좋은 주식을 찾기만큼이나 어렵다. 결국 워런 버핏 수준의 뛰어난 펀드 매니저를 찾았다는 확신이 없다면, 주가지수에 연동되는 '인덱스Index 펀드'[6]가 일반 주식형 펀드보다 차라리 더 나은 선택일 수 있다. 시장 수익률이 보장되는데다 매매 수수료가 거의 없고 일반적으로 수탁보수도 더 낮기 때문이다.

거래소에서 주식처럼 거래되는 인덱스 펀드인 '상장지수 펀드Exchange Traded Fund, ETF'[7]도 좋은 대안이다. 일반적으로 인덱스 펀드보다 수수료가 더 싼데다 즉시 사고팔 수 있기 때문에 현금화도 쉽다. 또한 가격 변화를 한 눈에 볼 수 있어 빠른 대응이 가능하다. 하지만 투자 위험은 근본적으로 주식 투자와 같으므로, 앞서 주식시장을 항시 관찰하고 민감하게 반응할 수 없다면 변동성 장세에서는 투자를 자제해야 한다.

④ 변액연금보험, 위험을 감수할 자신이 없으면 피하라!

2011년, 정년이 4년도 채 남지 않은 회사 선배 한 분이 보험상품을 문의하기 위해 미국에서 연구하고 있던 필자에게 국제전화를 했다. 3년 전에 한 달에 100만 원을 내는 변액연금보험에 가입했는데, 해약 환급금이 반 토막 난 것을 확인하고 나니 앞으로 정년까지 그 변액보험료를 계속 내야 할지 아주 고민이 된다는 것이었다.

사실 변액보험은 그 특성상 7~8년은 지나야 원금 수준으로 회복한다. 그런데 그 선배는 평소에 잘 알던 사람의 권유로 가입하면서 이를 제대로 이해하지 못하고 가입했던 것이다. 이렇게 보험료를 이미 3년이나 불입한 경우에는 쉽게 해약을 권유하기도 어렵고 계속 불입하라고 말하기도 어렵다. 지금 해약한다면 해약 환급금이 너무 형편없고, 또 정년퇴직한 뒤에는 계약을 유지하기 어렵기 때문이다. 그야말로 그 선배는 어차피 손해를 볼 수밖에 없는 상황인 셈이다. 이럴 때는 어느 쪽이 유리한지 모호하지만, 아직 가입하지 않았을 때는 계약을 유지할 수 있는 기간이 10년도 안 된다면 가입하지 않는 편이 좋다고 분명히 말할 수 있다.

그 이유는 불입한 원금의 10% 안팎을 떼어가는 이른바 '사업비'와 원금 보장 명목으로 떼어가는 0.9%의 '최저연금 보증료' 때문이다. 필자의 선배처럼 한 달에 100만 원을 냈다면 보험사가 매달 11만 원 정도를 사업비로 떼어갔기 때문에, 선배의 계좌에는 매달 89만 원씩만 적립됐을 것이다. 이렇게 실제로 적립되는 돈이 적기 때문에 계약기간이 짧으면 원금 수준으로 회복하기조차 쉽지 않아 손해를 볼 수밖에 없는 구조다. 결국 가입자의 정년이 고작 7년밖에 남지 않은 것을 알고도 이런 보험을 파는 것은 매우 비양심적인 일이다.

더구나 적립금에서도 펀드 운용 수수료 등의 명목으로 끝없이 수수료를 떼어간다. 이 때문에 주가가 하나도 오르지 않을 때에는 고객의 적립금이 계속 줄어든다. 보험사마다 조금씩은 다르지만, 대략 30세의 가입자가 60세의 연금 수령을 조건으로 10년 납입의 변액보험에 가입했는데 만일 30년 동안 주가가 하나도 오르지 않았다면 가입자의 적립금은 반 토막이 나버린다. 줄어든 적립금은 대부분 보험사나 펀드 운용사 등 금융회사의 몫이다.

　보험사들은 변액보험 가입을 유도하기 위해 주로 물가 상승 우려나 장기 보험상품의 세제혜택을 내세운다. 하지만 주가가 반드시 물가 상승을 따라가는 것이 아닌데다 세제혜택은 주가가 많이 올라서 수익이 있을 때에만 의미가 있다. 만일 물가 상승 위험만 걱정되는 것이라면 차라리 금 투자가 더 나은 결과를 가져올 것이다. 결국 주가가 앞으로도 계속 오를 것이라는 확신이 들지 않는 한, 변액연금보험에 의지해 노후를 대비해서는 안 된다.

　그런데 생산가능인구가 줄기 시작한 나라에서 주가가 계속 상승한 경우는 거의 없었다. 결국 2020년 이후에 한국의 인구가 획기적으로 늘지 않는다면 주가는 장기적으로 하향곡선을 그릴 것이 분명하다. 일본의 주가는 생산가능인구가 최고점을 기록했던 1989년 이후 20여 년 동안 거의 5분의 1토막 수준으로 급락했다는 점을 유념해야 한다.

　최근에는 주가 하락에 대한 우려가 커지자 고객들을 안심시키기 위해 원금을 보장하거나, 계약기간 동안 주가가 잠깐이라도 일정 수준 이상 오르면 그에 맞추어 단계적으로 보장금액을 높이는 스텝 업Step-up 변액보험 등 다양한 상품이 나오고 있다. 사실 변동성이 높은 장세에서는 이런 상품이 더 낫다고 볼 수도 있다. 하지만 상품구조를 제대로 이해하지 못하고 가입하는 것은 매우 위험하다. 보험사가 제공하는 이러한 각종 보장은 모두 공짜가 아니다. 모든 보험상품은 보장금액이 높은 만큼 더 큰 수수료를 떼어가는 구조이기 때문이다. 결국 보험사의 광고 뒤에 숨어 있는 상품의 실체를 간파하고 어떤 것이 이익인지 스스로 정확히 파악할 수 없다면 오히려 손해를 볼 수도 있는 위험이 있다.

변액연금보험 가입자 중에는 더욱 안전한 투자를 위해 채권형을 선택하는 경우도 있다. 하지만 개인연금보험이라는 걸출한 절세 상품을 두고 변액연금보험에 가입해 채권형을 선택하는 것이 과연 이익이 될 것인지는 꼼꼼히 따져봐야 할 것이다.

이렇게 구조가 복잡하고 어려운 변액연금보험 상품의 가입자가 2011년 말 현재 300만 명이 넘었다. 과연 이 가운데 변액연금보험의 상품 구조나 위험성을 제대로 알고 있는 사람이 얼마나 될지 걱정이다. 원금 보장 상품이라 할지라도 사실상 몇십 년 뒤에 겨우 원금을 찾는 수준이라면 노후 재무 설계에 큰 타격이 될 것이다.

주가가 오르든 말든 변액보험상품을 판 보험사는 어차피 일정한 수수료 챙기고, 주가 하락에 따른 손실은 고스란히 가입자에게 돌아가게 된다는 점에 주의해야 한다.

⑤ 절세혜택이 핵심인 개인연금보험

개인연금보험도 가입 이후 보통 7년 동안 매달 내는 보험료의 10% 안팎을 보험사가 사업비로 떼어가는데다 그 이후에도 보험료의 7~8%를 계속 떼어가기 때문에, 상품 구조만 놓고 보면 가입하는 것이 큰 이득이라고 보기 어렵다. 하지만 연 보험료 400만 원까지 소득공제 혜택을 준다는 점에서 개인연금보험은 매력적이다.

특히 자신이 속한 소득세의 과표구간이 4,600만 원을 넘을 경우, 지방세를 포함한 소득세율이 26.4%나 되기 때문에 10% 대의 수수료를 뗀다고 해도 당장은 소득세 절감효과가 더 크다. 또 일반적으로 보험사의 공시이율이 은행의 정기예금보다 살짝 높은 편이기 때문에 이자율 면에서도 불리하지 않다. 게다가 개인연금보험의 소득세율은 지방세를 포함해 5.5%로, 수십 년 동안 이자 소득세를 한 푼도 내지 않는 것을 고려할 때 괜찮은 수준이다.

하지만 개인연금보험에도 몇 가지 문제가 있다. 가장 큰 문제는 노후에 개인연금보험의 수령액이 한 해 600만 원을 넘을 때, 연금을 받을 때 버는 모든 소득을 합산해 종합소득세율을 적용한다. 따라서 노후에 어느 정도 다른 소득이 있고 개인연금 수령액이 클 때는 자칫 높은 누진 소득세율을 부담할 우려가 있다.

하지만 정부는 2012년 세법 개정안에서 600만 원이었던 분리과세 한도를 1,200만 원으로 늘리고 국민연금과 같은 공적연금과 분리해서 과세하기로 했기 때문에, 이 세법개정안이 원안대로 통과된다면 개인연금보험에 가입하는 편이 노후 대비에 훨씬 유리할 것이다. 이 법안이 통과된다면 노후에 개인연금보험 수령액을 1,200만 원으로 맞출 때 이론적으로는 최고의 절세효과를 누릴 수 있다.

또한, 개인연금보험이 장기 상품인 만큼 물가 상승 위험에 노출되어 있다는 점도 주의해야 한다. 금리가 하락할 때 노후에 받게 될 연금이 줄어들 수 있다는 점도 문제다. 이와 함께 가입 기간이 10년 이내로 짧은 경우, 또 현재의 소득이 매우 낮아 세금공제 효과가 미미한 경우에는 개인연금보험 가입으로 큰 이득을 보지 못할 수도 있다.

가장 주의해야 할 점은 개인연금보험에 일단 가입한 이후에는 가급적 해지를 해서는 안 된다는 점이다. 현재 우리나라는 개인연금보험 가입자 가운데 절반이 2년 안에 해지하고, 10명 중 8명이 10년 안에 해지하고 있다. 이 경우는 보험사에 사업비만 낸 셈이 되므로 개인연금보험의 가입과 해지는 매우 신중하게 결정해야 한다.

⑥ 가계 빚, 갚아야 하나?

빚 문제는 보편적인 모범답안이 없다. 가계마다 처한 상황이 다르기 때문이다. 하지만 만일 무리하게 집을 사서 그 이자 부담 때문에 매달 가계부가 마이너스가 될 정도라면 자산을 정리해서 갚는 쪽이 낫다. 앞서 살펴본 케네스 로고프와 카르멘 라인하트의 연구에서 일단 금융위기가 오면 평균 6년 동안 집값이 계속 하락하는 현상이 나타났다는 점에 주목해야 한다. 한국의 집값 하락이 역대 금융위기의 평균 수준이기만 해도 앞으로 몇 년간은 많은 이자를 부담해야 하는데, 나중에 집값이 반등한다고 해도 그 손실을 메울 수 있다는 보장이 없기 때문이다.

그렇다면 하우스 푸어이긴 하나 아직 버틸만한 수준이라면 어떻게 해야 할까? 이 경우에는 금리 인상 여부에 주목해야 한다. 금리가 1%p만 올라도 가계 수지에 큰 영향을 미치기 때문이다. 그러나 단기간 내에 정책금리가 오를 가능성이 높지 않다는 점은 빚을 지고 집을 산 하우스 푸어들에게 그나마 위안이 될 것이다. 지금 정책금리를 올리면 한계에 이른 하우스 푸어들이 대거 파산하게 되리라는 것을 아주 잘 아는 금융당국이 금리를 올릴 가능성은 높지 않기 때문이다.

문제는 한국 채권시장에서 외국인 비중이 너무 높다는 점이다. 만일 대붕괴의 세계적 확산으로 글로벌 금융위기가 심화하면, 외국인들이 일순간에 빠져나갈 우려가 있다. 이 경우에는 금융당국이 정책금리를 아무리 낮게 유지하려고 해도 채권의 수요 기반이 무너져 시장금리가 크게 요동칠 수 있다. 결국 단기적으로는 정책금리 인하로 시장금리가 더 낮아질 가능성이 크지만, 중장기적인 시장 금리의 변화는 대붕괴의 진행 상황을 예의주시해야 할 것이다.

자산 투자를 위해 새로 빚을 내는 것을 고민하는 사람이라면, 반등을 충분히 확인한 다음에 행동에 옮기는 것이 좋다. 부동산 가격 급등의 산이 높았던 만큼 골이 깊을 가능성이 크기 때문이다. 그리고 바닥에서 부동산 시장에 진입하겠다고 생각하고 뛰어들었다가 바닥이 아닌 경우에는, 대붕괴 시대의 빚이 자신의 생활 수준을 끌어내리고 나중에 정작 대세 회복기가 찾아왔을 때는 이에 동참하지 못하기 때문이다.

⑦ 금값, 대붕괴의 방향을 알려주는 풍향계

환율과 함께 미래를 전망하기 가장 어려운 것이 바로 금값이다. 금값에는 현재 시점에서 인플레이션에 대한 우려가 이미 반영되어 있기 때문에, 지금 이 시점에서 금을 투자 대상으로 보고 인플레이션에 돈을 거는 것은 무리가 있다. 다만, 자신의 자산 배분에서 물가 상승에 대한 대비가 제대로 되어 있지 않은 상황이라면 금은 유용한 위험 회피 수단이 될 수 있다.

게다가 금값은 대붕괴 이후 물가의 향방을 보여주는 훌륭한 선행지표다. 사실 대붕괴가 본격화했을 때 세계적으로 자산 가격 하락이 가속화될지, 아니면 각국 정부의 완화정책으로 인플레이션이 올지 개인이 예측하기는 쉽지 않다. 이 경우 금값의 변화는 이를 미리 가늠할 수 있는 유용한 수단이다.

정책 수단이 얼마 남지 않은 '최후의 게임'이 시작되어 세계 각국의 정부 부채가 걷잡을 수 없는 수준이 되면, 정부는 채무불이행을 선언하거나 초인플레이션을 유도하는 방법밖에 별다른 수가 없다. 이 상황에서 금값은 세계 정부의 공조가 어느 방향으로 갈지를 함축적으로 보여주는 중요한 지표가 될 것이다.

⑧ 대붕괴 시대, 역전을 위한 투자 원칙

거의 모든 자산 가격이 일제히 올랐던 과거와는 달리, 대붕괴 시대에는 그러한 대세 상승을 기대하기가 쉽지 않다. 물론 이런 상황에서도 특정 자산의 가격은 오르겠지만, 그런 자산이 워낙 희소한 만큼 가격이 오를 자산을 미리 찾아내 투자하는 것은 이전보다 훨씬 힘들고 어려운 일이 될 것이다.

이처럼 자산 투자에 따른 이득이 줄면서 투자자들은 극히 작은 금리 차이를 찾아 발품을 팔 것이다. 또한, 자산 투자의 수익률이 낮아진 만큼 세금을 한 푼이라도 절약할 수 있는 절세 상품이 더욱 큰 인기를 끌 것이고, 절세혜택이 어떻게 되느냐 여부가 사람들의 투자 행태에 큰 영향을 미칠 것이다.

이런 상황이 계속되면 자산 투자를 할 때 이전보다 더욱 신중해져야 한다. 특히 빚을 지고 자산 투자를 확대하는 것은 가급적 피해야 한다. 또한, 한국의 자산 가격은 앞으로 천문학적인 자금을 굴리게 될 국민연금의 주식 투자 비중에 달린 만큼 이를 예의주시해야 한다. '연

못 안의 고래'인 국민연금은 이제 좋든 싫든 한국의 모든 자산 가격에 대단히 큰 영향을 미칠 수밖에 없다.

이렇게 국내에서 자산으로 돈을 벌지 못하는 상황에서는 국외 투자에 눈을 돌리는 경우가 더욱 늘어날 것이다. 한국의 낮은 수익률을 피해 국외 투자로 눈을 돌리는 한국판 와타나베 부인[8]도 늘어날 것이다. 만일 국외 투자를 하려고 한다면, 생산가능인구가 계속 증가하고 투자자를 보호하는 기본 제도가 확립된 나라 중에서 골라야 한다. 그러나 국외 투자는 정보 수집과 분석이 더욱 어려운 만큼, 많은 공부와 노력 없이 성공하기란 절대 쉽지 않을 것이다.

대붕괴는 역전의 기회다!

전 세계적인 빚의 대붕괴가 진행되는 동안은 경제성장률이 둔화하고 일자리도 줄어들 것이다. 그리고 대붕괴가 어느 정도 마무리되어 세계 경제가 다시 본격적인 회복세를 보이게 될 2020년대에는 우리나라의 경제활동 인구가 급격히 감소하게 되므로 세계 경제의 대세 회복기에 소외될 가능성이 크다. 결국 이대로 간다면 향후 한국에서 양질의 일자리를 구하기는 매우 어려울 것이다. 2020년 이후 경제활동 인구가 줄어들기 시작하면 구직자도 줄어들겠지만 동시에 일자리 개수도 감소하기 때문이다. 이 때문에 이미 경제적 기반을 확립한 중장년층 세대와 젊은 세대 간의 갈등도 심화될 수밖에 없다.

경제성장 속도가 느려지는 만큼 경제의 파이가 점차 줄어들면 기업들은 근로자의 임금을 줄여서 이윤을 확보하려고 할 것이다. 그렇게 되면 소비 시장이 위축되고 다시 기업의 매출이 더욱 줄어드는 악순환이 이어진다. 결국 기업이 이윤을 위해 임금을 억제하면, 이는 자기 파괴적인 결과를 가져와 한국 경제에 큰 해악을 끼치게 될 것이다.

돈을 굴려서 재산을 불리는 것도 이전보다 훨씬 어려워질 것이다.

이제 부동산이나 주식 같은 전통적인 투자 수단은 예전만큼 인기를 누릴 수 없다. 주가는 큰 변동성을 보이며 일반 투자자들을 위험한 유혹에 빠뜨릴 것이다. 이런 시대의 변화를 이해하지 못하고, 과거의 패러다임에 빠져 빚을 지고 무리한 투자를 하다가는 대붕괴 시대에 크나큰 손실을 피하기 어려울 것이다.

이렇게 한국을 둘러싼 미래 환경만 보면 참으로 암울해 보인다. 하지만 경제상황이 어렵다고 해서 우리에게 기회와 희망이 모두 사라진 것은 아니다. 뒤집어 생각해보면, 맨손의 젊은 구직자들이 직장을 구하기 어려워진 만큼 부유층 역시 자신의 자산만으로 쉽게 돈을 불리던 시대는 끝난 것이다. 오히려 이러한 변화는 자신의 노력과 재능, 창의성을 이용해 부를 추격하는 데에 새로운 기회가 될 수 있다. 말 그대로 '돈값'이 싸지기 때문에 새로운 아이디어와 이를 뒷받침하는 노력만 있다면 자금을 구하기는 지금보다 더 쉬워질 것이다.

또한 빚의 대붕괴와 인구 감소로 내수시장이 축소하는 대신, 기술의 발전으로 글로벌화된 환경에서 젊은 창업자들이 세계시장에 직접 발을 내디딜 기회도 더욱 커질 것이다. 결국 자신의 독창적인 창의성과 포기하지 않는 의지만 있다면, 계속해서 축소되어갈 우리 내수시장에만 매달릴 것이 아니라 세계시장을 무대로 무한한 도전을 할 수 있다.

2012년 여름, 필자는 세금의 투명성을 취재하기 위해 핀란드로 출장을 갔다. 당시 핀란드는 매출이 GDP의 20%를 차지하는 핀란드 최대 기업 '노키아'의 위기로 큰 어려움을 겪고 있었다. 삼성의 매출이 한국 GDP에서 차지하는 비중이 10%인 것을 생각해보면, 핀란드에서 노키아의 위기는 한국에서 삼성 두 개가 위기에 빠진 것과 맞먹는 충격인 셈이다. 하지만 취재 중 만난 핀란드 사람들은 뜻밖에도 노키아의 위기에 대범했다.

무엇보다 놀라웠던 점은 가장 큰 타격을 받았을 것으로 생각했던 젊은 층이 오히려 더욱 도전적으로 변했다는 것이다. 노키아 위기가 오기 전, 핀란드 젊은이들의 최대 꿈은 안정적이고 최고의 직장인 노키아에 입사하는 것이었다. 그야말로 노키아는 핀란드인들의 '꿈의 직장'이었던 것이다. 하지만 그 꿈이 사라지자, 비로소 젊은이들이 다른 곳에 숨어 있는 꿈들을 찾을 수 있었다. 노키아에 입사하는 것이 아니라 자신만의 창의력으로 새로운 사업에 도전하는 것이 그들의 '꿈'이 된 것이다.

특히 핀란드 젊은이들을 가장 크게 자극한 것은 바로 '앵그리 버드Angry Bird'라는 게임을 만들어 일약 세계적 기업으로 우뚝 선 핀란드의 대표적인 벤처기업 '로비오Rovio Entertainment'였다. 노키아 위기가 시작되던 2009년 12월에 출시된 앵그리 버드는 출시 2년여 만에 6억 5,000만 회 다운로드라는 경이적인 기록을 세웠다. 2011년 매출은 1억 630만 달러, 우리 돈으로 1,200억 원이나 됐다. 더 놀라운 것은 그 매출의 3분의 2인 6,760만 달러가 순이익이라는 점이다. 통상 매출의 10%도 넘기 어려운 일반 기업의 순이익률과는 비교조차 되지 않는 수치이다.

노키아 위기가 오기 전까지 핀란드 정부는 벤처기업을 육성하기 위해 온갖 노력을 기울였다. 헬싱키 교외의 에스푸Espoo라는 지역에 북유럽 최대 창업 인큐베이터를 만들어놓고 이 지역에 헬싱키 공대와 헬싱키 디자인 예술대, 헬싱키 경영대를 통합한 알토 대학교Alto University를 만들어 디자인과 비즈니스, 공학을 접목한 강력한 창업 지원교육을 해왔다. 그러나 이러한 정부의 노력에도 그동안 이 창업 시스템은 큰 도움이 되지 못했다. 재능 있고 뛰어난 학생들은 기회만 되면 노키아에 입사해 안정적인 대기업 생활을 즐기다가 두둑한 연금을 받고 퇴직하는 삶을 꿈꿨다. 결국 세계 1위 기업 노키아가 인적·물적 자원을 독식하는 바람에, 젊은이들의 꿈과 도전을 앗아가고 벤처기업을 잡아먹는 괴물이 된 셈이다.

하지만 노키아의 위기는 이 모든 것을 바꾸어놓았다. 젊은이들이 이제 더는 노키아만을 바라보지 않고 스스로 세계를 상대로 뛰는 사업가를 꿈꾸기 시작했다. 덕분에 에스푸에 자리 잡은 벤처기업 단지는 그 어느 때보다도 활기에 차 있다. 그동안 핀란드 정부가 구축해 온 벤처기업 육성 시스템이 드디어 제대로 힘을 발휘하기 시작한 것이다.

덕분에 핀란드의 실업률이 2010년 8.5%에서 2012년 6월에는 7.5%로 떨어졌다. 2012년 경제성장률 전망치도 1.0%로 프랑스의 0.2%, 독일의 0.9%보다도 높은 수준이다. GDP의 20%를 차지하는 거대 기업 노키아의 몰락을 고려할 때, 참으로 놀라지 않을 수 없다.

한국에서도 취업문이 좁아진 대신 세계를 향한 문은 그 어느 때보다 넓게 열려 있다. 기득권층이 자산 투자로 돈을 벌기 어려워진 만큼, 땀 흘려 노력하는 중산층과 서민들에게는 이제껏 요원해 보였던 새로운 추격의 기회가 제공될 것이다. 무너진 계층 이동의 사다리를 다시 견고하게 놓을 수 있는 절호의 기회가 온 것이다. 부동산 투기에 돈이 묶이지 않는다면 중산층의 소비가 되살아나고 더욱 생산적인 투자가 늘어날 것이다. 우리 한국인들의 뜨거운 열정과 무서운 저력, 그리고 놀라운 재능들이 대붕괴 시대 이후 우리 경제를 회복시키는 가장 큰 힘이 될 것이다.

하지만 한국 경제의 최대 복병은 바로 정부다. 지금 자산과 부채의 패러다임이 급격하게 바뀌고 있는데도 한국 정부는 부동산 거품을 다시 만들고 주식 가격을 부풀려 위기를 해결하려는 안일한 미봉책에 의존하고 있다. 앞으로도 이런 구태의연한 방법으로 중산층과 서민의 돈을 부동산에 묶어두려 한다면 자산 가격의 하락을 다소 늦출 수는 있겠지만, 대붕괴 시대에 한국 경제의 추락을 막을 수는 없을 것이다.

정부가 미래의 신성장동력 산업을 발굴하고 진취적인 새로운 기업의 탄생과 도전을 적극 지원하기는커녕, 재벌에 유리한 경제구조를 고수한다면 일자리는 계속 줄어들 것이다. 이미 확인한 것처럼 일자리를 늘리는 것은 기존 재벌이 아니라 새로운 기업의 도전이기 때문이다.

대붕괴 시대에 더뎌지는 경제성장 속도만큼 경제의 파이가 줄어들면, 그동안 고도성장에만 익숙했던 한국 사회는 심각한 계층 갈등을 겪을 수 있다. 특히 줄어든 파이 안에서 부유층이 제 몫을 그대로 지키려 한다면, 결국 중산층 이하 서민들의 소득이 줄어들고 이는 소비시장을 축소시켜 한국의 잠재 성장률을 더욱 떨어뜨릴 것이다. 이를 막기 위해서는 대붕괴 시대에 중산층의 붕괴를 막고 그들이 건전한 소비 주체로 자리매김할 수 있는 강력한 사회안전망 구축이 필수적이다.

또한, 대붕괴의 시대에는 경제위기가 짧은 주기로 반복될 가능성이 큰 만큼 잦은 경기 변동이 찾아올 것이다. 그리고 이는 건전한 장기 투자와 인적자본 형성에 악영향을 미쳐 한국의 잠재 성장률을 떨어뜨리는 또 하나의 요인으로 작용한다. 결국 대붕괴 시대의 변동성과 싸워나가려면 경기변동 요인을 최소화하는 시장 자동안정화 기능을 강화해야 한다.

특히 생산가능인구의 비중이 2020년을 정점으로 급격히 줄어들게 되는 상황에서, 향후 한국이 맞게 될 인재 풀 부족현상은 사람이 경쟁력이었던 우리나라에 치명타를 안길 우려가 있다. 이를 보완하기 위해서는 다양한 계층에서 인재를 발굴해 그들의 능력을 계발하고 그 능력을 최대한 발휘할 기회를 제공하는 시스템 구축이 시급하다.

만일 우리가 이러한 시스템을 만드는 데 성공한다면 대붕괴는 우리에게 결코 위기가 아니라 선진국을 추격하는 절호의 기회일 수 있다. 우리가 이제 어떻게 대처하느냐에 따라 그 결과는 엄청나게 달라질 수 있다. 지금 한국 경제는 새 역사의 중대한 선택의 기로에 서 있다. 대붕괴가 한국 경제 몰락의 길목이 될 것인지 아니면 선진국을 넘어서는 대도약의 기회가 될 것인지는 이제 우리에게 달렸다.

| 주석 |

프롤로그

1) Edward Norton Lorenz, "Deterministic Nonperiodic Flow", J. Atmos. Sci., 20, pp. 130~141, 1963.

2) Ian Stewat, "Does Chaos rule Cosmos?", Discover, November 1992.

3) Gerald Sussman and Jack Wisdom, "Chaotic Evolution of the Solar System", Science, 257 (5066), 56-62.

4) 윤영수, 채승병, 『복잡계 개론』, 삼성경제연구소, 2005.

5) 임계상태에 대해서는 II부에서 더욱 자세히 설명하기로 한다.

I부

1장

1) Colin Coyle, "Bertie Ahern told to drop the Tiger," The Times, August 2, 2009.

2) 2008년 아일랜드의 GDP는 2,850억 달러에 불과했지만 대외부채는 여덟 배가 넘는 2조 3,111억 달러를 기록했다. 아일랜드인 1인당 빚은 54만 9,819달러였다.
   자료: External Debt information from the World Bank

3) 유로를 국가통화로 사용하는 국가나 지역을 통틀어 부르는 말

4) Fintan O'tool, Ship Of Fools: How Stupidity And Corruption Sank The Celtic

Tiger, Faber & Faber, 2009.

5) Ibid

6) 자료: ESRI(Economic and Social Research Institute)

——2장

1) Matthew Lynn, Bust: Greece, the Euro and the Sovereign Debt Crisis,
    Bloomberg (UK), 2010.

2) 자료: Federation of Greek Industries

3) 2005년 5월 12일, 그리스의 야노스 파판토니우Yannos Papantoniou 재정금융부 장관
    은 런던 정경대London School of Economics에서 열린 강연회에서 그리스의 채무는 통제
    가 가능한 수준인데다 인플레이션은 낮고, 경기가 매우 좋은 편이라며 그리스가 이
    제 곧 부자클럽에 들어갈 수 있다고 자신했다.

4) Matthew Lynn, Bust: Greece, the Euro and the Sovereign Debt Crisis,
    Bloomberg (UK), 2010.

5) Kenneth S. Rogoff & Carmen M. Reinhart, This Time Is Different: Eight
    Centuries of Financial Folly, Princeton University Press, 2009.

6) Enrica Detragiache & Asli Demirguc-Kunt, "The Determinants of Banking
    Crises — Evidence from Developing and Developed Countries," IMF Working
    Papers 97−106, International Monetary Fund, 1997.

7) Harry Papachristou, "Greece publishes tax dodger list to name and shame",
    Reuters, Jan 23, 2012.
    Simone Foxman, "The Man Who Owes $1.23 Billion To The Greek
    Government", Business Insider, Jan 26, 2012.

——3장

1) 최후의 게임Endgame은 체스에서 시작된 용어로 체스판에 체스가 몇 개 남지 않아 게
    임의 최종 단계에 접어든 것을 뜻한다. 2008년 미국 주택시장의 거품이 붕괴된 이
    후에는 경제위기를 극복할 수단이 얼마 남지 않은 경제위기의 최종 단계를 일컫는
    용어로 사용되고 있다.

2) 단 이사오 지음, 박재현 옮김, 『굿바이 부동산 : 일본 부동산 황제 센마사오의 교훈』,
    사이몬북스, 2010.

II부

───
1장

1) 자료: Bureau of Economic Analysis, Federal Reserve, Census Bureau: Historical Statistics of the United States Colonial Times to 1970.

2) Edward Chancellor, Devil Take The Hindmost – A History Of Financial Seculation, Plume, 2000.

3) http://corporate.ford.com/news−center/press−releases−detail/677−5−dollar−a−day

4) Richard K. Vedder and Lowell E. Gallaway, Out of work: Unemployment and government in twentieth−century america, New York, 1993.

5) Carola Naastepad and Alfred Kleinknecht, "The Dutch productivity slowdown: the culprit at last", Structural Change and Economic Dynamics, 15 (1), 137−163, 2004.

6) Dean Baker, Plunder and Blunder: The Rise and Fall of the Bubble Economy, Berrett−Koehler Publishers, 2009.

7) Robert B. Reich, Aftershock: The Next Economy and America's Future, Random House, 2010.

8) 이 책에서는 60년 동안 계속된 슈퍼사이클을 하이만 민스키Hyman Minsky의 '금융 불안 가설Financial Instability Hypothesis'에 기초해 4단계로 나누었다. 1단계는 1950년에 시작되어 1970년대 초반까지 지속됐던 호황기이고, 2단계는 1970년 초반부터 1980년대 중반까지 계속된 스태그플레이션Stagflation 시기이다. 그리고 3단계는 1980년대 중반에서 2007년까지 빚의 급증을 통해 경기 활성화를 꾀했던 시기이며, 4단계는 2008년 이후 빚이 해소되어가는 대붕괴를 앞둔 시기를 가리킨다.

9) Thomas Piketty & Emmanuel Saez, "The Evolution of Top Incomes: A Historical and International Perspective," NBER Working Papers 11955, National Bureau of Economic Research, Inc., 2006.

10) Robert B. Reich, Aftershock: The Next Economy and America's Future, Random House, 2010.

11) John Bellamy Foster and Fred Magdoff, The Great Financial Crisis: Causes and

Consequences, New York: Monthly Review Press, 2009.

12) Ibid

13) John Cassidy, How market fail: The Logic of Economic Calamities, Straus and Giroux, 2009.

———— 2장

1) Mark Buchanan, Ubiquity: Why Catastrophes Happen, Three Rivers Press (CA), 2002.

2) BIS는 Bank for International Settlements의 약자로 1930년 스위스의 바젤Basel에 설립된 국제 결제를 위한 특수 은행이다.

3) John Cassidy, How market fail: The Logic of Economic Calamities, Straus and Giroux, 2009.

4) Thomas L. Friedman, "Rescue the Rescue", New York Times, September 30, 2008.
http://www.nytimes.com/2008/10/01/opinion/01friedman.html

5) John Mauldin, Endgame: The End of the Debt Supercycle and How It Changes Everything, Wiley, 2011.

———— 3장

1) BBC, "McDonald's pulls out of Iceland", October 27, 2009. http://news.bbc.co.uk/2/hi/8327185.stm

———— 4장

1) Chris Giles, "The economic forecasters' failing vision", Financial Times, November 25, 2008.

2) 1901년 설립된 영국을 대표하는 국립 인문사회과학 연구기관

3) http://media.ft.com/cms/3e3b6ca8-7a08-11de-b86f-00144feabdc0.pdf

4) 밀턴 프리드먼은 대표적인 자유주의 시장경제 옹호자로 1976년에 소비분석, 통화의 이론과 역사 그리고 안정화정책의 복잡성에 관한 논증 등의 업적으로 노벨 경제학상을 수상했다.

5) Robert M. MacIver, Academic freedom in our time, New York Columbia

university press, 1995.

6) Walden Bello, "Eye of the Hurricane: Milton Friedman and the Global South", Foreign Policy in Focus, 28th November 2006.

7) "Percent Change from Preceding Period in Real Gross Domiestic Product,", National Income and Products Acounts, Bureau of Economic Analysis

8) Alexander Green, "Efficient Markets, Irrational Investors", Money Morning, April 3 2008.
http://moneymorning.com/2008/04/03/efficient-markets-irrational-investors/

9) Sanford J. Grossman and Joseph Stiglitz, "On the Impossibility of Informationally Efficient Markets", American Economic Review 70 (3): 393-408, 1980.

10) Douglas Clement,"Interview with Eugene Fama", The Federal Reserve Bank of Minneapolis, December 1, 2007. http://www.minneapolisfed.org/publications_papers/pub_display.cfm?id=1134

11) 복잡계 경제학의 대가인 스탠퍼드 대학교 브라이언 아서_{Brian Arthur} 교수는 이를 '사람들이 어떤 이유에서든 한번 일정한 경로에 익숙해지면 나중에 그 경로가 잘못되었거나 효율적이지 못하다는 사실을 깨닫고도 그 경로에서 벗어나지 못하는 경향'이라고 설명한다.

12) 처음 가정용 비디오가 나왔을 때 파나소닉의 VHS 방식과 소니의 베타 방식이 업계 표준을 놓고 경쟁했다. 성능은 베타 방식이 훨씬 좋았지만 파나소닉의 VHS 방식이 시장을 조금 더 먼저 장악한 탓에 VHS가 베타를 압도했다. 하지만 성능 차이는 월등했기 때문에 방송국에서는 지금도 베타 방식의 비디오테이프를 사용하고 있다. 이 또한 경로 의존성이 효율성을 압도한 대표적인 사례다.

13) Graydon Carter, The Great Hangover: 21 Tales of the New Recession from the Pages of Vanity Fair, Harper Perennial, 2010.

14) George Cooper, The Origin of Financial Crises: Central Banks, Credit Bubbles, and the Efficient Market Fallacy, Harriman House, 2008.

15) Justin Lahart, "In Time of Tumult, Obscure Economist Gains Currency: Mr. Minsky Long Argued Markets Were Crisis Prone; His 'Moment' Has Arrived." The Wall Street Journal, August 18, 2007.

III부

―― 1장

1) Edward Chanceller, Devil Take the Hindmost: A History of Financial Speculation, Plume, June 1, 2000.

2) 김원호 외 5인, 〈IMF의 구제금융사례연구〉 대외경제정책연구원, 1997.

3) Penelope Pacheco-Lopez and Thirlwall, "Trade Liberalisation in Mexico: Rhetoric and Reality", Banca Nazionale del Lavoro Quarterly Review, 229, June: 141-167, 2004.
   Carlos Salas and Eduardo Zepeda, Employment and Wages: Enduring the Costs of Liberalization and Economic Reform in Middlebrook, K. and E. Zepeda eds. Confronting Development. Assessing Mexico's Economic and Social Policy Change. Stanford: Stanford U. Press, 2003.

4) 자료: Banco de México

5) Dani Rodrik, "Where Did All the Growth Go? External Shocks, Social Conflict, and Growth Collapses," Journal of Economic Growth, Springer, vol. 4(4), pp. 385~412, December, 1999.

6) KIKO Knock-In Knock-Out는 환율 하락으로 환차손 위험을 줄이기 위해 수출기업과 은행 간 맺는 일종의 계약으로 파생상품이다. 예상과 달리 환율이 상승했을 때는 수출기업이 큰 피해를 보는 상품 구조로 되어 있다.

7) 박상수, 〈한국 기업 자금운용 보수화 경향 뚜렷〉, LG경제연구원, 2010.

8) 윤상하, 〈무역 1조 달러 시대의 의미와 과제〉, LG경제연구원, 2011.

9) 자료: 고용 노동부

10) 자료: 한국은행

11) 자료: 통계청

12) 기준이 되는 시점과 비교대상 시점의 상대적 위치에 따라서 결과 값이 실제보다 왜곡되어 나타나는 현상으로 불황기에는 기저효과로 경제지표가 실제보다 좋은 것처럼 나타난다.

13) 자료: 통계청

14) 자료: 한국은행, 금융감독원

15) McKinsey Global Institute, "Debt and deleveraging: Uneven progress on the path to growth", January 2012.

───2장

1) Robert B. Reich, Aftershock: The Next Economy and America's Future, Random House, 2010.

2) 실제로 타조가 머리를 땅에 대는 이유는 멀리서 오는 위험을 감지하기 위한 것이라고 한다. 그러나 고대 아랍인들은 이를 오해해 감당할 수 없는 위험이 오면 머리만 땅에 묻고 위험을 피하려 한다고 믿었다.

3) Lisa Cameron, Raising the Stakes in the Ultimatum Game: Experimental Evidence From Indonesia, Oxford University Press, 1999.

4) 이부형 외, 〈MB정부의 명과 암〉, 현대경제연구원, 2012.

5) 자료: 공정거래위원회

6) Alberto Alesina and Roberto Perotti, Income distribution, political instability, and investment. European Economic Review 40(6): 1203–1228, 1996.

7) 소득분배가 얼마나 공평하고 평등한지를 나타내는 수치, 0에서 1사이의 값을 갖는 지니계수는 0에 가까울수록 완전히 평등한 분배가 이뤄지는 경제이고 1에 가까울수록 불평등한 경제를 나타낸다. 보통 지니계수가 0.4를 넘으면 분배가 매우 불공정하게 이뤄지고 있는 것으로 본다.

8) William Easterly, "Inequality Does Cause Underdevelopment: New Evidence." Center for Global Development Working Paper 1, 2002. http://www.cgdev.org/content/publications/detail/2789

9) Roland Benabou, "Inequality and growth", NBER macroeconomics annual ed., Cambridge, 1996.

10) 손종칠, 〈소득 불평등과 경제성장의 관계: Cross-country 비교분석〉, 금융경제연구원, 2010.

11) Oded Galor and Daniel Tsiddon, "The Distribution of Human Capital and Economic Growth," Journal of Economic Growth, pp. 93~124, 1997.

12) Roberto Perotti, "Political Equilibrium, Income Distribution, and Growth," Review of Economic Studies 60, pp. 755~776, 1993.

13) 류이근, "MB 노믹스 기획자 곽승준: 성장 우선 4년, 낙수효과 없었다", 한겨레신문,

2012년 2월 23일.

14) OECD 자료를 기초로 필자가 분석한 자료

	세전 지니계수	세후 지니계수	조세와 이전지출을 통한 불평등도 감소율
스웨덴	0.426	0.259	64.47876
덴마크	0.416	0.248	67.74194
노르웨이	0.41	0.25	64
미국	0.486	0.378	28.57143
영국	0.456	0.345	32.17391
한국	0.344	0.315	9.206349

15) 박명호, 〈초고소득층의 특성에 관한 국제비교〉, 조세연구원, 2012.

16) 노영훈, 김유찬, 현진권, 〈부동산 보유세 부담의 국제비교연구와 그 시사점〉, 한국
세무학회, 2005.

17) Social Expenditure Database, www.oecd.org/els/social/expenditure

—— 3장

1) 강만수 전 장관이 2010년 11월 26일 전국경제인연합회 경제정책위원회 초청강연에
서 발언한 내용이다.

2) 워커톤Walk-a-thon: 행진이나 달리기를 하면서 일정 거리마다 일정액을 내는 모금방
식. 미국 학교에서 모금방식으로 자주 활용되고 있으며 환경, 암환자, 결식아동 등
을 돕기 위한 모금행사로도 자리 잡아 가고 있다.

3) Jennifer Sloan McCombs and Stephen J. Carroll, "Ultimate Test: Who Is
Accountable for Education If Everybody Fails?", Rand Review, Spring 2005,
29, no. 1.
http://www.rand.org/publications/randreview/issues/spring2005/ulttest.html

4) 래비 바트라 지음, 황해선 옮김, 『그린스펀 경제학의 위험한 유산』, 돈키호테, 2006.

5) Richard Kogan, Matt Fiedler, Aviva Aron-Dine, and James R. Horney, "
The Long-Term Fiscal Outlook Is Bleak Restoring Fiscal Sustainability Will
Require Major Changes to Programs, Revenues, and the Nation's Health Care
System", CBPP, 2007. http://www.cbpp.org/cms/?fa=view&id=1003

6) Jason Furman, "Treasury Dynamic Scoring Analysis Refutes Claims
by Supporters of the Tax Cuts", CBPP, 2008. http://www.cbpp.org/

cms/?fa=view&id=547

7) Aviva Aron-Dine, Richard Kogan and Chad Stone, "How Robust Was the 2001-2007 Economic Expansion?", CBPP, 2008.
http://www.cbpp.org/cms/?fa=view&id=575

8) 국민 부담률이란 국민이 낸 세금과 국민연금, 산재보험, 건강보험 등 사회보장성 기금을 합한 금액이 GDP에서 차지하는 비율을 말한다.

9) 자료: 금융감독원

10) Jeffrey Frankel, Snake-Oil Tax Cuts, Kennedy School of Government, Harvard University, 2008.

IV부

1장

1) 이근, 『기업간 추격의 경제학』, 21세기북스, 2008.

2) 이근, "불황인 지금이 역전의 기회", 조선일보, 2009년 3월 14일.

3) 1455년에서 1485년에 걸쳐 영국 랭커스터 가와 요크 가 사이에서 벌어졌던 왕위 쟁탈 전쟁으로 두 가문이 모두 장미를 문장으로 한데서 장미전쟁이라는 이름이 붙었다.

4) 장하준, 『나쁜 사마리아인들』, 부키, 2007.

5) Tim Kane, "The Importance of Startups in Job Creation and Job Destruction", Kauffman Foundation Research Series, July 2010.
www.kauffman.org/uploadedFiles/firm_formation_importance_of_startups.pdf

2장

1) J. K. Rowling, "Single Mother's Manifesto", The Times, April 14, 2010.

2) Jared Bernstein, Crunch: Why Do I Feel So Squeezed?, Berrett-Koehler Publishers, 2008.

3) John Schmitt, "The Rise in Job Displacement, 1991-2004: The Crisis in

American Manufacturing," Center for Economic and Policy Research, 2004.
http://www.cepr.net/index.php/publications/reports/the−rise−in−job−
displacement−1991−2004−the−crisis−in−american−manufacturing/

4) Margarita Estévez−Abe, Torben Iversen and David Soskice, Social Protection
and the Formation of Skills: A Reinterpretation of the Welfare State, Oxford
University Press, 2001.

5) Sauro Mocetti, "Social Protection and Human Capital: Test of a Hypothesis,"
Department of Economics University of Siena 425, Department of Economics,
University of Siena, 2004.

6) 박승준, 이강구, 〈재정의 경기안정화 효과 분석 − 자동안정화 장치를 중심으로〉,
국회예산정책처, 2011.

7) 물가 상승률을 가속화시키지 않으면서 달성할 수 있는 최대 생산능력인 잠재 GDP
와 실질 GDP의 격차

8) Paul van den Noord, "The Size and Role of Automatic Fiscal Stabilizers in the
1990s and Beyond", OECD Economics Department Working Papers, No. 230,
OECD, 2000.

9) Raghuram G. Rajan, Fault Lines: How Hidden Fractures Still Threaten the
World Economy, Princeton University Press, 2010.

10) Annie Lowrey, "The List: The Best Places to Lose Your Job", Foreign Policy,
March 16, 2009.

11) 채구묵, 〈OECD 주요국 실업급여제도의 유형별 비교〉, 《한국사회학》 제45집 1호,
pp. 1~36, 2011.

12) Isabela Mares, "The Economic Consequences of the Welfare State,"
International Social Security Review 60(2/3): 65~81., 2007.

13) Steven Pressman, "Fiscal Policy and Work Incentives: An International
Comparison." Journal of Income Distribution 11: 51~69, 2002/2003.

14) 채구묵, 〈OECD 주요국 실업급여제도의 유형별 비교〉, 《한국사회학》 제45집 1호,
pp. 1~36, 2011.

15) Hassan Bougrine and Mario Seccareccia. "Unemployment Insurance and
Unemployment: An Analysis of the Aggregate Demand−Side Effects for
Postwar Canada." International Review of Applied Economics 13: 5~21., 1999.

16) 김동헌, 〈한국의 실업급여 관대성: 국제비교와 정책적 시사점〉, 《노동정책 연구》, 제10권 제1호. pp. 69~87, 2010.

17) David Card & Alan B. Krueger, Myth and Measurement: The New Economics of the Minimum Wage, Princeton University Press, 1997.

18) Jared Bernstein, Crunch: Why Do I Feel So Squeezed?, Berrett-Koehler Publishers, 2008.

19) Ron Baiman, Marc Doussard, Sharon Mastracci, Joe Persky, and Nik Theodore. "Raising and Maintaining the Value of the State Minimum Wage: An Economic Impact Study of Illinois." Center for Urban Economic Development: University of Illinois at Chicago. March, 2003.

20) Luke Shaefer, and Bruce Nissen. "The Florida Minimum Wage After One Year." Florida International University, 2005.
Paul Wolfson, State Minimum Wages: A Policy That Works. Washington, D. C.: Economic Policy Institute, 2006.

21) Ben Bernanke, Letter to House Representative Ginny Brown-Waite, a Florida Republican. August 18, 2006.

22) Daniel Aaronson, Sumit Agarwal, and Eric French. The Spending and Debt Response to Minimum Wage Hikes. Working Paper. Chicago, Ill.: Federal Reserve of Chicago, 2008.

23) Kai Filion, A Stealthy Stimulus: How Boosting the Minimum Wage is Helping to Support the Economy. Washington, D.C.: Economic Policy Institute, 2009.

24) The Economist, "The minimum wage, A blunt instrument: A higher minimum wage may not kill many jobs, but won't help many poor people", Oct 26th 2006. http://www.economist.com/node/8090466

25) 앨런 블라인더는 대표적인 자유무역주의자로 클린턴 행정부에서 경제 보좌관과 FRB 부의장을 역임했던 인물이다.

26) Alan Blinde and William J. Baumol, Economics: Principles and Policy 10th edition, South Western Educational Publishing, 2006.

27) BBC, "Minimum wage 'most successful government policy'", December 3 2010.
http://www.bbc.co.uk/news/uk-politics-11896971

— 3장

1) Ruby K Payne, A Framework for Understanding Poverty. Highlands, TX: aha!Process, Inc., 2005.

2) Tom Hertz, Understanding Mobility in America, Center for American Progress, 2006.

3) Miles Corak, "Do poor children become poor adults? Lessons for public policy from a crosscountry comparison of generational earnings mobility." Paper presented at the Colloque sur Le Devenir Des Enfants De Familles Défavourisées En France. Paris, April, 2004.

4) Joydeep Roy, "Low income hinders college attendance for even the highest achieving students," Economic Policy Institute, October 12, 2005.
www.epi.org/content.cfm/webfeatures_snapshots_20051012

5) Oded Galor & Joseph Zeira, "Income Distribution and Macroeconomics," Review of Economic Studies, Wiley Blackwell, vol. 60(1), pp. 35~52, January 1993.
Abhijit Banerjee, & Andrew Newman, "Risk—Bearing and the Theory of Income Distribution," Review of Economic Studies, Wiley Blackwell, vol. 58(2), pp. 211~235, April 1991.

6) Raquel Fernandez and Richard Rogerson, "Public Education and Income Distribution: A Dynamic Quantitative Evaluation of Education—Finance Reform", The American Economic Review, 88(4), 813 – 33., 1998.

7) 강신욱, 〈소득 이동성의 변화추이〉, 한국보건사회연구원, 2011.

8) http://www.oecd.org/dataoecd/54/12/46643496.pdf

9) 후쿠다 세이지 지음, 공영태·나성은 옮김, 『핀란드 교육의 성공』, 북스힐, 2008.

10) 자료: 2009 OECD Factbook

11) 자료: 한국은행 '2010년 가계금융조사(부가조사)'

12) Sari Pekkala and Robert E. B. Lucas, "Differences Across Cohorts in Finnish Intergenerational Income Mobility.", Industrial Relations, Vol. 46, 2007.

13) Christian Oliver, "S Korea: bun fight with the chaebol", Financial Times, January 27, 2012.

── 4장

1) Alwyn Young, "The Tyranny of Numbers: Confronting the Statistical Realities of the East Asian Growth Experience", Quarterly Journal of Economics, 110, pp. 641~680, 1995.

2) 늘어난 생산량에서 자본의 증가와 노동의 추가 투입분을 뺀 수치. 자본이나 노동의 추가 투입으로 설명이 안 되는 부분으로 생산성 향상이라고 볼 수 있다. 수식으로 TFP=gp−α*gk−β*gl으로 나타낼 수 있다. 여기서 gp는 경제성장률이고 α는 GDP에서 자본의 몫, β는 GDP에서 노동의 몫, gk는 자본투입증가율, gl은 노동 투입증가율이다.

3) 이준협, 〈인구보너스 2.0 시대를 준비할 때다 − 인구 5,000만 시대와 인구보너스 소멸〉, 2012.

4) 위의 책

5) 본인과 대리인 사이에 발생하는 문제를 말한다. 간단히 대리인 문제 또는 대리인 딜레마Agency Dilemma라고도 한다.

6) 주가지수에 영향력이 큰 종목들 위주로 편입해 펀드 수익률이 주가지수를 따라가도록 운용하는 펀드

7) 2002년 처음으로 도입된 ETF는 인덱스 펀드와 뮤추얼 펀드의 특성을 결합해 특정 지수의 수익률을 얻을 수 있도록 설계한 상품으로, 인덱스 펀드와는 달리 거래소에 상장되어 일반 주식처럼 사고팔 수 있는 것이 특징이다.

8) 와타나베 부인은 일본의 낮은 금리를 피해 국외 투자로 높은 이익을 추구하는 일본의 개인 투자자들을 일컫는 말이다. 일본의 흔한 성인 '와타나베'에서 유래했다.

| 참고문헌 |

강신욱, 〈소득 이동성의 변화추이〉, 한국보건사회연구원, 2011.

김동헌, 〈한국의 실업급여 관대성: 국제비교와 정책적 시사점〉, 《노동정책 연구》, 제10
　　권 제1호 pp. 69~87, 2010.

김원호 외 5인, 〈IMF의 구제금융사례연구〉, 대외경제정책연구원, 1997.

노영훈, 김유찬, 현진권, 〈부동산 보유세 부담의 국제비교연구와 그 시사점〉, 한국세무
　　학회, 2005.

단 이사오 지음, 박재현 옮김, 『굿바이 부동산 : 일본 부동산 황제 센마사오의 교훈』, 사
　　이몬북스, 2010.

래비 바트라 지음, 황해선 옮김, 『그린스펀 경제학의 위험한 유산』, 돈키호테, 2006.

류이근, "MB 노믹스 기획자 곽승준: 성장 우선 4년, 낙수효과 없었다", 한겨레신문,
　　2012년 2월 23일.

박명호, 〈초고소득층의 특성에 관한 국제비교〉, 조세연구원, 2012.

박상수, 〈한국 기업 자금운용 보수화 경향 뚜렷〉, LG경제연구원, 2010.

박승준, 이강구, 〈재정의 경기안정화 효과 분석 – 자동안정화 장치를 중심으로〉, 국회
　　예산정책처, 2011.

손종칠, 〈소득 불평등과 경제성장의 관계: Cross-country 비교 분석〉, 금융경제연구
　　원, 2010.

윤상하, 〈무역 1조 달러 시대의 의미와 과제〉, LG경제연구원, 2011.

윤영수, 채승병, 『복잡계 개론』, 삼성경제연구소, 2005.

이근, 『기업간 추격의 경제학』, 21세기북스, 2008.

이근, "불황인 지금이 역전의 기회", 조선일보, 2009년 3월 14일.

이부형 외, 〈MB정부의 명과 암〉, 현대경제연구원, 2012.

이준협, 〈인구보너스 2.0 시대를 준비할 때다 - 인구 5,000만 시대와 인구보너스 소멸〉, 2012.

장하준, 『나쁜 사마리아인들』, 부키, 2007.

채구묵, 〈OECD 주요국 실업급여제도의 유형별 비교〉, 《한국사회학》 제45집 1호, pp. 1~36, 2011.

후쿠다 세이지 지음, 공영태·나성은 옮김, 『핀란드 교육의 성공』, 북스힐, 2008.

Abhijit Banerjee and Andrew Newman, "Risk–Bearing and the Theory of Income Distribution," Review of Economic Studies, Wiley Blackwell, vol. 58(2), pp. 211~235, April 1991.

Alan Blinder and William J. Baumol, Economics: Principles and Policy 10th edition, South Western Educational Publishing, 2006.

Alberto Alesina and Roberto Perotti. Income distribution, political instability, and investment. European Economic Review 40(6): 1203–1228, 1996.

Alexander Green, "Efficient Markets, Irrational Investors", Money Morning, April 3, 2008.

Alwyn Young, "The Tyranny of Numbers: Confronting the Statistical Realities of the East Asian Growth Experience", Quarterly Journal of Economics, 110, pp. 641~680, 1995.

Annie Lowrey, "The List: The Best Places to Lose Your Job", Foreign Policy, March 16, 2009.

Aviva Aron–Dine, Richard Kogan, and Chad Stone. "How Robust Was the 2001–2007 Economic Expansion?", CBPP, 2008.

Ben Bernanke, Letter to House Representative Ginny Brown–Waite, a Florida Republican. August 18, 2006.

Card David and Alan B. Krueger, Myth and Measurement: The New Economics of the Minimum Wage, Princeton University Press, 1997.

Carlos Salas, and Eduardo Zepeda. Employment and Wages: Enduring the Costs of Liberalization and Economic Reform in Middlebrook, K. and E. Zepeda eds. Confronting Development. Assessing Mexico's Economic and Social Policy Change. Stanford: Stanford U. Press, 2003.

Chris Giles, "The economic forecasters' failing vision", Financial Times, November 25, 2008.

Christian Oliver, "S Korea: bun fight with the chaebol", Financial Times, January 27, 2012.

Colin Coyle, "Bertie Ahern told to drop the Tiger," The Times, August 2, 2009.

Dani Rodrik, "Where Did All the Growth Go? External Shocks, Social Conflict, and Growth Collapses," Journal of Economic Growth, Springer, vol. 4(4), pp. 385~412, December, 1999.

Daniel Aaronson, Sumit Agarwal and Eric French. The Spending and Debt Response to Minimum Wage Hikes. Working Paper. Chicago, Ill.: Federal Reserve of Chicago, 2008.

Dean Baker. Plunder and Blunder: The Rise and Fall of the Bubble Economy, Berrett–Koehler Publishers, 2009.

Douglas Clement, "Interview with Eugene Fama", The Federal Reserve Bank of Minneapolis, December 1, 2007.

Edward Chanceller, Devil Take the Hindmost: A History of Financial Speculation, Plume, June 1, 2000.

Edward Norton Lorenz, "Deterministic Nonperiodic Flow", J. Atmos. Sci., 20, pp. 130~141, 1963.

Enrica Detragiache & Asli Demirguc–Kunt. "The Determinants of Banking Crises – Evidence from Developing and Developed Countries," IMF Working Papers 97–106, International Monetary Fund, 1997.

Fintan O'tool, Ship Of Fools: How Stupidity And Corruption Sank The Celtic Tiger, Faber & Faber, 2009.

George Cooper, The Origin of Financial Crises: Central Banks, Credit Bubbles, and the Efficient Market Fallacy, Harriman House, 2008.

Gerald Sussman and Jack Wisdom, "Chaotic Evolution of the Solar System",

Science, 257 (5066), 56−62.

Graydon Carter, The Great Hangover: 21 Tales of the New Recession from the Pages of Vanity Fair, Harper Perennial, 2010.

Harry Papachristou, "Greece publishes tax dodger list to name and shame", Reuters, Jan 23, 2012.

Hassan Bougrine and Mario Seccareccia. "Unemployment Insurance and Unemployment: An Analysis of the Aggregate Demand−Side Effects for Postwar Canada." International Review of Applied Economics 13: 5~21., 1999.

Ian Stewart, "Does Chaos rule Cosmos?", Discover, November 1992.

Isabela Mares, "The Economic Consequences of the Welfare State." International Social Security Review 60(2/3): 65~81., 2007.

J. K. Rowling, "Single Mother's Manifesto", The Times, April 14, 2010.

Jared Bernstein, Crunch: Why Do I Feel So Squeezed?, Berrett−Koehler Publishers, 2008.

Jason Furman, "Treasury Dynamic Scoring Analysis Refutes Claims by Supporters of the Tax Cuts", CBPP, 2008.

Jeffrey Frankel, Snake−Oil Tax Cuts, Kennedy School of Government, Harvard University, 2008.

Jennifer Sloan McCombs and Stephen J. Carroll. "Ultimate Test: Who Is Accountable for Education If Everybody Fails?", Rand Review, Spring 2005, 29, no. 1.

John Bellamy Foster and Fred Magdoff. The Great Financial Crisis: Causes and Consequences, New York: Monthly Review Press, 2009.

John Cassidy, How market fail: The Logic of Economic Calamities, Straus and Giroux, 2009.'

John Mauldin, Endgame: The End of the Debt Supercycle and How It Changes Everything, Wiley, 2011.

John Schmitt, "The Rise in Job Displacement, 1991−2004: The Crisis in American Manufacturing," Center for Economic and Policy Research, 2004.

Joydeep Roy, "Low income hinders college attendance for even the highest achieving students," Economic Policy Institute, October 12, 2005.

Justin Lahart, "In Time of Tumult, Obscure Economist Gains Currency: Mr. Minsky Long Argued Markets Were Crisis Prone; His 'Moment' Has Arrived," The Wall Street Journal, August 18, 2007.

Kai Filion, A Stealthy Stimulus: How Boosting the Minimum Wage is Helping to Support the Economy. Washington, D.C.: Economic Policy Institute, 2009.

Kenneth S. Rogoff and C. M. Reinhart, This Time Is Different: Eight Centuries of Financial Folly, Princeton University Press, 2009.

Lisa Cameron, Raising the Stakes in the Ultimatum Game: Experimental Evidence From Indonesia, Oxford University Press, 1999.

Luke Shaefer and Bruce Nissen, "The Florida Minimum Wage After One Year," Florida International University, 2005.

Margarita Estévez-Abe, Torben Iversen and David Soskice, Social Protection and the Formation of Skills: A Reinterpretation of the Welfare State, Oxford University Press, 2001.

Mark Buchanan, Ubiquity: Why Catastrophes Happen, Three Rivers Press (CA), 2002.

Matthew Lynn, Bust: Greece, the Euro and the Sovereign Debt Crisis, Bloomberg (UK), 2010.

McKinsey Global Institute, "Debt and deleveraging: Uneven progress on the path to growth", January 2012.

Miles Corak, "Do poor children become poor adults? Lessons for public policy from a crosscountry comparison of generational earnings mobility." Paper presented at the Colloque sur Le Devenir Des Enfants De Familles Défavourisées En France. Paris, April, 2004.

Naastepad Carola and Alfred Kleinknecht, "The Dutch productivity slowdown: the culprit at last", Structural Change and Economic Dynamics, 15 (1), 137–163, 2004.

Oded Galor and Daniel Tsiddon, "The Distribution of Human Capital and Economic Growth," Journal of Economic Growth, pp. 93~124, 1997.

Oded Galor and Joseph Zeira, "Income Distribution and Macroeconomics," Review of Economic Studies, Wiley Blackwell, vol. 60(1), pp. 35~52, January 1993.

Paul van den Noord, "The Size and Role of Automatic Fiscal Stabilizers in the 1990s and Beyond", OECD Economics Department Working Papers, No. 230, OECD, 2000.

Paul Wolfson, State Minimum Wages: A Policy That Works. Washington, D. C.: Economic Policy Institute, 2006.

Penelope Pacheco−Lopez and Thirlwall, "Trade Liberalisation in Mexico: Rhetoric and Reality", Banca Nazionale del Lavoro Quarterly Review, 229, June: 141−167, 2004.

Piketty Thomas and Emmanuel Saez. "The Evolution of Top Incomes: A Historical and International Perspective," NBER Working Papers 11955, National Bureau of Economic Research, Inc., 2006.

Raghuram G. Rajan, Fault Lines: How Hidden Fractures Still Threaten the World Economy, Princeton University Press, 2010.

Raquel Fernandez and Richard Rogerson, "Public Education and Income Distribution: A Dynamic Quantitative Evaluation of Education−Finance Reform", The American Economic Review, 88(4), 813 − 33., 1998.

Richard K. Vedder and L. E. Gallaway. Out of work: Unemployment and government in twentieth−century america, New York, 1993.

Richard Kogan and others. "The Long−Term Fiscal Outlook Is Bleak Restoring Fiscal Sustainability Will Require Major Changes to Programs, Revenues, and the Nation's Health Care System", CBPP, 2007.

Robert B. Reich, Aftershock: The Next Economy and America's Future, Random House, 2010.

Robert M. MacIver, Academic freedom in our time, New York Columbia university press, 1995.

Roberto Perotti, "Political Equilibrium, Income Distribution, and Growth," Review of Economic Studies 60, pp. 755~776, 1993.

Roland Benabou, "Inequality and growth", NBER macroeconomics annual ed., Cambridge, 1996.

Ron Baiman, Marc Doussard, Sharon Mastracci, Joe Persky, and Nik Theodore. " Raising and Maintaining the Value of the State Minimum Wage: An Economic Impact Study of Illinois." Center for Urban Economic Development: University of Illinois at Chicago, March, 2003.

Ruby K. Payne, A Framework for Understanding Poverty. Highlands, TX: aha!Process, Inc., 2005.

Sari Pekkala and Robert E. B. Lucas, "Differences Across Cohorts in Finnish Intergenerational Income Mobility.", Industrial Relations, Vol. 46, 2007.

Sauro Mocetti, "Social Protection and Human Capital: Test of a Hypothesis," Department of Economics University of Siena 425, Department of Economics, University of Siena, 2004.

Simone Foxman, "The Man Who Owes $1.23 Billion To The Greek Government", Business Insider, Jan 26, 2012.

Sanford Joseph Grossman and Joseph Stiglitz. "On the Impossibility of Informationally Efficient Markets". American Economic Review 70 (3): 393–408, 1980.

Steven Pressman, "Fiscal Policy and Work Incentives: An International Comparison." Journal of Income Distribution 11: 51~69, 2002/2003.

Tim Kane, "The Importance of Startups in Job Creation and Job Destruction", Kauffman Foundation Research Series, July 2010.

Tom Hertz, Understanding Mobility in America, Center for American Progress, 2006.

Thomas L. Friedman, "Rescue the Rescue", New York Times, September 30, 2008.

Walden Bello, "Eye of the Hurricane: Milton Friedman and the Global South", Foreign Policy in Focus, 28th November 2006.

William Easterly, "Inequality Does Cause Underdevelopment: New Evidence." Center for Global Development Working Paper 1, 2002.

KI신서 4476

2015년, 빚더미가 몰려온다

1판 1쇄 발행 2012년 11월 16일
1판 11쇄 발행 2015년 4월 29일

지은이 박종훈
펴낸이 김영곤 **펴낸곳** (주)북이십일 21세기북스
부사장 이유남
인문기획팀장 정지은
책임편집 양으녕 **디자인 표지** 엔드디자인 **본문** 네오북
영업본부장 안형태 **영업** 권장규, 정병철, 오하나
마케팅본부장 이희정 **마케팅** 민안기, 김한성, 김홍선, 강서영, 최소라, 백세희
출판등록 2000년 5월 6일 제10-1965호
주소 (우 413-120) 경기도 파주시 회동길 201(문발동)
대표전화 031-955-2100 **팩스** 031-955-2122 **이메일** book21@book21.co.kr
홈페이지 www.book21.com **블로그** b.book21.com
트위터 @21cbook **페이스북** facebook.com/21cbooks

ISBN 978-89-509-4433-9 03320
책값은 뒤표지에 있습니다.